平视日本

程弘宇 著

Pingshi Riben

山西出版传媒集团
山西经济出版社

图书在版编目（CIP）数据

平视日本／程弘宇著．—太原：山西经济出版社，2016.7
ISBN 978-7-80767-813-7

Ⅰ．①平… Ⅱ．①程… Ⅲ．①日本—概况
Ⅳ．①K931.3

中国版本图书馆 CIP 数据核字（2016）第 014869 号

平视日本

著　　者：程弘宇
出 版 人：孙志勇
责任编辑：赵宝亮
助理责编：宁姝峰
装帧设计：阎宏睿

出 版 者：山西出版传媒集团·山西经济出版社
地　　址：太原市建设南路 21 号
邮　　编：030012
电　　话：0351-4922133（市场部）
0351-4922085（总编室）
E-mail：scb@sxjjcb.com（市场部）
zbs@sxjjcb.com（总编室）
网　　址：www.sxjjcb.com

经 销 者：山西出版传媒集团·山西经济出版社
承 印 者：山西出版传媒集团·山西新华印业有限公司

开　　本：787mm×1092mm　1/16
印　　张：18.25
字　　数：200 千字
印　　数：1—3 000 册
版　　次：2016 年 7 月　第 1 版
印　　次：2016 年 7 月　第 1 次印刷
书　　号：ISBN 978-7-80767-813-7
定　　价：36.00 元

自序

朝花夕拾　东瀛岁月

日本，是与中国隔海相望的近邻。在古代，日本是灿烂中华文明的受惠者；而在近现代，一心“脱亚入欧”的日本却伙同西方列强一起，成为对中国的重要戕害者。与此同时，日本却又在某种程度上成为使中国沐浴欧风美雨、西方文明的中介者；在当代，日本作为 GNP 世界第一、GDP 世界第三的强大经济实体，曾经是新中国现代化建设的有益借鉴者；自中日邦交正常化以来，两国曾经进行过互补性极强的巨额经贸往来，原本可成为一对互惠合作者，但当前由于双方领土问题以及历史矛盾，使得两国在政治外交关系上成为相关利益矛盾的对立者，弄得很不愉快，经贸合作也渐行渐远，最终由“政冷经热”恶化成为“政冷经凉”。环视中国所有的周边邻国，历史角色转换如此变化多端而关系又这样错综复杂的邻邦，日本算是绝无仅有的一家，真可称得上是一位“易容术大师”。由此，中国民众对日本往往怀着一种说不清、道不明的复杂心态。

在 20 世纪末，笔者也是怀着这种心态，并抱着认知日本、学习先进的良好愿望东渡扶桑，并在那里度过了数年青春岁月。在最初攻读经济学博士前期学位的那段求学、打工的艰辛过程中，笔者接触了日本社会中下层的普通民众，以及位居高层的精英知识分子。在粗略体会到大和民族文化心理的同时，亦浅泛地感触到一些日本社会的脉动。

大学院毕业后笔者在东京就职，成为日本传媒业的一位新闻工作者，一头浸没在了来自四面八方、浩如烟海的平面及立体资讯的大潮之中。借工作之便，笔者可以广泛接触到日本社会的各界人士，采访到桥本龙太郎、村山富市、羽田孜等多位日本前首相，公明党党首神崎武法、国会议员高野博师、日本前驻华大使谷野作太郎，以及其他多位国会议员等政界要人，亦拜访过不少的日本经济界、学术界及华侨界的知名专家学者。因此获取了不少能反映其观点、见解及意见的第一手访谈资料。

此外，笔者还采访过相当多的日本企业及在日的华人企业，因此有较为广泛的人际交往关系网。作为经济专栏的记者，笔者曾就重大的政经问题接触或走访过日本的经济产业省、外务省、财务省、总务省等政府机构，以及日本经济团体联合会、日本国际贸易促进会、日本国际贸易振兴机构等经济机构，还参加过中国驻日大使馆、各大中日友好团体等机构所举办的包括记者招待会在内的各类活动，还有几乎所有国内各省市来日本进行的招商投资说明会，与国内各家对日派出机构及人员也有过较多业务交往。

除媒体工作之外值得一提的是，笔者自幼喜欢军事，如果把初一时开始阅读军事杂志算作“入伍”的话，迄今已有30年的“军龄”。赴日之前亦有《黑鹰的故事》《F-117飞行员逃生记》《悍马良车》等作品在国内《世界军事》《中外军事影视》等杂志上发表过。但之前兴趣方向均集中在美国军事方面，对日本未曾有过太多关注。在日几年间，笔者费心收集了许多关于日本军事发展及现实形态的资料，还就“日本海外派兵”等问题采访过当时防卫厅（现已升格为防卫省）的有关人员。此外更是借地利之便，在日本每一年度的例行公开日，“云游”过许多驻日美军及日本自卫队的基地，并利用自己对军事知识十几年的积累和英日双语的便利，与美日军人进行过“零距离”的对话接触，获得了“百闻不如一见”的直观感受。

岛国日本，自然景色绮丽玄幻，怪石幽湖，雪笼雾邈，既精致又颇具神秘色彩，原生态的大自然保护得很好。作为热爱大自然的“虔诚驴友”，笔者足迹遍及日本列岛：从山川覆绿、地广人稀的北海道，到碧海蓝天、热带浓情的冲绳；从历史底蕴深厚的京都奈良，到现代气息浓郁的名古屋大阪；从体现正宗东瀛文化的温泉旅游名所，到管理科学的现代化大型游乐场；从壮观日出的富士山巅，到乘坐特急电铁高速穿行于水下的青函海底隧道…… 同时日本人文景观亦散发出独特气质：当游人漫步于清晨的京都街头，或是黄昏时的奈良小巷，不管是停留在名古屋的精品街、大阪的居酒屋，还是东京的美术馆、札幌的欧式楼宇…… 总能感受到一种各类文化相融相生的独特韵味。每当贴近极好保护的“原始大自然”或“见学”颇具匠心的设计及先进建造技术的人文景观时，都能引起笔者良多感触与思考。

日本的确有其可学可鉴之处。近代史上中国的许多伟人名人如孙中山、周恩来、鲁迅等都曾有过留日的学习经历，并都想通过借鉴日本成功的发展经验，使中国摆脱落后与屈辱，迈向先进与富强！笔者不是名人，更不是伟人，只是在日期间的一些特殊的经历，使自己拓展了视野，增长了见识，加深了对日本的了解。有了这段东瀛岁月的所见所闻、所思所研之后，又凭借传媒从业人员的经验与知识，发表了一些文字，内容涉及中日间的方方面面，兼具通俗性和学术性，也曾有幸被转载于国内外各家媒体之间。

恰逢当前，面对中日间有关钓鱼岛危机的博弈、美国“重返亚太”的搅局、东北亚局势紧张升级等难题热点，笔者对过去的东瀛往事又产生出一种复杂而纠结的感觉。在翻阅多年前精心收集的各类资料后，掩卷长思，写下这本书，并取名为《平视日本》。

中日关系的交恶，使得所谓的“亲日者”皆死，著书立说者亦然。然而，本书既非亲日，亦非盲目地去仇日，其所力图表述的蕴意是：近距离地、少带偏见地、客观平等地去直视日本，努力向读者描绘个人兴趣所及的、部分日本主次层面的粗浅轮廓。如果小作能使读者在平等地认识日本、相对客观地了解日本、警惕日本右翼招魂、维护中日世代友好关系等方面有所裨益的话，那真是笔者最为高兴的事了！

由于视角所限，加之笔者水平不足等主客观原因，书中难免有错漏之处，恳请各方不吝斧正！

是为序。

程弘宇

2014年2月

目录

第一章　多方位扫描日本军事战斗力

第二章　日本经济社会的多面光与影

第三章　纠结困惑而多变的中日关系

Chapter One

第一章 多方位扫描日本军事战斗力

观研日本军事，自然离不开其战争史。自7世纪以来的近1400年的时间里，日本曾先后六度发动过对东亚大陆的掠夺性进攻，而且日本历史上的几场主要对外战争基本上都与中国有关，双方曾五度交手：唐朝白江口之战、元朝东征日本、明朝百年倭患及万历战争、清末甲午中日战争（紧接着的日俄战争也是在中国领土上进行的），以及抗日战争（太平洋战争）。

如果两大文明体系很难有效和谐共生，战争或许就成了一种相互磨合的手段。中日并存于亚洲东部，但却因海洋隔离而各自据有不同的生存空间。与历史上曾对抗过的但被中华民族成功融合了的西北地带的欧亚草原游牧民族不同，带有纯粹农业和渔业特征的日本文明，由于受到海洋天然地理屏障的作用，在海上交通不发达的时代，较难与亚洲大陆上大河流域的华夏文明发生大规模的直接冲突。但日本列岛的资源与空间相对有限，外部的中华文明所展现的辉煌成就，使日本民族产生出一种极深的“东亚大陆情结”——想踏出日本诸岛，将势力扩展到更为广阔的东亚大陆之上。

所以，日本与亚洲大陆上诸国的关系中始终存在着一种超出和平共存本能的内在性冲突张力，除非有一个东亚的大地域秩序体系能成功地将日本与其他亚洲国家共同纳入其中，否则，日本很难与其他国家和平共处。而事实是，历史上也曾数度出现过以中国为中心的、跨越整个东亚乃至周边区域的亚洲朝贡体系。但从中国的隋朝时起，日本就开始谋求摆脱这种体制。由于历史上中国长期忽视经略海洋，海军相对弱小，其历朝的军事力量始终未能有效地投射至日本列岛，而后者却在其国家民族发展的不同阶段，一再尝试着冲上大陆，去挑战东亚大陆诸国的文明秩序。

需要指出的是，中日间历次战争的意义都超出了一般性的区域冲突，每一场战争都具有颠覆性与创构性，对东北亚地区体系与秩序的塑造都产生过深远的意义，而每一场战争带给中国的损失亦逐次递增。战争，似乎成了中日关系中的一种宿命与常态。时至今日的钓鱼岛争端表明中日之间仍未找到一种能使双方和平共存、共同繁荣的和平机制。所以，考察历史上中日间的历次战争，或许能在某种程度上体察和了解今天的中日军事关系，并洞察未来两国在势渐加剧的区域性冲突中的政策取向。

那么，有着尚武传统的日本民族的国力、军力如何？当今中国军队的战斗力究竟又有多强？中日钓鱼岛争端的始作俑者美国在西太平洋保有的超强军力是否会介入中日可能发生的地方冲突？在假想岛争的军事对决中，双方可能会采取的策略手段有哪些？本章均试做分析与推想。

1

中日首度交手：日本完败于唐朝的白江口之战

中日间历史上曾五度交手，而且基本上每次都与朝鲜半岛有关。因此，在历史上没有单纯的中日关系，而只有中日朝三边博弈的互动关系，这一点在中日之间的战争关系史上体现得尤为清晰。

朝鲜半岛是亚洲大陆中最接近日本列岛的大陆地块，日本想与东亚大陆发展各种联系，在当时的技术尚未能完全驾驭长时间的远途航海之前，朝鲜半岛成了中日之间最便捷的天然地理通道。而朝鲜半岛与中国的中原和北部区域关系密切，其居民亦同日本民族有复杂的血缘与社会方面的联系。

3 世纪末，在朝鲜半岛逐渐形成了高句丽、百济和新罗三国鼎立的局面。一提到“三国”似乎就免不了打仗，它们之间互相博弈，势力此消彼长，其间又各靠投中日以为恃，试图在周边大国的夹缝中自保求生存。中国在三国魏晋南北朝时期，政局十分动荡，日本趁机于 366 年出兵朝鲜，成为朝鲜半岛实际上的宗主国。但中日间的首战却是 300 年后的 665 年即中国唐朝永徽六年（日本天皇天智二年）的白江口之战。7 世纪时，刚经历“贞观之治”的盛唐与东罗马帝国以及后来的阿拉伯哈里发帝国并雄于世，但其对朝鲜半岛上争斗的三国一般皆以平等相待，并进行调和。然而，643 年，高句丽权臣盖苏文断然拒绝唐朝的调节，唐遂与新罗结盟，并于 645 年派兵东征灭了高句丽。中国民间传说中的“薛仁贵东征”指的就是这次战争。

日本对发生在朝鲜半岛的战事极为关注，并想积极介入，欲以一个活跃的一极力量角色抗衡唐朝。在战争中中国和新罗一道，日本自然与百济和高句丽站在一方。665 年，日本起兵 2.7 万前往朝鲜半岛，其海军与刚刚赶来的大唐和新罗的水军对峙于半岛西南端的白江口（今韩国锦江）。是时日军战船 400 余艘，新罗和唐只有 170 余艘，兵力上也是日军占优，于是日军颇轻看大唐水军。但当时唐朝正值鼎盛时期，战时唐军以少抗多，士气如虹，而日本那时狂热的武士道还没诞生。

首日水战，日本的竹木舟船多不敌唐军的松木巨船。贴船近战时日军倭刀虽利，却难克制唐军的长矛钩枪，于是日方的人船多有折损。在次日的对决中，唐军船阵中更是突发燃火的箭矢，日军猝不及防，400 余艘战船皆被焚毁，兵卒或在船上跌撞践踏，或落入滚滚江中毙亡，残部皆向岸边唐军跪降。

白江口水战的惨败，大出日本天智天皇贵族集团的意料，此后大唐的一举一动皆使日本举国惊恐，就是在这种氛围下，天智天皇积忧而死。日本人在对白江口的惨败进行深刻反思后认为：以当时的国力抗衡大唐绝无可能。日本在政治、经济、军事、文化、思想甚至宗教上全面落后于大唐，要想有朝一日有实力再与大唐对垒，必须完备中央集权体制，改变藩领各自称霸的局面，实行富国强民的政策。

在此背景下，日本向唐朝学习的热情日益高涨。在天武天皇登基后的奈良时代，日本开始派遣规模更大、次数更多的遣唐使赴长安学习。日本民族能屈能伸、善于审时度势的实用主义态度显现无遗。来自中国最深邃智慧文明宝库中的政令、法律、历法、建筑艺术、医药学、文艺、音乐、书画、农艺…… 甚至玩偶和游戏，这些经过无数岁月、无数中华能人贤士探求积累而成的、当时世界一流的文明精华，在短短 200 多年的时间里（至公元 9 世纪日本因唐末战乱而停派遣唐使为止），大多被日本汲取并为其所用。直到今天，这些养分仍对日本民族和社会起着不可忽视的滋润作用。

8 世纪左右，在日本的护院家丁中产生了一种新的职群——武士，并逐渐演变成一种独特的职业杀手。身为“脱产专业武师”，日本武士比一般士兵具有更加娴熟的杀人技巧，比侠客更为实际与世俗，比盗匪更加正式和官方。日本武士虽受到过中华儒家和侠客文化的影响，但由于在日本本土的神道教和崇尚愚忠与报恩氛围的熏陶下，他们又比中华的武夫军汉更为忠勇与纯粹。日本武士要随时准备好牺牲，或为荣誉而自我了断（切腹）。武士道要求武士尊重地位或年龄高于自己的人，礼貌对待敌人，保持沉默与谦逊，不表露痛苦和悲伤。在向敌致意后，武士通常会告知战斗的原因以及将要攻击的部位，而且不会从背后偷袭，武士除拥有战斗知识和军事技能外，还精通心理战，他们推崇的交流方式融合了镇定调和、集中精力、内在和谐以及对死亡的淡漠等思想。

日本的内斗与混战持续了几百年时间，并经历了天皇集权、摄关统治、院政、战国大名纷争等历史阶段。其间，成为军事贵族阶级的武士们各为其主，残酷搏杀，既杀官吏，又戮百姓，因而日本时局变得十分凶险，连作为统治者的幕府和将军也经常被武士刺杀。但作为日本最高统治者的天皇，从诞生到现在的1500年间却基本没受过弑君之难，不像中国那样王朝更迭频繁，这从侧面反映出日本民族的忠孝观念确实了得。

后来明治维新时掌握日本统治权利的人物大多数是武士出身。1871年，日本中央官厅九省中87%的官吏是武士出身。原先是个体和处于松散联盟中的武士在明治维新后，大都混迹到新出现的新式军队里。这些武士，特别是爬到上层的，基本都是主张对华开战的扩张狂。近代左右日本命运的重量级人物，以及第二次世界大战后被绞死的甲级战犯多为武士出身。他们内心受以“武”为业的传统价值观支配，以“武”的视角观察世界、制定国策并确立民族的发展方向。

武士对日本近现代史影响深远，而武士道精神对日本民族影响巨大，可以说改变了其发展走向，使得日本在与周边民族的争斗中总有一种精神制胜法，其余韵不光存在于日本的剑道（以竹剑为武器）、箭术、柔道、空手道、合气道等体育运动中，甚至还渗透到今天日本称霸世界经济的商业活动中。但武士道精神同时也给日本带来巨大灾难，因为恃武称霸之举必然要遭受更强大民族的报复。

白江口之战后，由于日本无暇顾及外部，中日和平延续了900余年，其间虽受蒙古入侵，但和平态势基本上维持到丰臣秀吉统一日本时。这一切显然是缘于白江口之战后形成的全新的朝鲜半岛秩序，以及日方战败后对唐朝尊敬有加的双重原因。然而，当蒙古大军横扫亚欧后掉头东向之后，却在无形中再度点燃了日本民族的“东亚大陆情结”。

2

中日第二度交手：日本击退元帝国的跨海东征

中国历史上的元朝是由发源于中国西北方草原地带的蒙古人建立的。蒙古族是世界性游牧民族向农耕区域定居民族发动全面扩张中最成功的民族，巅峰之时曾建立过横跨欧亚的大帝国。从现代国家和国际体系的眼光来观察，蒙古人在东亚的经营及元帝国对周边的扩张应该是出于一种经济与安全的战略考量，尽可能地扩大核心统治体系的范围，消除任何潜在威胁出现的可能，同时占有广大地域内的物质资源。

1259 年，元帝国用武力迫使继新罗之后统治朝鲜半岛的高丽投降，遂与日本隔海相望。对于日本独立于蒙古势力之外的状况，元世祖忽必烈是绝不允许的，其欲尽快征服日本也是基于实际需要而考虑的：蒙古大军虽已横扫亚欧大陆，掠夺了大量财富，可蒙古贵族由于对奢侈品的旺盛需求，加之蒙古人拙于理财和短于生产，帝国的财政时常捉襟见肘。统治高层挥霍无度，购买奢侈品主要以贵金属支付，对部分拖欠的债务甚至以未来的战利品作抵押。此外蒙古人之间的内战也使元帝国的财政状况恶化。而日本在过去数百年间一直是世界上最大的白银产地与出口国，同时也是当时世界上高质量绢丝和上品质玛瑙的产出国。所以，神秘、外人鲜少踏入的“海外仙岛”日本，无疑使以攻杀俘掠为生的蒙古贵族向往。

史载忽必烈曾六度派使赴日要求其称臣纳贡，同时已被蒙古人征服的高丽也致书日本人要求他们向蒙古屈服，但每次均被日方欺骗性地加以拒绝。当时日本的政柄不在天皇朝廷，而在镰仓幕府。时年 18 岁的日本执政者北条时宗尽掌幕府实权。以武士拥政的北条心高气傲，根本不把元朝放在眼里。可实际上当时元帝国强大到何种程度，亦是狭隘的日本岛民们不知和无法想象的。

1270 年，蒙古使节第五次到达日本传达忽必烈的旨意：如果日本不朝贡，蒙古将出兵。北条时宗坚决拒绝这一要求，并压制了其他人的妥协态度，下令准备防御。忽必烈闻此讯后难抑愤怒，不顾蒙古与南宋激战正酣的现状，下令准备军队、船只、粮饷，准备向日本发起战争攻势。出乎所有人意料的是，这一次日本的武士及当时兴盛的武士道精神，令蒙古大军势不可挡的扩张首度受挫。

蒙古人组建的用以攻日的军队总共约有 2.5 万人，其中蒙古人和高丽人大约各占一半，训练严格，战斗力强悍。此外还有部分女真人和少量汉人。1274 年的夏秋之间，蒙古攻日远征军由朝鲜扬帆出海驶往九州，在博多湾的对马岛和壹岐岛上，当时世界上最骁勇的两类武士间首次展开正面碰撞，日本守军全部战死无一后退，使见惯杀戮与血火的蒙古大军也被日本人不怕死的精神所震撼。

随后，蒙古军队分三处在九州登岛后攻入内陆，日本镰仓幕府与九州沿海各藩分别调集正规军及武士迎战。日军最初极不适应蒙古军的大陆型阵法，伤亡惨重。但当惨烈的战斗持续数日后，日军逐渐适应了蒙军战术并开始反击，其战术是主要由武士组成的重骑兵在弓箭手的支援下冒着蒙古人的箭雨组队冲击，力求与蒙古军贴身近战，这使蒙古人的弓箭优势尽失。在激烈的战斗中，主要负责近战的高丽人因遭受日本人的正面冲击而损失惨重。他们对日本军刀的锋利印象极为深刻，据说普通士兵的刀剑与日本刀一碰即折。使用弓箭的蒙古兵损失则相对小一些，日本弓箭威力虽大，但射程却不及蒙古角弓。蒙古军没料到日本武士如此凶悍，伤亡惨重。在折损大半后退回海滩时，“回回炮”成为挽救蒙古军的救星。这种在中亚和欧洲战场上获得的新式武器是首次在东亚露面，其一次发射的数十枚铁丸击倒了成片狂攻不止的日本武士。但蒙古军的弹药、弓箭和给养逐渐告罄。是时天空黑云翻滚，狂风大作，蒙古人斗志渐尽，遂放弃滩头阵地上船回撤朝鲜。但在归途中蒙古军舰队又遭风暴袭击，半数官兵葬身大海。此战日本史称“文永之役”。

蒙古人首次在东亚遇到了战斗力和锐气都不逊于自己的对手，而曾经驰骋于欧亚大草原的蒙古勇士吃苦耐劳之性是人所共知的，需要时可靠吃生马肉、喝马血维持生命，且机动性极强，一般只带很少给养，士兵的吃穿问题主要通过在战区掠夺来解决。可在这次攻日战争中蒙古人却始终未能突入日本内地居民区并获取到给养。可见日本人的战术极为奏效，当然这要归功于一线日本武士的决死拼杀。

忽必烈听到东征日本失败的消息后非常震惊，遂第六次派要使携书赴日，以强硬的态度要求日本纳贡，否则将夷平日本列岛。但日方拒绝了忽必烈的要求并处死了使节。此时南宋已灭，忽必烈便开始放手准备第二次入侵日本。他专门成立“征服日本中书省”大本营，军队由全国各地和高丽召集至沿海地区接受登陆作战训练，远征军的粮秣补给也源源不断地从各地征集，同时高丽和中国东南沿海的造船厂也昼夜赶工，制造大小战舰和运兵船。有史书载：沿岸舰船，如星海繁密，齐鲁工匠，悉数应招。

事实上，日本的暗探早已散布在高丽和中国东部沿岸，严密窥视元帝国的动向，对即将到来的第二次“蒙古来袭”做了充足的应战准备。是时，日本政局稳定，北条时宗对镰仓幕府和各藩的控制远胜先前，因此日方能够集中更多的人力物力抗击入侵。

1281年5月底，忽必烈以日本杀使为由，以蒙古军队为主，并结集南宋新投降的10万人组成一支大军远征日本，兵分两路从高丽及庆元、定海起航。神经紧绷的日本人果然在他们料定蒙古来袭的海面上眺到如云的舰帆从西方压来。这支以蒙古人为主的北方舰队并没有急于登陆，而是先扫荡了日本沿海的小岛屿，然后等待从南方来的汉人舰队。然而，人数多辎重杂的南路军行动迟缓，未按预定时间与之会师。北路军在等待未果的情况下，先行在日本志贺岛登陆。日本守军已有前次抗击蒙古的经验，他们借助在箱崎、今津等外沿海岸构筑的防御工事，将精锐部队投入志贺岛，并击退元军。

6月上旬，南宋降将范文虎率领的南方舰队抵达，两支庞大舰队在九州外海会合之后，开始向日本本土发起登陆攻击。这次远征军遇到了更为顽强而有效的抵抗，日本军队以石墙为依托不断击退元军进攻，还伺机组织有效的反击。伊豫国武士组织的“百人决死队”成功地突入到元军阵深处，与蒙古人和高丽人近战肉搏。日军手持锋利的长刀，头缠白布，甲遮半胸，体毛袒露，焦衣血袖，嘶嚎着与蒙古人和高丽人拼命，显得比彪悍的蒙古铁骑还要粗蛮豪野。在日本决死队达数十次的疯狂冲击下，高丽军统帅与数名蒙古高级指挥官被突进阵中的日本敢死队刺杀，其战线轰然奔溃。经过一个多月的残酷战斗，远征军的损失惨重，但依然不能突破石墙。最致命的是，元军又因高丽、汉、蒙古统帅之间的矛盾影响协调作战而付出惨重代价。

到 7 月下旬，元军的粮箭已告罄。在 8 月 15 日和 16 日，一场强台风袭击了日本海岸。元军战舰像玩具一样被抛起撕碎，士兵在残船恶浪间挣扎。蒙古北路军损兵达三成，部分蒙古军和高丽军乘残船逃离战场返回高丽；南路军则损失一半，指挥官范文虎眼看大势已去便临阵逃脱，将数万军队（其中大部分是自己带来的南宋子弟）遗弃在海滩上，逃上唯一残存的一艘战舰“独帆走高丽”。

日本人随即开始反攻，残存的元军只得在异国的陌生海滩上躲藏逃生。数日后，越聚越多的日本武士开始逐岛展开搜索与屠杀。最后，日军将元残军驱至名为八角岛的狭窄地域，肆意攻击杀戮。汉人、蒙古人、高丽人自相踏践，状况极为悲惨。日本人毫不留情，残军大部分死在倭刀之下，两万多人沦为俘虏。

日本人参照蒙古人的标准把战俘分四等，那些他们认为桀骜不驯、难以驯化的蒙古人、色目人（突厥人和阿拉伯人）、女真人、高丽人及北方汉人全部被处死。今天的日本博多湾还有一座名为“元冠冢”的小山，据说是当年元军将士的集体墓地。末等的唐人（南方汉人）免死后成为部民（贱民）。蒙古人第二次东征日本又以惨败而告终，由于国内经济形势每况愈下，忽必烈终于在 1286 年屈服于力量不足的客观压力，放弃了对日战争。至此，元朝的对日东征以失败而结束。日本史料称第二次蒙古来袭为“弘安之役”。

从军事角度上说，“弘安之役”中日方投入的军队在质量和数量上都远胜“文永之役”。忽必烈侵日的失败，说明了当时具有极高军事组织能力和技术水平的蒙古军事力量，并不适应与大陆作战风格迥异的海上登陆攻侵作战。因为这类战争的系统工程极其复杂，需要运用大量尚未被当时人类所掌握的科学技术与技能，诸如对台风的气象预报以及多波次连续登陆的战法等。

值得一提的是，日本人的学习模仿与吸收转化能力非常强，在两次战争中的8年间隙里，日本人改进了弓箭。当两国第二次开战时，元军惊奇地发现日本的硬弓在射程和穿透力等方面都有了很大提高，已接近于蒙古军的强弓。此外，日本还从登陆的远征军那里缴获了火药、火炮及蒙古马等，并且学到了大兵团作战的手段、小股部队及轻骑兵的作战技巧以及先进的军事训练方法等，可谓收获不小。

此外，日本人非常重视装备，在制作器物时也往往表现出异乎寻常的精细与一丝不苟。日本的金属冶炼与刀具制作技术世界一流。据资料显示，日本战刀的性能只有西亚出产的大马士革钢刀方可与之媲美，且制造成本相对低廉，其优良性能主要得益于独特的后期淬火工艺。在冷兵器时代，一把锋利坚韧的战刀在沙场上的作用相当关键。蒙古粗刀就是因为吃尽日本精刀的亏，一碰就折的残状不知害了多少蒙古勇士的性命。日本武士的装备优势还在于骑兵的重铠甲，据称只要距离稍远，蒙古弓箭就很难贯穿。

实际上，日本人的个别武器装备还是无法与蒙古的武器系统相匹敌，而且指挥官的战场经验也不及久经沙场的蒙军将领。但结果却是日军以少胜多，而且宁死不当俘虏，无一不战至最后。其关键在于有了武士道，使日本军队表现得异常凶悍与顽强，与白江口之战已不可同日而语了。

从对历史格局架构影响的角度来看，元帝国侵日的失败，使得日本最终游离于东亚大陆体系之外，并保持着相应的入侵大陆的实力。能够战胜纵横欧亚大陆的蒙古大军，使日本统治者及武士阶层的自信心大增，士气大振，举国上下着实欢庆热闹了一阵子。日本民族更因这次战争而自豪了七八个世纪，“神风精神”一直鼓舞着他们与其他民族作战，这在后来的万历朝鲜之役、甲午中日战争、日俄战争及太平洋战争中都有明显体现。

3

中日第三度交手：明朝的百年倭患与万历朝鲜之役

一、战前背景

明朝前期，中国东南沿海以日本海盗为主的倭寇犯乱始终不绝。镰仓时代以来，日本西部的一些名主、庄官、武装商人集团、浪人武士及破产的渔民和农民组成的“倭寇”，战斗力相当强，屡屡击败明帝国的正规军。直到后来嘉靖末期的 1567 年，明将戚继光、俞大猷才将彪悍凶蛮的倭寇基本肃清。但仅隔 20 年后，一支更为强悍的日本远征大军便秣马厉兵、蓄势待发，目标直指朝鲜半岛！

要了解近代日本对外扩张的疯狂理念和基本思路，只要研究其始作俑者丰臣秀吉（1536—1598 年）就能一目了然。军人出身的丰臣为实现其野心定下了扩张大陆的基调，以至于影响到整个近现代的日本外交思想。丰臣秀吉在日本历史上被认为是：以武力结束战国时代的大名纷争、统一 60 多个小国，是建立了事实上的全国封建军事政权体制的缔造者。因此丰臣秀吉在日本史上有与之相应的地位。

从东亚历史的大视角来看，丰臣秀吉是对当时以中国为中心，包括朝鲜在内的亚洲中华礼治体系的挑战者。他试图带领日本从边缘地带出发，经过攻占朝鲜进而入主东亚大陆，以求建立新的亚洲秩序。因此丰臣秀吉和他所领导下的日本，事实上成为挑战华夏文明的新边缘势力，并使日本打破了在过去近千年历史中已经与华夏文明形成的和谐局面，开启了新一轮的战争和对抗。

从战争动机来看，日本侵朝战争具有双重属性：封建领主需要土地，商人需要原料产地和市场。所以此次中日重燃战火，除过丰臣秀吉的野心之外，还有在其背后煽风点火的、曾经资助过丰臣秀吉统一日本的关西商人（譬如充当侵朝先锋的小西行长就是常年从事对朝贸易的药商出身）。可是，当时日本内战初定，需要休养生息，所以一向好战的武士阶层反而不十分积极。

其后的数年间，日方为侵朝备战储集了大量军粮、战船和火器。到1591年，千余艘战舰已建造完毕，名古屋囤积了足够使用数年的粮草，30万军队在动员后也已蓄势待发，进攻矛头直指朝鲜半岛南端的釜山。其中，15万陆军主力为刚经历过日本内战锤炼的精锐之师。同时，通过与荷兰的贸易与自研生产，日方主攻部队很大程度上都已实现火器化。装备700余艘主力舰船的水军则以整编后的海盗为骨干组建。当自感实力完备后日本便发动了战争。1590年，丰臣秀吉致信朝鲜国王，要求借道进攻中国，遭拒后于1592年4月出兵朝鲜。

二、战争进程

这场400多年前发生在朝鲜半岛的中日战争，中国称为“明朝万历朝鲜之役”；日本史书则将其分为两次战争，分别叫作“文禄之役”和“庆长之役”；朝鲜史书则称之为“壬辰卫国战争”。整个战争进程从1592年至1598年，历时6年。明朝投入兵银无数，历经战和拉锯，最终以丰臣秀吉的病亡为终点异常艰苦地结束了战争。整个战争大致分以下4个阶段。

第一阶段为日军的战略攻侵。根据《日本战史》的说法，用于出征朝鲜作战的陆军兵力共为9万多人，大小舰艇700余艘，以3个方面军相继登陆朝鲜半岛。在以迅雷不及掩耳之势夺取朝鲜海防线后，后续主力和其余舰队也相继入朝，大军向北部快速挺进。登陆仅20余日，日军便拿下朝鲜三都——王京汉城（今韩国首尔）、开城、平壤。仅两个月零两天，朝鲜十八道全部陷落。两王子被俘，国王李昖逃到义州，并慌忙派使向明朝求救。日本举倾国军力在短期内速战速决击败朝鲜，以当时技术力量来看可谓“闪电战”。

应当承认，经历了“战国时代”并拥有武士道精神的日军战斗力很强，武备优于对手，战略战术也运用得较为得当。首先，日军通常以偷袭或强攻等“闪电战”方式攻朝军于措手不及。其次，日军与朝鲜军遭遇时尽量打歼灭战，而非击溃战。再次，日军配备了一定数量的火器，主要以射程在80—100米的火绳枪为主。有资料称：日军在接战时采用了三排轮射方式，射击间隔在8秒左右，这给对手带来了很大杀伤。相对于以冷兵器为主的朝军而言，日军的技术优势近似隔代。

当朝鲜陆战失利之时，名将李舜臣却率军在海战中取得了出乎意料的胜利：共击毁击沉日军舰船350余艘！李舜臣的舰队在整个战争期间给日本海军带来了一场又一场的噩梦，其独具特色的“龟船”是海战的王牌武器，并对日方造成重大杀伤。由于日本出兵前没预料到将与朝鲜海军发生如此激烈的海战，所以海军准备不足，其主力战船“安宅船”火力比龟甲船弱，且没有防护铁甲。朝鲜海军的优势使日军始终未能夺取全部制海权。

第二阶段是明军的反攻。日军在朝鲜的速胜震动了明朝的高层，而随后派往朝鲜试探敌情的一支数千人的明军偏师又遭突袭，几乎全军覆没。消息传回，明廷遂决定发大军抗日援朝。兵部马上从全国调集了 4.3 万精锐，其中轻骑兵主要用来突击，备有轻甲、马刀和长矛，同时也备有火统。步兵则来自神机营，以火铳、鸟枪及火炮为主要武器。另外，其中的江浙兵拥有丰富的抗倭经历；川军多年来一直与西南夷族作战，山地作战经验丰富。明朝大军由名将宋应昌和李如松率领，开入朝鲜。

1593 年 1 月 5 日，中日两军在平壤城相遇。当时日本守军配备了火绳枪等火器；而明军拥有虎蹲炮、大将军炮、佛郎机炮等王牌武器，据说威力最大的大将军炮就超过了 100 门。1 月 8 日晨，平壤之役爆发。明军攻城时劲弩齐发，巨炮齐轰。日军火绳枪虽略优于明军火统，但火炮威力不足。明军火炮射出的铅弹不断对日军造成杀伤。但死守的日军战斗力非常凶悍，火器兵手执火绳枪雨点般射向近距离攻城的明军，战况异常惨烈。由于李如松在部署中还用了相当多的智谋，导致日军一直以为城南的芦门方向的是战斗力很弱的朝鲜军，因而没有重点部署兵力，近距离搏杀时才发现这是支伪装成朝军的明军。明军后续攻击部队全力突破了芦门，日军在败退途中又遭明军伏兵掩杀。《日本战史》称：平壤之役使守城日军减员约 9000 人，近 2/3。

平壤之役是场典型的攻坚战，也颇具近代化战争的特点。明军在此役中表现上乘。首先，以优势兵力和火力主攻城西，另以奇兵乔装成朝军强攻城南，这种部署完全出乎日军意料。其次，明军动用了当时世界上较先进的火炮，给日军造成极大的杀伤与震撼。再次，城东故意给日军留出退路，瓦解了日军死守的斗志。最后，在日军撤退路线上设有伏兵，使日军再受重创。但日方史料极力淡化平壤之役，称“日军由于平壤和王京汉城距离太远，本就打算放弃”云云，似乎此役败得很体面。

随后，明军向南直追汉城，作为先头部队的三千精骑在汉城郊区击溃日军后，与日军主力在碧蹄馆发生遭遇战，明军被围。在援军到达后进行了惨烈的大规模拉锯战，双方在死伤惨重后各自退去。关于碧蹄馆之战，中朝日三国的史料记述差异很大。日方史料大都宣称 4 万日军包围了 2 万明军，给予了明军毁灭性的打击，并且日方史料还引用明朝的记述为证。但实际上，明代记述该战役的文献，多半立足于弹劾李如松的上书之上，对于失败的情节有所夸大。另据朝鲜方面柳成龙《惩毖录》记载，真正被日军合围的明军是 4000 侦察轻骑。当时入朝明军总计才 4 万多人，先头部队为骑兵，并辖有炮营。如果此役真有 2 万人，区区 4 万日军是很难完成合围的。

碧蹄馆之战后，由于日军在汉城及周边地区的兵力占有绝对优势，明军遂退回开城修整，但随后得到情报：汉城数万日军的粮食都存于朝鲜国仓龙山大仓，该处还积贮了朝鲜数十年的粮食。于是明军敢死队趁深夜奇袭了此处的 13 座大仓，日军数十万石粮食在一夜间被明军用火箭烧得精光。军粮被焚，使日军的全线攻击势头锐减。据日本史料记载，日军减员达 45%，军心渐乱。但此时明军在碧蹄馆之战后也锐气受挫，且兵力少于日军，因此不具备再次进攻的条件。

至此，双方进入了相持、停战、议和的第三阶段。中日双方除运用政治和外交手段来博弈外，都在进行着再战准备。由于丰臣秀吉对当时明朝在华夷体系内预留给日本的地位并不满意，历时两年多的明日和谈最终失败。

战争的第四阶段由日军的突然入侵而引发。1595 年 7 月 15 日，被日本人称为“海贼大名”的九鬼嘉隆采用不宣而战的方式，率庞大舰队在漆川岛（今世济岛北端西）偷袭了一直给自己造成巨大麻烦的朝鲜海军。（在几百年后的九一八事变、七七事变、偷袭珍珠港、空袭菲律宾美军基地等行动里，日本人总是趁对手不备时突然先发制人，进行闪电战攻击，足见其民族性中或许具有瞬间爆发的特质。）此次行动中，日本海军大量动用巨型铁甲船，并专门针对朝方的龟甲船做了改进。由于当时是停战期间，朝鲜海军原以为日本舰队是运输船队，没有料到突发海战，另外大将李舜臣已被中了日军反间计的朝鲜王廷免了职，此役朝鲜海军几乎全军覆没，逃到岸上的水兵也大都被日本陆军歼灭。

待朝鲜海军覆灭后，丰臣秀吉于 7 月末下达再次进军朝鲜的命令。此次日军共 14 万人，其中海军约 3 万人。此时约 7 万明军也已参战。当双方陆军进入最为惨烈的拉锯战时，捷报从海上传来：重新复职的李舜臣再度重创日本海军！但在陆上的蔚山战役中，明军在面对优势日军的后撤过程中，由于组织调度失控致使全军溃败，死伤无数。日军虽惨胜，但也元气大伤。明军遭败绩后恢复能力却高于日军，在休整后遂又水陆并进展开攻势。

此时陆上的战争形势已明显对日方不利，盘踞在几处孤立据点的日军相互不能支援，面对 8 万以上兵力的中朝联军只能苦守度日；海上军事力量对比也开始倾向于联军，李舜臣舰队实力恢复，大明水师又出动了数百艘战船进入对马海峡。在联军水师的压力下，日军的后勤补给也成了问题；而明军的给养、军火、兵员却不断开到前线。双方实力差距逐渐拉大。

看到自己“大陆扩张政策”的日渐式微，在日本的丰臣秀吉受到了很大打击。内外交困下，丰臣秀吉于 1598 年 8 月 18 日郁郁而终，给他那波澜起伏的一生画上了悲剧的句号。丰臣的死给日本撤军提供了很好的借口，全线撤军时又遭明军乘势追杀。在最后的露梁海战中，日军舰队几近全毁。12 月，原本在朝的 14 万日军只剩 6 万左右。日本第二次侵朝最终失败。

三、战后影响

万历朝鲜之役是中日军事史上一场几近平分秋色的较量。战场上的明军与日军均有过上佳表现，也都有过不同程度的失误。虽然在战役期间，日军或有一些战术性胜利，但从总体趋势来看，在明军参战以后日军始终处于相对被动的防守地位。由于日本始终缺乏向大陆扩张的深厚战争潜力，因此命中注定在与大陆型国家的长期对抗中很难取胜。但在日本的国家体制和生存理念中，丰臣秀吉是明确了取道朝鲜侵略中国的大陆扩张模式的第一人，他所代表的日本封建主义对外扩张的方式和大陆政策，在日本的国家制度中留下了深刻的印迹，成为后来日本历任统治者均奉行的大陆扩张战略策术。

万历朝鲜之役对当时东亚的政治军事格局影响深远。此役使得明朝国力大衰，在其后的 20 年间再无力进剿努尔哈赤的后金力量。而女真部落遂日益坐大，最后对明帝国形成致命威胁。此役亦使朝鲜在从亡国到复国的过程中，付出了几十万军民伤亡的巨大代价。但是，此役却巩固了中国在东亚的核心地位，并为晚明及清帝国争取到一个较为安定的外部环境。

朝鲜之役导致丰臣秀吉集团的势力彻底垮台，最终另一位日本封建领主德川家康取代丰臣秀吉的势力，建立了江户幕府。战争的失败使日本再次意识到与中国作战的时机尚未成熟，于是江户幕府马上又对中国采取了睦邻友好的政策。可以说，万历朝鲜之役打出了以后中日间 200 多年的和平！

4

中日第四度交手：不可思议的甲午中日战争（海战）

一、战前日本微妙的社会情况

进入德川幕府时代后，日本表面上继续实行闭关锁国政策，但内部实际相对活跃。德川家康推行的改革在保持日本政治基本稳定的前提下，以法令的形式分配平衡了各统治方的权力与利益。同时，享有较高社会地位的职业世袭武士，在对周边诸国极其活跃的试探性骚扰攻击中得到了“军事锻炼”，这些能始终保持着相当强战斗力的“倭寇”又与荷兰、西班牙、葡萄牙的航海士及商人有着广泛接触，远比当时的中国民众对西洋的认识更加直接与真实，所以日本的“锁国”是相对的，其社会中下层是开放着的，对海外的风吹草动也非常敏感。

在有些人看来，当时的日本像一个被复制的“小型中国”，但事实上开放前的日本社会结构与中国差别很大，可能更接近于中世纪的西欧。中国实施的是皇帝大一统的官僚体制，小农经济使得政治体制僵化，重官僚而轻商人；而日本的商品经济程度很高，商人能控制诸侯，影响国策。同时日本还实行着类似西欧的庄园领主制，诸如长子继承制、世袭等级制、天皇和幕府双权力中心制以及武士制等这些特征，与亚欧大陆另一端封建制的西欧有着许多惊人的相似之处，与中国则迥然不同。

（一）倒幕运动

1.《海国图志》在中日两国的不同命运

日本是个很注重搜集信息情报的国家，在闭关锁国时期虽实行海禁，但留作唯一贸易通商交流港的九州长崎港却规定：凡是入港的中国及荷兰等外国商人必须向当地官员报告海外的最新情势，其内容制作成“唐风说书”及“荷兰风说书”等材料上报。中国在第一次鸦片战争中快速失利的消息极大地惊动了日本，其敏感高效的情报系统收集了大量中国在战争中相关表现的信息资料，当中就包括第一部由中国人编译撰写的、介绍世界各国情况的巨著《海国图志》。

1843 年正式出版的《海国图志》，由历任江苏布政使和巡抚幕僚并曾亲历鸦片战争的中国著名思想家魏源编写。该书囊括了当时西方国家的政经军史地文等多方面的内容，并附有近百幅全新的世界各国地图。战争的失利与列强的先进技术使出身儒学经世小圈子的魏源认识到“欲制外夷者，必先悉夷情”。魏源本希望国人能通过这部书了解世界，并找到富国强兵的办法，但想不到该著作问世后却鲜有国人问津，印数仅千余册。于是便有商人打起到日本寻找市场的主意。

1851 年，日本海关人员在对一艘驶入日本长崎港的中国商船例行检查时，意外发现了《海国图志》。在日本人看来，这简直就是神赐的礼物！此书令他们眼界大开，使他们能首度如此详尽地了解了世界（特别是西洋各国）。很快这些书便被日本官员和学者买走，成为日本决策者和有识之士最有价值的参考资料。1854年，日本翻刻了《海国图志》60卷本，翻印达15版之多，并引发了大规模的阅读热潮。日方认为，该书的核心内容是“制夷”，核心思想是“师夷之长技以制夷”，唯此方能抵制列强的殖民扩张。为达此目标，不但要发展民族产业，开展对等的海外贸易，更重要的是推行民主制度。日本人在吸收归纳《海国图志》的精髓后，认定其发展之路应是“东洋道德与西洋技术的结合”。日本维新派为《海国图志》所激励启发，倒幕运动风生水起。可见《海国图志》在中日两国遭遇的不同命运，造就了两个民族在近代的不同结局。

2.鸦片战争及太平天国运动对日本的影响

闭关锁国的清王朝在第一次鸦片战争中被大英帝国的坚船利炮轰开大门，为近代日本敲响了警钟。随后中国又爆发了旷日持久的“太平天国”运动，更是使日本朝野震动。这场运动包含了当时中国社会多重复杂的民族矛盾、阶级矛盾，以及与列强的冲突等因素，与日本当时的社会状况有很大的相似性。于是日本社会各界出于利益、背景、关系的不同，对之抱以恐惧、赞成、责难、同情等复杂的态度。但这些不同甚至是迥异的看法最终交汇而得出的结论却是惊人的一致，那就是：日本必须尽快实施维新变革，否则也会像大清国那样陷入外祸内乱交加的悲惨境地！

3.黑帆叩关

1854年2月，美军准将佩里的“黑船”舰队打开了日本的大门，逼迫德川幕府签订了《日美亲善条约》。佩里的“黑船”是蒸汽机帆船，性能优势明显，再加上搭载有射程与杀伤力均优于日军的现代钢炮，使日本深感差距巨大。此后其他西方列强英、法、俄也蜂拥而至，逼迫日本签署了一系列丧权辱国的条约，奉行“锁国政策”的日本逐步向半殖民地的境地滑去。

在面临严重的民族危机之前，日本原本就很活泛的中下层武士、商人、资本家和新兴地主中的改革势力展开了“倒幕”运动。1858年1月3日，日本的维新派势力在“王政复古”的口号下发动了对德川幕府的战争。维新军队人数虽少，但依靠装备了大量西洋新式武器的优势连战连捷，最终在江户迫使德川幕府的最后一任将军德川庆喜投降，建立了以明治天皇为首的新政府，结束了幕府对日本长达260年的统治。

（二）明治维新

以明治天皇为首的日本新政府在废藩消灭封建割据势力后，将全国划为三府七十二县，建立起了一个统一的中央集权国家，为发展资本主义扫除了障碍。1868年7月，日本新政府宣布将江户改称东京，定为日本首都，以天皇睦仁为首，由改革派武士掌握的明治政府开始着手实行了维新变革，使日本摆脱了沦为西方半殖民地的危机，转而一跃成为东亚第一强国。

日本的明治维新激发了全民族的士气与革新精神，使带有浓重军事色彩的资本主义得到了长足发展，并在19世纪80年代后半期开始了产业革命。民间企业的资本量飞速增长，完成了大量基础设施工程，而政府则将大量税收形成的资金全投到军工产业上。随着资本主义经济的发展，日本在1890年爆发了第一次经济危机，这导致其决策者认为：只有通过军事侵略争夺殖民地，掠夺资源，扩大海外市场，才能为经济扩张开路。日本在1893年与英国结盟后，再度将侵略的矛头对准中国。丰臣秀吉时代完败的日本对朝鲜半岛、中国大陆的扩张策略，在明治维新过后又卷土重来。

二、甲午中日战争之黄海海战

接下来的甲午战争，就是中日历史上的第四次碰撞交手了。中日甲午战争以1894年（清光绪二十年，日本明治二十七年）7月25日丰岛海战的爆发为开端，至1895年4月17日《马关条约》的签字结束。整个战争进程持续近9个月，依据战场转换及双方战势变化大致分三阶段。其中第一阶段的甲午海战是近现代史上中国军队与外敌交战时武器装备差距最小的一次战斗，但它却成为中国军队输得最惨的一次——经营多年的北洋舰队不可思议地彻底完败！

黄海海战中，号称“东亚第一舰队”的北洋水师为何会不可思议地惨败于日本舰队之手？这给世人留下了太多太多的谜团、遐想、假设、思索及遗憾！除清政府腐败、海军军费被挪用、军需官贪污等这些老生常谈的原因外，近年来，在这一领域所最新披露出来的种种探索与研究表明，技战术层面等各类更为复杂的、微妙的，以及先前曾被忽视过的潜层面因素，或许才应该成为真正的主因。

（一）战前准备

由于工业革命，甲午海战前后的四十几年间，可以说是世界海军发展变化最剧烈、经历空前大变革的时代。从19世纪五六十年代开始，世界海军舰船开始以蒸汽机动力取代风力，舰壳由木制演进为铁制，后装炮淘汰了前装炮，来复线炮代替了滑膛炮，安装制退复进机的各款速射炮和机关炮开始上舰。此外，可旋转的装甲炮塔和实用的前部敞开式炮罩等也纷纷亮相；露炮台、耳炮台、水线裙装甲、穹甲成了当时军舰布局探索的新潮流；鱼雷和快艇等各类海军“新玩具”则令人眼花缭乱目不暇接。因此，当时所谓的“最新式军舰”在服役后不到5年就有可能落伍了。除战舰结构武备外，海军战术思想及种种前所未有的新观念、新理念，更是不断地冲击着海军界。（总之，有关19世纪下半叶的海军技术与战术思想，确实是纷繁复杂，远不是这一小节的文字可以逐项列举，并梳理清楚的。）

1.中日双方实力对比

这一时期的日本明治政府抓紧改革军制，积极推行近代军事教育和训练以扩军备战。日方通过不断引进与开发海军新技术新战法，加紧演训，加速建设海军。到甲午战争爆发前，日本海军已拥有军舰32艘、鱼雷艇24艘，排水量共达6.2万余吨。日方的添舰原则基本上是按法国“少学派”的主张，尽量选择装备高速、多快炮而造价较低的巡洋舰等，以求有效利用有限的资源。这与北洋海军刻意钟情于自己不甚明了而价格高昂的铁甲舰形成了强烈对比。

甲午战争中，日本实际动员兵力达24万人，其中17.4万人在海外参战。此外日本还在战前派遣大批特工赴中朝搜集军事情报，绘制详尽的军事地图。虽然日本人的准备工作细致扎实、周全有效，战争中规划细致、执行高效，但还是不可避免地犯了很多错误，这就是真实的历史。然而日方每次总能够及时而客观地积极对待并纠正错误；相对而言，北洋海军的准备及应战则做得太差，将领应变方面的表现也不尽人意，没能利用对方错误及时把握战斗机。

应该讲，清政府对日本的侵略野心是有所察觉的，也着手加强了以京师门户为重点的海防建设。1888 年，北洋海军正式成军，辖舰艇 25 艘，官兵 4000 余人，防御对象锁定为日本。到甲午战争前，北洋舰队的大沽、威海卫和旅顺三大基地建成。但是由于清廷腐败，军事建设基本停留在增改武备的低级阶段，其陆海军总兵力虽达 80 余万人，但编制落伍、训管混乱，够得上现代化水平的兵力远不及日军。

日军大本营为此次战争制定了三项“作战大方针”。首先是派陆军进入朝鲜牵制清军，海军则寻机歼灭北洋舰队以迅速夺取黄海制海权，后与清军在直隶平原上决战。其次，如海上决战胜负未分，则以舰队控制朝鲜海峡，协助陆军主力占领整个朝鲜。再次，如海战失利，制海权丢失的话，则以陆军主力退守本土，等待中国军队的登陆反攻。可见，三大方针皆围绕制海权展开，皆视北洋舰队之作为而定取舍。日军所有装备与人员的配置均严格地按照此方针有条不紊地布置。

因北洋舰队装备技术先进的缘故，战前世界舆论普遍看好中国。但实际上，当时清军并无清晰的战略方针与行之有效的作战计划。由于统治集团战和意见分歧，相互掣肘，既未组成专门的作战指挥机构，更无统筹全局的战略指导，情势急转直下后又寄望于俄、英等国“调停”，最终清政府被迫在海陆战端已启的 1894 年 8 月 1 日仓促对日宣战。日本明治天皇也于同日发布宣战诏书。

2.中日舰队对比

舰队投入。北洋水师是一支投入巨大的舰队，清廷支付的舰船购造费超过 3000 万两白银。再加舰船上各种装备器材的购置维持费、舰队官兵薪俸、舰队基地营造费及维持费、后路各造船修船局厂及官衙的开设维持费、海军人才的教育培养费等，合计总投资在1亿两白银之上。这等于每年拿出300多万两白银用于海军建设，平均每年占年财政收入的4%以上，个别年份超过10%。据统计，从1868年至1894年3月，日本政府共向海军拨款只约合白银6000万两，相当于同期清廷对海军投入的60%。

装甲水平与吨位。北洋舰队装甲水平普遍超过日本舰队，排水量7335吨的“定远”“镇远”两舰属当时世界一流的铁甲堡式铁甲舰，装甲厚度达356毫米，并各装305毫米口径的大炮4门，是当时亚洲最令人生畏的顶级战舰，日方一直以此二舰为最大威胁。但实际上北洋海军除了两艘巨舰外，其余10艘舰船排水量均只在3000吨以下，其中有3艘还在1400吨之下。最旧的是建成于1881年的“超勇”和“扬威”，仅1350吨，舰上用易燃木料装配。按丁汝昌的见解，北洋海军能用来应敌的只有9条舰，再配上借自广东水师的闽制木壳铁肋通报舰“广甲”，才勉强凑足数量组配成阵。而据日方统计，日本联合舰队参战的12艘军舰共计40840吨；北洋海军14艘军舰参战，共计35346吨。双方在总吨位上基本接近。

火炮水平。据日方资料：200毫米以上的大口径火炮，中日两舰队之比为21门对11门；小口径火炮92门比50门；日方在中口径火炮方面以209门比141门占优。因为中口径炮多为速射炮，所以日方在火炮射速方面优势明显。

航速差距。就平均航速而言，日舰维持在8节以上，略优于中方的6节，优势并不明显。但对北洋舰队造成重大杀伤的日方第一游击群航速却达到了惊人的14节！

操练程度。北洋海军在1888年成军后，舰队合操训练已达6

年，许多官兵在舰时间达 10 年以上，这是仓促成军的日本联合舰队无法比拟的。相比之下，日方在距黄海海战只剩下 60 天时间的 1894 年 7 月 19 日才刚刚编成联合舰队，主力舰多为 1890 年以后下水，一次调拨大量新舰上阵作战实属不宜。由于舰龄和官兵受训时间都短，为缓和官兵紧张情绪，舰队司令官甚至下令士兵可随意吸烟以“安定心神”。

（二）战时表现

战时日本海军联合舰队按战前计划前出至黄海西部，甚至闯到威海卫和旅顺军港挑衅，企图寻机与北洋舰队主力决战。北洋舰队则主要巡弋于威海、旅顺之间，将黄海航海权让给日方。直到 9 月上旬，清廷由海路运兵增援平壤，由北洋舰队护航。9 月 17 日，北洋舰队在完成护航任务后由大东沟口外返航时，突与设伏搜索的日联合舰队遭遇，随即爆发了黄海海战。

当时，北洋舰队由于经费缺乏，无法继续购买唐山开平煤矿的优质煤，而改用劣质碎煤。这与日舰用的高级无烟煤相差甚远，以至于舰队的黑色烟柱提前一个小时便被日军发现并锁定。1894 年 9 月 17 日中午 12 时 50 分，排成横阵的北洋十舰在距离日舰队 6000 米时率先开炮。而拥有 12 舰的联合舰队则利用“吉野”号为首的第一游击群共 4 艘军舰包抄北洋舰队右翼，在达到 3500 米距离时才开火，随后日“松岛”等舰相继开火，海战全面打响。

1.阵型选择

阵型在当时的海战中是非常重要的，但要想确切比较哪种阵型最能发挥火力，需根据当时各舰各炮的详细射角、射速，还有双方舰队的航向、航速来计算。在那个充满众多变化因素的大时代背景下，要想为舰队选择最为合适、合理的战术战法是极其困难的。

战斗开始时日军采用了单纵阵，其背景可谓深远而特殊。战前应日军之邀，英国海军退役军官把蒸汽时代英国海军的新战术引介到日本，其相关著作亦被翻作日文，日本海军军官几乎人手一册。在海战时集中己方战斗力求局部优势而取胜等的西方海军军事概念已在日本萌芽。日海军在英国的协助下于 1888 年 11 月 26 日成立海军大学，英军教材也被编成《海军战术讲义录》，于 1894 年 5 月结集出版。书中认为纵队最单纯直接，对指挥者与僚属沟通都最为便捷，故强力推荐纵队战术。在 1894 年的 7 月，日本舰队集结于佐世保军港实施编队演练。不论是横队、纵队、梯队、多行纵队、多列横队等都普遍予以尝试。当时日军各舰长就深深体会到旗舰在前带队的单纵阵的种种好处。由于容许专业军官持续探讨战术环境的影响，日方做到了集思广益。其采用单纵阵的决策过程有比较清晰的脉络可寻：既有欧洲教习的理论启迪，也有众舰长兵棋推演的验证，还有统帅阶层基于备役兵员训练不足以及新舰成军不久的考量，可说是较为理智的抉择。从甲午海战的运用单纵阵，到后来日俄海战时再推出的“丁字战法”，主动创造让纵队发挥最强火力的条件，其实是日本海军理论与战法水到渠成的结果。

应该讲，北洋舰队在作战实务方面始终比日本联合舰队落后，其阵法操典不外乎是对《舰阵图说》中的 118 种阵位队形的照猫画虎，并未根据定镇铁甲舰舰炮横列布置的特点，而开发专门针对日本舰队特点的作战方式。战斗中，提督丁汝昌只是简单套用了以前北洋舰队长期演练过的战术，以中强侧弱的雁型阵队形来迎敌。由于北洋各舰长久维修不佳而致性能大减，各舰间速度悬殊，舰队向前一冲就成了人字形，造成后舰视线不明影响瞄准和怕造成误伤而不敢开火的局面。北洋舰队的凸横阵虽然不能说是清军致败之必然或唯一的因素，但从战场清舰的配备、保养、补给、训练、通讯、指挥等总体状况对照来看，采用凸横阵来抗拒日军单纵阵列导致了战术上的被动，对战局的影响可谓是雪上加霜！

事实证明，日方布阵显然比清军有效，其分成两支舰队发挥速度优势打快速机动的游击战，充分发挥了自身的强项，并造成北洋舰队四面受敌的局面。由此，日方由强舰带着弱舰，分多组集中优势火力对北洋舰队的某一战舰打起了围歼战！

这里，笔者根据有限的资料，也“推演”出一种战术可能：事实上，或许将定镇两舰摆在横队的两端，以发挥远程火力的优势，中间布置“杨威”等其他弱舰。全队在接近日舰时可集体右转向，保持全队与敌队同向机动而行，这样或许能发挥出各舰自身各炮位的不同口径火炮的优势，并结合首尾的定镇舰的火力优势，持续攻击敌人。同时，己方右侧火力也能有效牵制从右边疾驶而来的日军第一游击群的机动攻击，并同时机动、灵活攻击日舰，这样可能会摆脱被动。

然而这只是一种假想，事实上日军的几项新军事技术的进步及新服役的装备在战斗中也起了不小的作用，在它们的综合压制下，可能再好的舰队阵法或战术，均也无法改变北洋水师战败的命运了。

2.日军的“新玩意儿”

首先，日军在1894年7月之前的一年间，先后入役了“吉野”“桥立”“秋津州”这3艘创新性极强的新式战舰。如果没有它们，日方第一游击群将只有“浪速”与“高千穗”两舰，而本队主力

“三景舰”（“松岛”“严岛”“桥立”）也将剩下火力大打折扣的“两景舰”，黄海海战的结局可能将由此改写。当然不能肯定地讲这3艘军舰就决定了历史，但它们绝对是改变中日双方某种力量平衡点的微妙因素。

其次是“苦味酸”。在1893年的1月28日，日本海军抢在欧洲列强之前，开始换装充填有“苦味酸”烈性炸药的大杀伤力炮弹。这种外号“下濑火药”的新装备燃烧性极强，是日本人于1888年从欧洲偷到日本岛的，后经消化吸收配备，在黄海海战中对“致远”等7艘北洋军舰造成了致命火灾。战斗中，“定远”被1发240毫米苦味酸炮弹击中首楼甲板下层后，因剧烈燃烧而产生的黄黑色浓烟使得4门305毫米主炮无法瞄准，完全丧失了攻击力。“致远”舰也正是在这种情况下舍身前冲，为了给“定远”争取自救时机，最终惨遭厄运。最先损失的“杨威”“超勇”，都是先被灾难性的大火所重创的。“来远”在和日“赤城”对射中，舰尾被击中燃起大火，一直到退出战场时都未能扑灭。

此外，新式“无烟火药”的投入，更使日军火炮在射击时烟雾减少之余，炮膛内火药的残渣量也大为降低，保障了舰炮火力在使用上的连贯通畅，降低了因炮膛不洁所产生的故障率。

最后，发明于1888年的光学测距仪使日军的舰炮具备了初步的“精确瞄准攻击能力”。其基本原理是“三角比例测量法”，再配上光学望远镜，准确性已大大优于先前炮兵的目视测距法，这使得总体训练水平较低的日军在发炮的命中精度比例上有明显优势。甲午海战中双方武器包括主炮、副炮、速射炮、机关枪炮、鱼雷这五类。副炮扮演的角色分量有限，中方速射炮和机关枪炮数目又严重不足。日军则利用其快速巡洋舰的中口径炮在射速上的较大优势，以及优于清军的射击精度，在短时间内将大量的炮弹准确地倾泻在北洋军舰身上。

（三）战况分析

1.火炮之别

激烈的海战后统计：黄海海战北洋各舰平均中弹 107.71 发，而日舰平均中弹仅 11.17 发。日舰火炮命中率高出北洋舰队 9 倍以上！“定远”“镇远”的 305 毫米主炮发弹 197 发，只有 10 发命中目标，如此利炮的命中率只有 5%！这还是双方在两三千米内直瞄射击的结果，可见北洋海军作战效能低下。清军其他各种口径舰炮发射了 482 发炮弹，只有 58 发击中日舰。此外，日舰队速射炮 1 分钟内所发炮弹相当于北洋舰队同口径炮的 6 倍：日舰队发炮 193.3 发，命中 28.9 发；清舰队炮射击 32.8 发，命中 3.28 发。可见在有效射程内，速射炮的命中率要比重炮的好。这就好比贴身近战时，冲锋枪的命中率远优于重型狙击步枪一样。海战中中方损失的 5 舰中有 4 艘都是被日军第一游击群的轻舰用快炮所击沉的。

相比之下，日本最高吨位的“三景舰”都有 4000—5000 吨，为了提速而减轻了装甲（比“定远”级快了将近 1/3），但其装备的 320 毫米前主炮却大于定镇二舰的 305 毫米。日方企图用“小马拉大车”的方式压倒对手，这也是其敢于在海上对决中方德式巨舰之勇气所在。但实战结果表明，日方 320 毫米主炮几乎没有发挥作用。反倒是舷窗口伸出的几门速射炮重创了北洋军舰，这说明了战前日方在装备论证方面也存在问题。

由于日本舰队的速射炮对中方战列舰重甲的穿透效果差，所以整体上不存在火力一边倒的问题。定镇两舰的装甲及炮塔护甲被日舰炮弹击出的弹坑密如蜂巢，但无一穿透，炮塔也未发生任何故障。当日军发现自己的炮弹无法穿透北洋舰队的德式重甲后，立即灵活改变战术攻击清军右翼的弱舰。由于中方主力舰舰炮的口径大，日舰吨位小，且“畏定镇二船甚于虎豹”，纷纷避开其前主炮，夺路而进。据统计结果显示：“定远”中弹 159 发，“镇远”中弹 220 发。日军炮大多威力偏小，北洋舰队炮少威力应该很大。但另有资料显示，定镇两舰虽为防护力极强的海战堡垒，但后勤保障始终存在严重隐患：其 305 毫米主炮的战时实弹仅备 3 枚（“定远”1 枚，镇远 2 枚），而练习用弹则“库藏尚丰”。所以也不能排除在海战中，定镇两舰之主炮在绝大部分时间内一直用练习弹在与顽敌作战的可能性。两舰到底有多少枚主炮实弹已很难考证，但北洋舰队大口径火炮未发挥应有的优势却是不争的事实。

2.海战中的“人祸”

清军刚一开战，阵列便陷入混乱，这是由于旗舰“定远”被日军一炮震塌飞桥而使主帅丁汝昌摔成重伤所致，同时其信号装置亦被摧毁。由于战前北洋水师未有明令确定战损后的代理人及代理旗舰，所以在交战过程中已来不及采取补救措施，以致舰队处于群龙无首而各自应战的被动局面。北洋海军战场上如此失序，完全不像一支经过 6 年训练的舰队。丧失主帅指挥职能的情况，如果发生在有着几百年海盗作战传统的日本海军身上，或许根本不应算作问题。组建时间很短的日本联合舰队反而应变能力很强，在激战过程中基本保持队形不乱，通讯指挥也很畅通。日方司令伊东祐亨在作战当中处置手段虽也是见招拆招，但确是应对有效。

中方从火炮的命中率到指挥都较凶悍的对手相去甚远，特别是“致远”舰在受创后采取了自杀式撞击优势敌舰的方法，这种战法在现代战争中成功率一向是极低的。

甲午海战共历时 5 个多小时。最终，北洋舰队沉毁 5 舰，伤 4 舰；日本联合舰队伤 5 舰。清军完败！

（四）战后分析

甲午海战，是战舰以蒸汽动力和后膛炮彻底取代风帆和前膛炮以后的第一场大规模舰队对决，所以对当时造舰界、兵工界、军界，以及现今的史学、地缘政治学等各界都有极其重要的研究价值。

1.战术层面

从战术层面讲，中日甲午海战对世界海战学界产生了巨大影响，直接导致了大舰巨炮理论的完善盛行。它为帆船时代的冲角战术划上终止符，也为速射炮首次在海战中的功用提供了实例佐证。另外，由于定镇两艘战列舰的装甲在战时表现突出，使得海军列强无不优先发展拥有厚重装甲和大口径火炮的大吨位战列舰。当时的欧洲海军界认为：拥有日方主炮无法贯穿装甲的北洋水师最终惨败，这种结局实属于中日海军都缺乏经验所致，具有相当的偶然性。因为，日本如果拥有海战常识或经验的话，则不会轻易地找如此装备精良的舰队进行决战；而中国舰队如果训练有素，则应重创日本舰队。但是，甲午海战作为当时世界海军发展的参考材料仅维持了很短一段时间。因为在 19 世纪、20 世纪交替的二三十年间，海军是发展最迅速的兵种，不长时间之内就已被革新得面目迥异了。甲午海战之后没几年，规模更大、战斗日期更长、涉及地域更广的 1898 年美西战争和 1904—1905 年日俄战争便接连发生，而随后的海战更是由平面战争迅速地演变为立体战争。

2.战略层面

从战略层面讲，甲午海战对西方的影响是短暂的，但却是中华民族永难忘怀的！战后中国犯下的最大战略错误在于，即使出现了长期对峙的局面，也不应该以自身财力供给致命的竞争对手。当日本被拖入长期战争后，其资源短缺、持久力差等的弱点就会暴露无遗。具体说来，战争结束后的对日巨额赔款，使得清政府的财政几乎破产。大量举借外债又使得中国财政、经济和新的通商口岸以及内河新航线进一步被列强控制，半殖民地的状况急剧加深。而这笔赔款则充当了日本现代工业的起爆器，其间日方又耍了许多花招，最终攫取了远远多于《马关条约》规定的实际款项，其资本主义经济以此为契机更加迅速地发展起来，日本由此摆脱了沦为半殖民地的风险，转而成为一大强国，并从此改变了世界的格局，将影响延续至今。甲午海战的结果不仅对远东战略格局产生了深刻的影响，也间接地激活与改变了其后欧陆局势的态势，并间接催生了日本与沙俄在中国辽东直接冲突的种子。10 年后，日俄间果然爆发战争，结果明显地削弱了俄国在欧洲牵制德国的能力，并对第一次世界大战结局与苏俄政体产生亦有相当影响。

5

中日第五度交手：在第二次世界大战背景下看日本侵华战争的策略战术及日本民族心理

近现代日本持续推行军国主义扩张政策，于 1910 年 8 月 22 日吞并朝鲜，1931 年 9 月 18 日进攻中国的东北三省。1937 年 7 月 7 日的七七事变之后，中国抗日战争全面爆发。日本这次侵华战争是中日历史上第五次碰撞交手，关于抗战的描述已经太多，对其追述也不该仅停留粗浅的兴趣层面之上。本节欲通过对日军策略与战术的一些话题展开讨论，并对日本的某些民族心理特质加以剖析。

一、第二次世界大战中日本军队的表现

（一）中日战况对比

第二次世界大战中，中国是同日本作战最久的国家。但通过研究日本在第二次世界大战中的兵力分配布局可以看出，日本因轻视中国而在 1940 年前的多数时间里并未投入主力，其只是在七七事变后的两年内才将大部分陆军师团投入关内，但为针对苏联却在东北保留了最精锐的关东军，对付东北的抗日游击队则主要使用伪军和伪警。日本的军费也都长期重点投向准备与美英作战的海军。由于

工业与财力落后于西方强国，日本有限的投入只能保证其海空力量在装备上保持一定的相对优势，这造成其陆军装备远落后于德美苏等国。1941 年日军偷袭珍珠港后，不仅将几乎全部海军投入对美作战，陆军精锐也陆续投入南洋。在战争末期，日军兵力在本土和南洋对付美英的兵力在 530 万以上，在东北和朝鲜对抗苏联的兵力为 90 万以上，在中国战场（不包括当时伪满地区）兵力约为 110 万。

日本穷兵黩武，且缺乏深谋远虑的大战略，所以日军在第二次世界大战中的表现从整体来讲也绝非上佳，因此也就没有必要过分渲染第二次世界大战时的日军战斗力。但说来的确很是惭愧，第二次世界大战中日军最好的战绩有相当一部分都是在与中国军队的交手中取得的。在“珍珠港事件”之前的 4 年多时间里，中日在战场上总共进行过近 30 次的军级规模的会战。中方丢掉了国土中东部地区的所有主要城市及交通线。中国军队对日军作战一般只能零打碎敲，没能全歼过一个师团、一个旅团，甚至就连歼灭联队（团）级单位也仅在腾冲这样个别的地区出现过。日军在建制保全后，往往能迅速调整恢复，经补充后各部还会保持战斗力。至于海上，当年中国海军未打过一次海战便自沉；空军力量也弱，战争中未能击沉过一艘日本大型战舰。因国力衰弱，中方在日本战败前也无力实施全面反攻。日本宣布投降时的中国战略要地，如北平、上海、南京、武汉、广州等地，还都在日军的占领之下。

但是，在分析日军上述战绩的时候，应该把当时中国的特殊因素考虑进去，那就是中国内战。由于国内的政治矛盾，在整个战争期间，中国是根本无法倾全部国力与日本作战的。蒋介石对地方军阀的实际控制力有限。尤其是在战争初期，中国国内地方派系各自为政，导致军心涣散。在整个战争期间，中国因各类国内矛盾，始终只能运用部分国力对日作战，因此日军所占优势也应是打折扣的。可以说，抗日战争从一开始起就是一场不对等的战争。

由于装备较差和训练水平较低等方面的原因，中国军队的战斗力普遍不及日军。国民党装备较好的“调整师”在抗战之初还可与日军硬拼一下，但装备差的部队就只有“不对称挨打”的份儿了。国民党将领白崇禧在总结淞沪会战败原因时曾谈道：“我军训练远不如敌人，使用同一武器之命中率亦远逊于敌，步兵对轻重武器因训练不精，不能使用自如。”这种差距实际上始终贯穿于整个抗战时期。此外，由于中国缺少重工制钢，所以基本的钢盔甚至刺刀都成了中国军队的奢侈品，虽然德械、苏械、美械先后导入，也使战斗力获得一定提升，但毕竟数量有限，且时断时续。八年抗战中，中国军队在相当长的时间里主要还是依靠国械轻装备甚至缴获的日械来同日军血战的！

而且，日本由于准备工作详尽且周密，使得其在与中国作战时在客观上也占尽优势：七七事变就爆发在日军盘踞多年的北京城边；淞沪会战尚未开战前，日本已在上海占据租界多年并长驻精锐的海军陆战队，在进攻上海时无须进行复杂而危险的登陆作战。另外，日军掌握着绝对的制空权和制海权，这一点也很重要，它在使日军具有远程立体打击能力的同时，还极大地保护了自身机动能力免受或少受攻击。于是，日军可以随心所欲地在中国漫长的海岸线选择登陆点，并切断中国的海外补给线，导致战争期间中国完全放弃了沿海城市的防御。

战争前期，日军由于奉行“精兵战略”，再加上武士道传统及军人长期的刻苦训练，其战斗力的确不容小觑。像西泽广义、坂井三郎、岩本彻三、渊田美津雄这样的战斗机飞行员，用客观眼光来看完全算得上当时的“王牌”。1940 年在对重庆轰炸的“101 号作战”中，日本军部提前启用了新式武器“零式”战斗机。在重庆璧山县上空，中国空军 30 架战斗机与日军 13 架“零式”战斗机发生激烈空战，20 分钟内中国军机被击落 27 架，日机无一损失。随后在成都上空，中国空军第 5 大队 34 架战斗机被日军 12 架“零式”击落 13 架，击伤 11 架，该大队番号从此被撤销。不久后一架“零式”战斗机更是在光天化日之下降落在成都北郊凤凰山机场，“技高贼胆大”的日军飞行员竟走下飞机，将机场旗杆上的中国国旗降下，然后驾机从容离去。然而随着战争的损耗，当日军中那些所谓的“精英”逐渐成批“玉碎”之时，日本整体力量的脆弱性最终在残酷现实面前暴露无遗。随着战事推移，战争后期日军的优势已被大大削弱。像 1944 年的衡阳会战、1945 年的雪峰山会战，日军则是以优势兵力参战而最终陷入了或僵持或完败的不利局面。

日军有两个强点，一是所谓的武士道精神，这一点的确很值得重视。第二次世界大战时期日本军队从整体来说作风应该是很顽强的，几乎所有参作部队都“玉碎”到底了，很难找到成建制投降的战例。日军下级指挥人员受过很好的训练，执行上级命令异常坚决，具有“人和”优势，喜欢打速决战。中国军队有“地利”的靠山，倾向于选择打持久战，并具有“一不怕苦，二不怕死”的优点。但日军也具有同样的“优点”，所以对付日军，这些优势的作用就会大打折扣。二是日军普通士兵的基本技战术过硬，尤其擅长近战和夜战。在太平洋的海岛争夺战中，美军最怕的就是日军搞夜间突袭，这点与朝鲜战争中的中国志愿军倒是很相似。

（二）战时凶悍日军的畸形表现

日本陆军的战绩在整个第二次世界大战中乏善可陈。有例可评估其战斗力：诺门坎会战中，由于装备及技战术等原因，日军精锐部队第23师团在苏军面前完败，伤亡率达到80%！另外，第6军野炮级以上的火炮损失率也达72%。应当得出结论：日本陆军与苏联陆军不在一个档次上，与德国陆军的差距应该更大。日本陆军的弱点其实也是东方国家陆军的一些通病，即由于受工业化程度与军工技术水平所限，无法做到在战场上实现各兵种协同作战，对坦克装甲部队的运用远不及西方军队。日军无力大量装备坦克，更没考虑过组建具有高速机动能力的独立坦克机步团。其坦克师团主要还是用于配合步兵作战，根本没有运用“大纵深快速攻击”这样的新军事理念。在中国战场上，日本陆军没能利用自己相对强的机械化优势组织快速的大纵深奔袭，而是顽固地追求过时的“旅顺会战模式”欲求决战，使国民政府的大部队一次次获得喘息机会，并逐渐后退至西南内陆的山地，形成抵抗布局。

与当时的美军一样，日军在第二次世界大战时期并未像西欧列强那样单独设立空军，而是将空中力量分别配属到海、陆军当中。日本海军在战争初期与后期的战斗力虽也差异巨大，但从整体表现来看，日本海军的表现要强于日本陆军。日军败于美、苏军队，是因为日（陆）军是一支按照第一次世界大战模式作战的军队，而其对手已经是按第二次世界大战模式作战的军队了。日军基础作战单位的指挥官、士官及士兵虽具有顽强的战斗精神与军事素养，但高级指挥层面往往出现战略性的指挥失误。这反映出日军中高级军官素质很差、思想僵化，习惯于墨守成规，并多次在瞬息万变的激烈战场上留下错失良机的可笑战例。日本的这些弱点并不是偶然的，这或许与其民族性有很大关系，今后若有战事，日本应该还是会犯类似毛病的。

日本的航空军工产业方面也存在着诸多致命弊端：空有较高的兵器设计水准与制造水平，但却因科技实力有限、资源不足，以及生产组织方式落后等原因而无法满足战争的巨大需求。日本人一向以手艺精巧著称，在生产加工环节精雕细刻，并将有限的资源利用到极致，创造出精巧细致的产品，同时醉心于不时地对产品进行一些不大不小的改进，而非对生产模式进行创新式的变革。著名的"零式"战斗机就是一个非常典型的例子，这种优秀战斗机的上千个零部件竟然是通过成千上万个家庭作坊手工制作出来的！当这些规格并不完全一致的零部件运到车间总装时，将严重依赖熟练工的技艺水平。战争初期的每架零式都堪称是完美的工艺品！但随着大批熟练工开赴战场后，填补劳力缺口的妇女无法短期磨炼出高超的技能，导致战斗机的生产质量急剧下降，并且难以实现急速化量产。相比之下，美国在技术革新的同时，采用由福特公司首创的流水线式的生产模式，在保证质量的前提下实现快速制造，并对其使用提供长期保障。由此美方通过流水线作业一周就能生产一艘航母的创举是日本难以想象的，而当时日本产业界却认为流水线生产模式"是对日本能工巧匠的侮辱"而拒绝引进。残酷的战争当然不是精美工艺品的博览会，日方所信奉的"技能至上主义"或"精神决定论"已落后于时代，其故步自封的思维逻辑和行为模式是有其自身弱点的，所以要客观地、实事求是地来看待日本。

二、侵华战争中日本陆军的建制及其战术战法

虽然第二次世界大战中日本陆军的总体表现并非上佳，但在对华作战时却始终是凶悍的，对中国各方的抗日力量危害巨大。由于其常规战术战法颇值得圈点与研究，下面做一简要分析，先从日本陆军的各级建制开始分析。

（一）步兵小队

1.编制

日本陆军较少以分队（班）为独立单元作战，其最小战役执行建制为步兵小队（排）。所以，日军步兵分队战术是其小队战术的重要组成部分，且与其装备密切相关。日本的步兵小队有甲乙丙3种常见编制。

甲种为加强型编制，小队长及助手辖3个步兵班及1个掷弹兵班。步兵班共15人，配轻机枪1挺，其余均为步枪手，并常会加配1具10式掷弹筒；掷弹班有3具89式掷弹筒，每具掷弹筒应有正副射手各1名，其余皆为步枪兵。甲种小队应有62人左右。

乙种为标准型的编制，与甲种编制的唯一区别在于其每班只有13人，故乙种小队约有54人。

丙种小队是为应对敌后根据地的“游击战”而创建的，本节稍后详述。

2.战法与火力配备

日军步兵班的战法源于近代欧洲步兵班战法。本来此种战法的特点是发挥机枪火力，简单讲就是步兵先用火力压制敌人，再将其从掩体中赶出，最后用机枪扫射暴露的目标。但到了日本人这里就做了变通，战法前两步不变，但第三步日军则强调用机枪和步枪来

共同杀伤敌人，且更倚重步枪。这里原因有二：其一是节约弹药，最大限度地发挥步枪优势。因为日本的资源及后勤能力有限，所以当时日军作战时在战场上无法实现大规模火力覆盖，因而只能强调精准化和精细化。其二是日本陆军的班用机枪设计有缺陷。第二次世界大战中其制式机枪主要有三种：11 式、96 式和 99 式。11 式歪把子机枪是由法国的“哈其开斯 M1909”改进而来的，射速 550 发 / 分钟，射程 1500 米，用 6.5 × 50 毫米日军步枪制式弹。该枪的原始设计有个致命的缺点：遇泥土灰尘必定卡壳。也就是说遇上这种机枪，不必直接伤及人枪，只需在其周围引发小爆炸将泥沙尘土扬到枪上，即可致其出现故障。此外，近处友军机步枪集火射击时掀起的沙尘也会使之哑火片刻。96 式和 99 式都是在 11 式基础上改进的。96 式改进主因之一就是为了解决沙尘卡壳的毛病，但却又引来其他的问题：此枪采用枪弹润滑，火药燃烬及灰尘易在枪机处积累，从而最终同样卡壳。也就是说，这种枪虽不大容易立即被掀来的沙土卡住，却常常打上几百发就卡住了！99 式的改进采用了 7.7 × 58 毫米的子弹，这种弹原本是 92 式重机枪弹，与日军制式步枪弹不通用。在基层步兵单位中，机步枪弹口径不合是很大的问题。所以 99 式与 96 式机枪除弹径外几乎完全一致，优缺点也相似。不过 99 式机枪出现得很晚，影响有限。

除此以外，日军班用机枪的致命缺陷还有很多，例如枪弹口径偏小，侵彻力低下。6.5 毫米的子弹打掩护物就不够劲，100 多米的距离上几百发子弹竟然打不烂一个普通沙制掩体，作为压制火器威力明显偏低。加之后座力大，经验不足的射手很难有效把持。而且，11 式机枪的弹鼓歪在一侧，整枪重心不正，即使是训练有素的射手使用时间稍长也易疲劳。

因此日军只能尽可能依靠步枪。而且，日军大名鼎鼎的38制式步枪有很多强项。它是明治三十八年（1905年）改良的新式步枪，继承了其原型德国毛瑟枪的一些优点，弹道平直稳定。因为枪管长，使得38式枪的极限射程达到3000米。射击精度不输毛瑟枪，远高于中国的汉阳造和中正式步枪。38式枪使用简便，开火时枪口几乎没有火光，声音也很小。其6.5×50毫米弹比毛瑟枪的7.92×57毫米子弹小很多，但初速却比毛瑟枪高。由于子弹体积小，大幅增加了日军单兵的携弹数量，这也是日军步枪兵持续作战能力超强的一个重要基础。既然国产的机枪不够可靠，而且还要消费大量资源去制造和供给子弹，造成极大浪费，极不划算，所以日军只能尽可能地去发挥步枪的优势。

日军步枪射击训练也很有其民族特点，虽然基础训练有统一纲目，但新兵转入连排级进行协同战术训练时，大都会受到该部老兵的严格调教，练得很苦，但非常实用。例如，立姿加重物持枪长瞄，夜间打100米外香火头，避弹奔跑及针对避弹奔跑的射击方法，狙击与反狙击术，突发情况下防守与反击等。经过这些训练，第二次世界大战前期相当多的普通日军士兵都具备行进间步枪贴腮精准射击的能力，基本上拥有现代狙击兵的射击水平。这给应对不力的中方确实造成过不小杀伤。

此外，就是被日军广泛使用的、被称为“史上最血腥刺刀”的30式枪刺。20世纪的战争虽已进入到热兵器时代，但由于受到军工能力和军备水平限制以及“武士道精神”的影响，日军对属于冷兵器的刀具仍保有深厚的依赖情绪与独特的嗜好。于是，日军除了广泛使用的日式军刀之外，还在长管的步枪上加配刺刀，形成一种特殊组合。38 式步枪本身就长达 1.275 米，如果再加装长度 514 毫米的 30 式枪刺，整体长度超过 1.5 米！在近距白刃战中具有很强优势，所以日军的拼刺刀能力非常凶悍。从 1897 年到 1945 年间，日本数家兵工厂都曾生产过 30 式枪刺，第二次世界大战中被广泛用于 38 式及 99 式步枪上。众多的中国军民和盟军士兵都曾惨死于这种凶悍的锐器之下。

日军对反压制火力的装备也很重视，其在步兵班内配备有 10 式掷弹筒，可精确打击 200 米以内的敌压制火力点。一般日军小队配置的三具掷弹筒中至少有一具是 89 式，可打击 700 米内的目标。掷弹筒手一般都训练有素，多数士兵在头两发夹叉后基本能在第三发命中目标。

3.战术

狂热的武士道认为“进攻是最好的防御”，日本陆军在明确对面出现坚决防御之后有标准的进攻术：基层日军步兵小队的战术强调士兵在行进间接敌的速度与技法，其步兵班级战术多从约 500 米处的某点展开，士兵们在该点集结分组、配置弹药、明确攻击目标计划、观察可利用之地形地物、确定各组阶段性掩蔽点等战术要领，然后分组展开。待机枪组进入第一射击阵地后，各组即向第一个掩蔽点机动。到达后便展开火力杀伤敌人，同时掩护机枪组再次机动。机枪组移位后继续压制敌人，同时掩护其他组向前机动。如此循环，全班应于 200 米处略停，后全面展开火力，清除已暴露敌之火力点及兵力集结点，同时利用烟幕弹（或夜战曳光弹）为后方的直瞄重火力指示目标。

这时一般会有两轮攻击。第一轮是面打击，全火力猛攻当面守军；第二轮则集中打击一侧，在造成守军配置不均而被迫调动时，再最大可能地消灭移动中的守军力量。当直瞄火力打击接近尾声时，步兵上刺刀匍匐推进，炮火一停止便展开全队机步枪火力，攻击压制当面之敌。最后，步兵则应于 100 米左右转为全速冲锋力求白刃战!

以上战术是日军教科书中较全面的内容，但实战中日军还会根据具体情势做出相应变通。一个战法运用娴熟的优秀日军基层指挥官，有时可以让数倍的守军倒在他这几十名日本兵的不间断强攻之下！在日军利用强机动能力及射程较远的优势对坚强防御阵地逐步逼近的过程中，许多久经沙场的国共老兵都在己方火力的有效射程外先被日军射杀。特别是当日军推进到 200 米左右时，其火力强度和精度均达到峰值，中国守军更将承受火力、伤亡、心理压力等多方面冲击。这就是抗战初期一小队日军依托其优势配置的火力，屡屡击溃国民党军队营团级防御的真实写照。

日本陆军在 1940 年以后创设了应对中国游击战的新编制——丙种小队，其战术特点的精髓之处在于交替追击分散脱离战场的撤退之敌。丙类小队设 6 个步兵班,每班有 8 人，但只有 3 个班配有机枪，其余 3 个班均为轻装步枪兵，有时还配一至两具 10 式掷弹筒，全小队 50 人左右。

具体战术是将全小队分成 3 个作战群，每个群有一个配有机枪的班及一个纯步枪班。追击时，以倒“品”字形的队列、前二群后一群地前进，从而压制被追者左右机动的意图，迫使其进入追击者预设的“中间路线”，形成与左右后方的两路追兵同时接战的不利局面。这种编制与战法的狠辣之处在于：三个追击群中通常总会有一个群处于后部，以正常行军的状态来维持体力，隔一段时间便上来轮换前两群中的一个，持续对被追者狠追死打。这就是日军的反游击步兵拥有超强机动能力的谜底。交替追击的凶残手段常常能将被追击者一路赶尽杀绝，尤其在后者对地形不熟或游击战经验缺乏之时更是如此。

此外，因为要避弹，被追者的跑法总要比追击者更累、更复杂——必须跑小曲线而非直线。此刻双方不仅是在拼体力、更是在拼意志！在许多抗战文学著作中描述被日本鬼子缠住追击时，抗日游击队员经常会出现因营养不良而体力耗尽或是女战士虚脱而跑吐血的情景。实战中的情况比这个还残酷，许多人跑着跑着，倒在地上就再没起来，最终被日军追上杀害了。

（二）日军中队、大队及联队

1.编制

日军中队的编制，相对稳定，是最小战役的执行单元，分为两种：甲种中队有 205 人左右，步枪 185 支，轻机枪 9 挺，掷弹筒 12 具。另可加强 1 个重装小队，配重机枪 2 挺、20 毫米反坦枪 2 支，加上辎重小队，有步枪 30 支。乙种中队约 181 人，步枪 139 支，轻机枪 9 挺，掷弹筒 9 具。单独执行战役任务的中队还会得到进一步火力加强的保证。这个加强通常是一至两门 90 毫米的重迫击炮，或射程 2700 米的 92 式步兵炮。

日军的大队（营）和联队（团）及以上的编制较乱。标准的大队应有 1100 人，辖 4 个中队及 1 个重机枪中队，重机 8—12 挺；炮排 1 个，92 式步兵炮 2 门。可加强 1 个重装中队，配 20 毫米反坦枪 8 支，37 毫米反坦炮 4 门，步兵炮 2 门，加强大队有 1600 多人。但有的大队可以仅辖 3 个步兵中队及 1 个重机枪中队，仅 670 人。

日军标准联队（团）应有 3800 多人，3 个大队（营），通讯连、炮连及装甲或反坦连各 1 个。另有 4 门射程 8000 米的 75 毫米山炮。配辎重大队，有运输骡马数百匹。

日军师团编制就更复杂了。标准师团应编有 3 个或 4 个团，师直属部队、通讯营、运输连（卡车 32 辆）、卫生连、师属炮营（射程 18 千米的远程火炮 4—8 门）等。

2.战法与战术

攻击，是日军大部队的根本战法，分遭遇作战和攻坚战这两类。遭遇战指在行进间对敌作战的战术。在正常行军时，多组日军在行军队列的前方约 400 米处，进行三角形侦察机动。为确保日军所偏好的迂回侧击战术顺利实施，其联队以上编制的部队在两翼活动的范围有时可达 3000 米以上，发现敌情后则迅速接敌，日军的炮兵立即进行“进攻准备射击”，以扰乱敌方，掩护主力迅速前出，完成攻击部署。步兵发起攻击后，炮兵则进行“突击支援射击”，以压制敌人的支援炮火及前沿火力支撑点；若攻击顺利则炮火延伸射击，以封锁敌人可能机动或撤退之路，步兵攻击要旨为穿插分割包抄；若敌方残存的火力点较多，日军炮兵通常会在其步兵已冲至己方炮火的弹着点时才延伸射程，这就意味着当最后几发炮弹落地之时，日军步兵已冲进了对方阵地。此举的疯狂之处在于：为了达到最大限度的攻杀对手的效果，即使误伤己方步兵也在所不惜！

日本陆军的攻坚战法虽效法西方列强，但亦有所超越。在中日大规模会战中，日军常常会依仗装备的优势攻击有着坚固防御工事的中国守军（多数情况下会在夜间发起攻击）。日军联队在白天强攻时，一般先以一个中队抵近中国军队，采用持续的试探性佯攻，引诱对方暴露其火力支撑点及兵力配置，同时以一中队实施侧翼迂回。日军极其强调机动性与火炮的配合，待己方完成炮火准备之后，攻击中队呈楔形发起梯次性进攻。此类攻击多以步枪小组的机动为主，旨在寻找守军火力的死角。如果对方火力依旧猛烈，有时还采取坑道作业进行爆破突击。

日军有时也采用虚实结合的战法，一旦发现守军防线的弱点，立即实行突破渗透。在攻击中日军会分散成的大小多股部队实施多点渗透进攻，强调利用多方位火力打击守军，力求打乱守军通讯指挥及火力支撑体系。这种乱战的打法非常凶狠且有效，常常给守军造成全线崩溃的错觉，引发严重后果。

而打阵地战的国军大部队，通常是以单条式线性防御为主体，打第一次世界大战时的堑壕战，只顾搞逐次抵抗，毫无构筑全方位纵深式防线的意识。在一点被突破后，为避免被敌迂回分割，整个的一线防御体系全部都要放弃。在后撤过程中，由于缺乏掩护与协调，往往又被日军的精准火力大量杀伤，甚至被成建制地摧毁。

在很多时候，日军的迂回部队还会抽出多支小股部队穿插至守军的撤退路线上，对溃退之军进行突袭，屡收奇效。由于这些日军不是从正面攻击部队中出发的，其突袭时间无从估量。而对于已经疲于应付正面进攻的守军，日军侧翼迂回火力的加入，只能使情况急剧恶化，从而引发守军的全线崩溃。

日军设置防御时同样有板有眼，并十分重视工事与掩体的构筑。日本人干活讲究品质，构筑工事更是一丝不苟，这也保全了不少日本士兵的性命。日军在防线设计上基本是一线多点的格局，即一条主防线由多层次及多个火力点实现支撑，坚固且伪装巧妙的子母碉堡群由交通壕相连，设置的要旨是以交叉火力互相掩护。主防线前出的2000 米处有外围据点，后退2000 米左右则是炮兵阵地，其后 5000 米是预备队及装甲兵基地。日军的防御作战通常力求给予对手以相当杀伤。例如抗战后期惨烈的松山战役，进攻方国民党部队在日方精心构筑的防御工事前付出了巨大的伤亡代价。在摸熟日军的部署套路并调整战术以集火强攻后，最终才将日军据点逐个击破。

日军的反伏击战术同样也被证明是有效的。在出发前，日军通常都会做好反伏击的准备预案，并进行相应的部署，比如：在发现危险后绕行，火力掩护快速冲过，警备队抢占有利地形展开兵力反击，被包围处于劣势后烧毁车辆物资突围等。日军在行军组织、搜索警戒、迂回包抄、攻击侧翼、夜战等项目上也训练有素。由于弹药匮乏等原因，八路军将伏击的对象通常选定为战斗人员较少的日军运输部队。例如“平型关大捷”一役，在 1937 年 9 月 25 日午前，由山西平型关前线去往灵丘的日军运输车队途中遭八路军优势兵力伏击。开战后，日军立即兵分三路。其主力向右迎击高处的伏兵，另一部迅速占领左侧的高地，剩下的修理班和行李班组成预备队，留在公路上看守汽车辎重。由于左侧的日军居高临下，对八路军造成不小的威胁。而此时，日军从主力中又分出一支力量，从伏击阵地的侧面迂回偷袭，甚至还攻占了八路军的机枪阵地，以致战斗一度陷入胶着。后来，由于日军的预备队率先崩溃，从而使得日军最终全线败退。

由此可以看出，第二次世界大战中的日本陆军是一支军事上强悍但却异常畸形的军队。它的凶悍有别于任何其他一流的军事强国。德苏美英的陆军强大是全方位的，从单兵素养到战略战术，从武器装备到后勤补给，每一项上都各有千秋。而日本陆军却是战略短视但战术强悍，装备很烂但使用很得法。当对方处于同等条件或是装备不及日军时，与其作战是异常艰苦的。日本陆军（尤其是1943年以前）还保有一个世界级的强项——步兵基本战术。在同等后勤条件下，不配装甲兵及其他兵种支援，在多数地形条件下，日军步兵不会输给任何一支同等数量的列强军队！注重单兵战术是日军信奉的宗旨，其火力支援也是围绕这一中心出发的，所以日军在近距支援（迫击炮、掷弹筒、重机枪）的配置上并不逊色于西方，但其中远程火力就差多了，装甲部队则更是落后。所以，日本军队远远谈不上具备真正意义上的现代化。

三、太平洋战争中日本军队的“计划惰性”与民族心理

在战争中后期，随着自身的各种缺憾不断暴露，日军逐步陷到一个既复杂而又彼此相互关联的失败网络当中，并渗透至其中的每一个层面——战略、战术及实际行动。这些多层面上的失败，表面上好像多是由其指挥官们的个人原因所致，但实质上大部分是由日本军队的文化结构、军事准则和战斗模式所造成的。长期以来，日军失败的重要原因，常被归咎于日本人总是将事先拟定好的作战计划视为神圣而不可更改的病态思想。日本是一个很重视制定计划的民族，“计划惰性”已成为其特有的思想行为模式。日本社会特别崇尚秩序，制定计划就像其社会仪式一样是一个自然而然的必由途径，通过它来建立秩序，并减少错误。例如，战后创造过“经济奇迹”的许多日本大公司今天仍热衷于制定未来若干年的商务计划。

制定计划的嗜好在战争初期固然曾给日军带来过丰厚的回报，例如七七事变及空袭珍珠港行动等。当作战计划进展顺利的时候，凶残的日军会趾高气扬地迅猛作战。然而，任何计划都不是完美的。日军显然将其计划看得过高过重了，以至于计划一旦制定好，不管情况发生何种新变化，都只愿僵化地执行。同时，日军不可战胜的军事乐观主义也根本不允许其指挥官在有限空间里有任何拖延或退缩。而当制定好的计划被打乱或失效时，日军又同样会陷入混乱而难以调整，不知如何去及时正确地适应改变。日本人非常忌讳犯错，战时的军界高层更是拒绝承认犯错，更不会及时推翻旧计划重新制定，而各级军官在接收到计划命令后只会完整不变地照办或照例继续向下传达。这种缺乏灵活性的、将责任盲目进行传递的做法在瞬息万变的复杂战争中往往导致灾难性后果，这在太平洋战争中后期的几乎每一场大战中都有过淋漓尽致的体现。

坚持原定计划（哪怕其是错误的）是旧日本军队的传统，个人有时或许可以部分免责，但却造成了不应有的伤亡，甚至导致最终作战崩溃，以及问题军官的负罪自杀。从学习与适应性方面的缺陷明显可以看出，当年日军是带着妨碍创新能力的军事准则枷锁来制定战争计划的，而日本军队文化的本质使其军事准则及应变手段非常僵化。军部高层原本计划通过一种激烈而有效的军事手段来迅速达到目的，但其所发动的侵华战争及后来的太平洋战争却是一场包罗万象的全方位大战，规模之大与内容之复杂远远超出了日本国力所能承受的程度，更超出了其民族智慧底蕴所能筹划与控制的范围。

太平洋战争无疑是日本有史以来最大的失败，败得很惨，输得服帖（当然只是对美苏服帖，对中国或许还是不太服气的）。但是对于和平力量来说，战争的最大败笔，就是战后对日本的处理非常不彻底。许多战犯没有受到应有的惩处，支持战争的日本企业也没有被解散；而活下来后仍旧当天皇的裕仁，则成为日本右翼借尸还魂的工具。大批战犯逃脱惩处，使日本的军国主义思潮得以存续泛滥。

回顾历史，日本的每一次重大飞跃都会展现一种现象：从与其他国家的战争中失败，到积极向对手学习，再到实现自身的重大飞跃。这种现象或许正是日本民族双重性格的体现：岛国的闭塞性、狭隘性和排他性使其落后、自卑；而靠近大陆的地理位置所形成的开放性、吸收性又使其能适应潮流，赶超先进，产生优越感。双重的国民性格气质是其力量的源泉，但有时也会成为与其他民族对抗的根源。日本军事思想的本源——“武士道”对日军战法有很大影响。首先是崇尚进攻。日本人认识到其国小物贫，如果任由敌人积蓄力量进攻，日本终将失败。出奇制胜式的进攻是日本从上到下秉承的宗旨。其次是崇尚光荣地死去。日本人认为杀敌后再死就算尽忠国家和天皇了。愚昧的思维让日本弄出像神风飞机、自杀鱼雷、自杀反坦克雷等诸多疯狂的战术，这使得日军战斗力迅速耗尽。毕竟以死为荣的军队虽能逞一时之勇，但却无法在残酷的逆境中生存下去！

这使笔者不禁又想起了当年的日本军歌，旋律激进，有某种霸道倾向；高傲优越但又仿佛带有一种类似民谣式儿童歌曲的痕迹；更不可思议的是曲调中似乎还藏有一种略带青春期色彩的、无法控制的疯狂与妄想！这种情绪如果又被邪恶力量所引导的话，是很容易就能做出意想不到的暴行的，这或许与日本人独有的民族特性不无关系吧？

6

钓鱼岛危机的更深层背景

120 多年前的甲午中日战争，北洋水师全军覆没。战败的中国陷入了长达半个世纪的屈辱与沉沦之中。这场改变中日两国命运的战争，决定了胜负双方的历史走向，甚至决定了两个民族的前途命运，战争结局则彻底置换了中日在亚洲的地位。任何民族都不能因为长期没有流血战争而淡漠了血色的记忆。铭记历史，特别是在实现中华民族伟大复兴的重要机遇期，无可懈怠！

历史既有发展，也有轮回，更有惊人巧合。现在，中国的经济总量已赶超日本。而当年那个操纵世界公关舆论、视清廷洋务运动为大患的岛国邻邦，如今又主动制造了钓鱼岛危机，并成为渲染“中国威胁论”的急先锋。我们在据理力争之余更应冷静反省，当代中国正走在复兴崛起的道路上，历史遗留下来的消极因素仍然死而未僵，中华民族该如何走出一条穿越历史迷雾的强国、强军之道路，仍然是一个重大时代课题。同样，当代日本也早已不是当年的日本。其谜一般的经济、科技、军事等因素所构成的国家综合战争潜力，更是令世人百思难得其解。如果再加上台前幕后美国影影绰绰的假手等因素，使得钓鱼岛危机在新的甲午年之始便演化成为一场有多方参与的复杂博弈！

一、钓鱼岛之争的国际背景

应该讲，20 世纪之前的中日关系基本上是“相对单纯”的双边关系，但在 20 世纪之后、特别是在当今的“全球化”大背景之下，中日关系已“被”融入了太多的“多边化”与“多元化”特征。其中最重要的就是同为太平洋国家的美国，在中日关系中积极地扮演着主导者的角色。目前的中日、中美关系都显示出前所未有的复杂性与多面性，中日双方建立维持“互惠合作”关系的可能正变得越来越遥远，而中美两国的新型大国关系建构也注定不会平稳。

坦率地说，按照目前的发展趋势，中国复兴并成为东亚的“超级巨人”只是时间问题。崛起的中国必将大幅改变区域的权力结构，并对现存的秩序和格局形成巨大冲击。目前亚太的力量架构，是在第二次世界大战之后本区域内国家共同抵御日本帝国主义战争后确立的。自那以后，这一区域的发展经历过数度调整，除了苏联瓦解这一外部因素之外，亚太区域内部的力量重组，也是引发结构和秩序演化的重要缘由。

从 20 世纪 70 年代开始，随着经济实力的快速增长，日本试图建立以其为中心的、重塑区域形态的经济结构。但经济不振导致东京陷入“失落的二十年”难以自拔。与此同时，东南亚却得已成功地在 20 世纪 90 年代以来在蓬勃发展的一体化进程中充当了一定的积极角色，并在合作发展中将以前支离破碎的地理版图逐渐整合，最终于 20 世纪最后 10 年表现出相当的经济活力。随着区域整合进程的发展，东亚由南到北逐渐团到一起，形成了东盟并有望将范围拓展到更为宽泛的亚太地区。但碍于自身实力有限以及东盟内部力量涣散，这一组织为整个区域整合提供的动力出现减缓。当美国推行“跨太平洋伙伴关系协定”（TPP）以及中日韩越来越热衷于自贸谈判的时候，东盟边缘化的窘境便立即显现。

与日本和东盟相比，中国崛起对重塑区域格局的挑战则要深刻得多。其一，中国的经济总量及经济辐射影响力要大得多。迄今，中国是东亚地区大多数国家的最大贸易伙伴，也是东盟的最大贸易伙伴。在美国的 5 个亚太正式盟国（日、韩、澳、菲、泰）中，中国是除菲律宾外其他四国的最大贸易伙伴。其二，也是更重要的，日本和东盟都只是从经济上重塑东亚格局，中国的崛起改变的将不仅仅是经济格局，还包括政治与安全在内的整体格局与秩序。正因为此，巨龙尚未腾空已引发喧嚣一片。与中国存在领海与岛礁争议的国家，不论是日本，还是菲律宾或越南，都寄望尽快解决争议，而不是延至“更危险”的未来以致毫无胜算可能。在充满焦虑的博弈过程中，菲律宾和越南自知实力悬殊，更多借助“国际化”策略，促使南中国海议题的多边化趋势，比如呼吁东盟国家共同应对中国、将争议诉诸国际法庭、将美国的势力导入等。日本则加紧国家“正常化”的改造，以便摘去第二次世界大战之后战胜国为之所套加的种种非战“紧箍咒”。它们相同的相似之处都在于，极力借助美国并强化其在东亚地区的军事角色，以此抵御所谓“中国的欺凌”，对冲中国的实力与影响。

其实，美国最主要的是忌惮中国的崛起将挑战其自第二次世界大战以来在东亚地区的安全与优势地位，以及其所打造的权力格局和政经秩序。因为这些本是为应对苏联威胁而构建的。苏联崩溃后，这一格局与秩序必须在所谓“中国巨龙”的面前重新找到存继下去的理由。

当前，美国在国内债台高筑、海外军事力量收缩的背景下，再大幅增加对华军事投入显然不是明智之举，但其逐渐强化“重返东亚”的步伐却是不争的事实。比如，通过 TPP 拆解中国的周边经济版图、通过强化军事同盟并增强西太平洋军事部署欲将中国锁在某个岛链当中等。自奥巴马获得连任以来，这些举措已使中美关系一直徘徊不前，双方处于尴尬的“假朋友”状态。尽管双方确立了战略经济谈判机制，并提出了构建超越历史关系的“新型大国关系”，但笼罩在西太平洋上空的“阴云”始终难以飘散。

当前的中国受限于各种复杂力量犬牙交错的外部环境，成长要面临险恶得多的外部挑战。所以中国的决策者们必须要规划连贯清晰的大战略，力图避免陷入所谓的“修昔底德陷阱”，与守成大国迎头相撞，被周边国家所合力“围剿”，最终导致中国“第三次现代化”进程受阻。“修昔底德陷阱”是指一个新崛起的大国必然要挑战现存大国，而后者也必然会回应这种威胁，这样战争就变得不可避免。此说法源自古希腊著名历史学家修昔底德的观点，这位历史学家认为，当一个崛起的大国与既有的统治霸主竞争时，双方面临的危险正如公元前 5 世纪希腊人面临的情况一样。这种挑战多数以战争告终。公元前 5 世纪，雅典的急剧崛起震惊了守成霸主斯巴达，并引发了长达 30 年的战争，最终两国均遭毁灭。而修昔底德陷阱几乎已经被视为国际关系的“铁律”。

美日是战略盟国，但美国并非不提防日本，可美国防中国胜于防日本。当前美国战略重心重返东亚的目的，就在于遏制日益崛起的中国，并压制一心想着复兴的俄罗斯，并欲将日韩变成其实现遏制目标的工具。美国在成功强化与日本同盟关系的同时又挑起钓鱼岛之争，让中日相争，自己渔翁得利。当日本每每似乎在钓鱼岛问题上撑不下去之时，美国就不失时机地为其撑腰打气。此外，美国还不时通过经济介入的方式加剧南海地区紧张的气氛。

二、钓鱼岛之争的实质

笔者认为，所谓2011年爆发的中日钓鱼岛之争，名为两国领土之争，其实很大程度上是美国主导的经济战争之延续！因为在任何国际争端的背后，基本都有经济利益在主导与驱使。通过挑起中日之争，可使这两个外汇储备最多的国家手中的硬通货，在潜在战争的负面影响之下源源流向美国，同时还能起到打击日元和人民币稳定性的作用。

历史上，美国曾通过科索沃战争等方式对欧元直接进行打压。欧元没有统一的政府设置保护屏障，而中国和日本有统一的主权、军队及庞大的外汇储备，所以只有通过挑起这两国争端与冲突的方式来打击，才能使资本回流美国。美联储作为国际最大的对冲基金金主，经常暗地里做空和攻击美元的一切对手。在美联储的坐镇下，以索罗斯为代表的麾下各类对冲基金在全球频频出击，先后横扫过英镑、日元、港币、泰铢等货币，现在又紧盯住人民币不放。

美国的经济与社会结构是建立在债务扩张基础上的。由于国债数额过于庞大，美国联邦政府已偿还不起这些债务了（美国的“债务钟”就是很好的说明），只有靠美联储印新钞还旧债来维系。一旦美元在世界结算及储备货币的地位动摇，美国的财政与社会将在经济和金融上崩溃。为保证国家经济“稳定延续”，美国必须要消灭一切潜在的经济货币对手。一旦他国货币部分取代美元在全球的作用，那么美元“量化宽松”的负面效应就将无法再向全球转嫁了。

任何货币都有致命的缺陷。欧元的致命缺陷是缺乏统一的政府信用；而美元的致命缺陷是必须要维持住其全球结算货币和储备货币的地位，否则美国就会引起严重的债务危机，因为它离岸货币的量太大了！一旦有其他货币在国际结算方面对美元构成威胁，美元一定会不惜一切地消灭之，这是美国政府和美联储的国家战略。例如，先前希拉里曾紧急访华，欲阻止中欧（德）货币结盟，尤其是强烈反对双方通过互换货币来结算贸易的主张便基于此。因为中欧之间的贸易量太大了，用人民币和欧元直接结算会极大地动摇美元在全球的结算货币地位。

2012 年 6 月，中国与日本按照签署好的协议，首次实现两国货币的互换！日本央行还要购买人民币债券，并将人民币作为储备货币。过去敌对经济大国间的货币要是能互换并迅速规模化的话，对美元地位的打击将是摧毁性的。于是，美国决定必须阻止这种情况发生，进而钓鱼岛问题一时间风云突变。

我们知道，任何一国的货币要想成为国际结算货币和储备货币，必须要有强大的经济实力和军事实力作为后盾。因为一旦该国货币成为国际的结算和储备货币，就相当于拥有了货币殖民霸权，可以通过印钞在世界上直接购买诸如粮食、能源、贵重金属等关乎国计民生的大宗商品。在过去，殖民地都是要靠武力抢夺的。所以，人民币想要进占别人固有的经济地盘，博弈乃至冲突是避免不了的。

根据环球银行金融电信协会（SWIFT）于 2013 年 12 月 3 日发布的报告显示，人民币已取代欧元，成为第二大常用国际贸易融资货币，仅次于美元。在传统贸易融资工具——信用证和托收的使用中，采用人民币作为计价及结算货币的比例，已于 2013 年 10 月增至 8.66%，全球市场占有率排行第二，而当月美元的占全球贸易融资率为 81.08%。而且，人民币作为国际贸易手段获取市场份额的速度惊人。就在 2012 年 1 月，人民币还排在美元、欧元、日元之后，比率不及 2%。因此可以设想，以此速度和规模发展的话，今后数年内人民币将成为亚洲贸易融资的主要货币。目前中国央行已与全球很多发达国家及组织的银行或签订了货币互换协议，或实现了货币直兑，人民币的国际化进程正在稳步推进。

中美本可以是一种合作、互利的关系，但美国认为这是建立在中国不能动摇美元的世界结算货币与储备货币地位的基础之上的。一旦人民币的国际化威胁到了美元的霸权地位，美国必定会用一切手段来打压。中美日围绕钓鱼岛已进入一个非常复杂的斗争期，既包括彼此试探、摸底线、打心理战，又共享彼此合作的好处。

中美国力的规模都相当庞大。在崛起大国与守成大国之间，保持合作平稳虽不易，但出现大的逆转似乎更难。当今的国际政治已不同于过去的两个世纪，而更像是一场三维的国际象棋弈局，其中军事力量高度集中于美国，经济力量则呈现多极化分布，而应对气候环境变化、恐怖主义袭击、民族宗教问题等跨国课题的力量分配则更为分散。如果仅单纯透过实用主义的棱镜去紧盯棋盘，片面地宣扬冲突，或是又仅透过自由主义的棱镜，将现实中存在的矛盾理想化，都是不可行的。其实中美合作的基础还是广大的，建立“新型大国关系”是两国社会的深层愿望，并将考验大国间的智慧。

日本去搏命钓鱼岛除了美国方面的原因外，还有其自身深层次的缘由。当前的日本，经济萎靡持续了20多年，海啸、核泄漏的伤痛未平，政坛混战不休，“城头变幻大王旗，你方唱罢我登场”的不稳定局面已经常态化，国运衰退的迹象似乎也不时显露。然而就在这个急需睦邻安邦的时刻，日本却一反常态地放出不惜搏命一击的狂态。

关于钓鱼岛争端，日本高层智库中较为冷静与理智的精英智囊团大体是这样认识的：中日两国在钓鱼岛主权归属问题上实现和解是不可能的，但一直这样僵持下去也是没有出路的。所以首先需要两国政府保持克制，不主动挑起冲突，并创造对话机会。而从专家学者的层面，更应该频繁深入地展开对话，争取用对方国家的语言来进行交流，以增进理解，为两国更高层面对话创造良好的舆论环境。而中国目前向钓鱼岛增派海监船和飞机，似乎是试图以增强力量的方式改变钓鱼岛现状，却是日本最担心的。

笔者认为，实际上钓鱼岛目前的客观情况是：各方都无意真正地进行大规模的战争，但又都对恶性突发事件做着各种准备，并在你来我往的博弈中追求着利益的最大化。在局势的战术性层面上，不确定性的因素越多，战略上反而会更为清晰。那就是，目前西太平洋的主要力量之间还没有到战略摊牌的时候。故云：兵者，诡道也！

国际社会的任何斗争都是花样百出的，其招数、借口与动机令人眼花缭乱，具有相当的复杂性与残酷性，但是归根结底只有一种力量算数，那就是军事力量。它是最基本的、主宰性的和压倒性的因素，也是决定性的手段。所有政治力量的盘算都是围绕着军事实力而展开的，其他一切都是“罗生门”式的虚幻，钓鱼岛问题当然不会例外。如果能够把握住这个原则，精确计算军事力量，很多政治和外交上的虚招很容易就被拆穿。所以，中国只有更加积极地加强国防力量的建设，以压倒性的优势战斗力威慑住对手，才能换取对手的尊重，以赢得较长时间的可贵和平！

下面就来看看双方及几方的军事实力。

7

当前中日空军战斗力之对比与“防空识别区”

第二次世界大战时的日本空军分散于海、陆军当中，所以并没有所谓“帝国空军”之类的前身。战后的日本“航空自卫队”（以下简称航自），是在美国远东空军的指导与援助下新成立的军种，所以它无缘继承旧日本军队的任何传统，也就没有相应的历史包袱。由于美国深知空军作为进攻性军种的厉害，所以一直严控日本航自的发展，故其从诞生之日起就不得不依靠美制战斗机及发动机来维持运转。对于美国的企图，日本自然心知肚明，并很早就积极推进国产装备的研发。但各种掣肘因素太多，这条路走得颇为“艰难”。

一、中日空军战斗力对比

日本航自虽战斗力不俗，但近年来中国空军的“跨越式发展”，已使得日方优势越来越小，并正被中国全面超越，具体根据国内相关公开资料对比分析如下。

（一）战术军机领域对比

中国空军方面重型战斗机现拥有苏27SK、苏27UBK、国产歼11A（性能相当于苏27SK）、苏30MKK、苏30MK2、国产歼11B（性能相当于苏27SMK）、歼16（性能相当于苏30MK2）等。据估算，扣除因飞行事故、台风灾害损毁，以及因老化退役等原因，到2015年底中国保有的苏27及歼11系列战斗机约400架。中国的苏27UBK、苏27SK、歼11A属于三代早期，但大部分在升级后可发射R-77或国产霹雳12中程主动雷达空空导弹；其他均为三代战斗机的中期型。

此外，中国现役的歼10各型战斗机到2015年底在300架以上。新的歼10B型相对于先前型号而言，改进项目达10处以上。其采用了包括新型AESA无缘相控阵机载雷达、DSI无附面隔层超音速进气道、光电探测跟踪仪、大承重机翼挂架等新装备，其座舱盖还加有利于隐形的镀黄金膜，除改进部分航电设备外，将来还可能将加装机身保形油箱，这将使其具有更大的航程及更多的载弹量。歼10战斗机采用小步快跑的改进方式使战斗力不断获得提升。

以上仅仅是三代战术作战飞机的情况，中国还有一批已经改进、部分性能接近三代战斗机的大批二代或二代半的战斗机，例如歼8-ⅡF等，并未计算在内。此外，中国目前已经装备或正在研制的各型“霹雳”系列的空空导弹各具特色，具有很强的攻击能力。

日本航自主力战斗机为F-15J，现役近200架，均为F-15C/D的早期型号，其中有超过一半的机体已有25年以上的机龄。而且它们均不能发射中程主动雷达空空导弹和空对面导弹，只能使用半主动雷达空空导弹和自由落体航空炸弹，攻击力有限。从2002年开始，日本对其中约一半拥有较新机体的 F−15J/DJ 战斗机按所谓的 J−MSIP 计划来升级，主要是将火控雷达改装为 APG63V（1）新型雷达。据称，由于组合了多种现役美军机载雷达的优势高端部件，其总体性能仅次于 F−22 的 APG−77 型雷达，可使 F−15J 具有发射自制射程约 100 千米的 AAM−4 导弹或美制 AIM−120C7 导弹的能力，并增加了对地功能。此外还改进了电子战设备，加装Link−16 战术数据交换系统，可与美军战斗机直接进行数据交换。目前 F−15J/DJ 改进升级了约 100 架。

日本国产的 F−2 战斗机是被航自当作对地、海攻击机使用的。最初不能发射中距离主动导弹，从 2010 年也开始升级雷达，但进度也很慢，目前改进了二十几架。如要想兼容搭载美制对地攻击武器，还得另外再改。2011 年的日本大地震引发海啸，使航自主要训练中心松岛基地的 18 架 F−2B 双座机被淹，其中 12 架最终报废。这使得 F−2 战斗机部队损失了超过 1/3 的作战训练平台，影响深远，并在一定程度上动摇了 F−2 在日本战斗机体系中的地位。目前，能实际运用的 F−2 仅约 70 架。另外 F−4EJ “鬼怪” 改进型约有 67 架，但用于自卫的电子对抗系统已严重落伍。由此可见，目前解放军的第三代战术飞机在数量上已彻底压倒日本航自。

日本航自装备的空对空导弹除美制的 “麻雀” 与 “响尾蛇” 外，还有自研的 AAM−4 中程型及 AAM−3、AAM−5 短程型。AAM−4（改）即将投入使用，AAM−5（改）也正在开发中，在技术上属世界高端水平。其中 AAM−4 型空空导弹是世界上唯一使用主动相控阵雷达导引头的空空导弹，具备较大的锁定范围和较强的抗干扰能力。AAM−4（改）属能力提高型，主要通过改善制导区域，提高了母机存活率（通过延长导弹导引头锁定距离，延长了防区外距离），扩大了攻击范围（提高了对横动目标的应对能力），提高了电子反干扰能力和巡航导弹应对能力。

日本航自计划未来在冲绳县那霸基地新设“第二飞行警戒监视队”，并引进4架F−35战斗机（第五代战斗机）。在无法得到F−22的情况下，日本只有买F−35了。美国F−35的技术很先进，搭载使用的AN／AAQ−37探测系统，由6个探测头加处理机构成，不仅能在敌方导弹来袭时提供预警，还能探测到远处的敌机。此外其EOTS装置（光电瞄准系统）还能作为导航摄像头使用，为战斗机提供360°的视野图像，并呈现在F−35专用的全景式头盔中，这种能力对于近距离空中格斗战至关重要，能使空空格斗导弹获得越肩发射能力。F−35凭借EOTS系统，在双方雷达都不开机的情况下可在几十千米外发现敌机，甚至可发现近1300千米外飞行中的弹道导弹。此外还可以探测到敌方地面目标的红外信号，锁定然后攻击。

虽然F−35在部分航空电子设备上比F−22先进，但是单发的F−35属美军战斗机中高低搭配中的“低端”配角地位，并不完全符合日方的作战要求。其对地的精确打击能力虽可以，但缺乏像F−22那样的高机动性与超音速巡航的能力，作为与强悍对手争夺制空权的空优战斗机使用时就力不从心了。加之研发进度延迟和价格暴涨的不利影响，F−35对于战斗机采购来源缺乏多元化的日本航自来讲，形同鸡肋！此外，F−35搭载的是以MB字节为基础的“多功能信息分发系统”（MIDL），其信息收发与处理的“隔代超前”技术模式与传统的系统并不兼容。另外，虽然引进F−35后将彻底颠覆日本现役的信息交换系统，但美式军事信息的垄断地位将得到加强，日本对美防务技术的依赖会进一步加深。

近年来，中国第四代隐形战斗机项目进展神速。歼20首飞至今已满5年，其机身编号从最初技术验证机的2001系列，逐渐跳跃到原型机的2011系列，再升到小批定型量产的2101系列，表明研发与完善不断进入新阶段。为缩短研发周期而采取分阶段迈进方式，不求一步到位。先满足主要性能指标，即解决有没有的问题。投入相对少的资源，缩短研制时间，部队可尽快拿到装备，然后再不断升级改进，实现其他性能指标。比如，液晶显示器可以先使用多个，后期再集成升级为一个大显示器；发动机也不求一步到位，可以先保证使用，然后再升级换代。与最初的验证机相比，最新机型在外观上有诸多改进，包括：整体式座舱盖内加装加强框（主要是为了减重和实现快速的穿盖式弹射）、进气口结构变化明显、主翼动作筒缩小、垂直尾翼切尖、背部伞舱改进、腹鳍向后延伸遮挡发动机尾喷管隐形等。需要特别指出的是，歼20也配备了与F-35相近的分布式光学孔径系统，包括机头下方的光学瞄准、导航系统和机身的光学探测系统。其光学窗口的共形组件加工难度极高，需要用到超精密磨床以亚纳米级精度加工，当前只有极少数国家可以彻底解决此类加工问题。目前各国隐形飞机的红外隐身能力普遍要低于雷达隐身，但红外、可见光探测系统却无法直接测得距离，如果能配以激光等辅助手段解决测距问题，再借助双向数据链就可实现利用分布式光学孔径系统来攻击隐形目标。中国已研制出PL-10红外成像空空格斗导弹，因此可瞄准美军最新AIM-9XBLOCK2项目来研制新一代改进型导弹，借助歼20分布式孔径系统提高打击隐身战斗机的能力。

此外，由中国航空工业集团自筹资金、601 所设计、沈阳飞机工业集团制造的 310 验证型隐形战斗机也正在测试完善当中，其最新改进型的外形已公开亮相于 2015 年 11 月在阿联酋的迪拜航展之上。

日本首款自主研发的隐形机“心神”X–2 验证机于 2016 年 4 月 22 日成功试飞，这标志着日本成为继美国、俄罗斯和中国之后第 4 个自主开发隐形战机的国家。“心神”的出笼是日本长期跟踪世界尖端军事科技，并将积累的技术储备成功转化实用的一次体现。目前作为一架隐形战斗机验证机，“心神”虽有外形尺寸偏小、XF5–1 型涡扇发动机推力过低、蚌式座舱的非隐形性、未设内置弹仓等众多短板，但笔者认为，从工程学角度看，日本未来“真正的隐形四代机”会在“心神”设计的基础上做“合理放大”，这对工业发达的日本来说应不是难事，况且日本已有这方面的先例。

（二）非战术军机领域对比

1.预警机

预警机方面，中国空军现有 4 架装有源相控阵雷达（AESA）的大型预警机 KJ–2000。其圆盘雷达天线的直径世界第一，性能超过以色列费尔康。通过机身外露的的天线阵列判断，KJ–2000 具有卫星信息交换、综合数据处理、电子对抗与侦察及指挥小规模机群进行“网络中心战”等功能，是中国现役极少的、能在技术体制与装备性能上超越美欧同类现役装备的国产武备。KJ–2000 配备的全军综合数据链的水平，大致相当于美军的 LINK–16。KJ–2000 虽可实现三军联合网络作战，但也有自己的限制。根据美军的经验，LINK–16 数据链是静态网络，事先需要数天的时间规划，不能实时更新配置，灵活性较差。而且，该数据链采用时分多址，数据传输能力较低，难以满足高速机动载体的运用。相信解放军今后会通过升级数据链的方法来提高 KJ–2000 的性能。另外，在 2015 年纪念中国人民抗日战争暨世界反法西斯战争胜利 70 周年阅兵式（简称 9·3 阅兵）中展示的最新型 KJ–500 有源相控阵雷达预警机也已开始服役。此外中国海军还有约 10 架中型的 KJ–200“平衡木”预警机。

日本航自的非战术力量也绝不容小觑，特别是其在预警机的开发与使用方面已有 30 多年的经验。现装备有 4 架 E–767（刚被美方升级过）及 13 架 E–2C 的大、中型预警机。E–767 虽然仍旧采用传统的机械扫描式雷达，但是通过不断的改进，将数据融合、指挥系统、任务系统、传感器等各类原有设备的性能升级发挥到了极致，并可借助美制的“联合作战情报传输数据链”（JTID），将截获目标的信息迅速传给相关作战单位，并具备卫星通信能力，可有效引导战斗机攻击敌方的空、地、海目标。其性能固然先进，但使用成本极高，所以目前空自主要用 E–2C“鹰眼”来完成空中警戒任务。但 E–2C 与日本的一些军机不能直接进行数据交换，只能靠飞行员用语音来进行通讯。未来日本防卫省将选择美国波音和格鲁门公司联合研制的 E–737“楔尾”替代“鹰眼”，E–737 采用探测效果更佳的有源相控阵电子扫描雷达（AESA），其跟踪、识别目标以及引导己方战斗机的能力为 E–2C 的 3 倍以上，可显著提升空自“网络中心战”（NCW）的能力。2014 年 9 月，日本又决定自行研发全新一代预警机。

此外，日本还坐拥性能一流且数量众多的电子战侦察机。在美国的帮助下日本新研发入役的 P–1 反潜机（海上自卫队）也相当先进，其许多机载设备是具有世界一流水平的。但是，日本航自没有轰炸机，更无空基战略打击力量。中国已拥有数十架可发射远程攻陆、反舰巡航导弹的国产轰 6K 改进型“战神”。

2.空运力量

在空运力量方面，中国现有大型军用运输机为大约 20 架俄制伊尔 76MD，其他还有约 60 架运 8 系列中型运输机及 40 架运 7 轻型运输机，此外近年来一直从俄罗斯、乌克兰等国小数量地零星淘回二手的伊尔 76，改进翻新后充实机队。国产载重 66 吨的大型运输机运 20“鲲鹏”已完成首飞，并进入调试定型阶段，但标配的涡扇 20 发动机尚未研制成功，先采用俄制 D–30KP–2 或国产涡扇 18 发动机应急，最终在换装国产发动机后其载重量将提升至 76 吨，堪比美军主力 C–17“环球霸王”战略运输机的 78 吨。预计未来运 20 的年产能力近 20 架，这将大大提升中国战略空运的能力。2015 年 11 月，中国的 C919 客机在上海正式下线。如在 2016 年试飞成功的话，其作为“大飞机”，可广泛用作预警机、反潜巡逻机、空中加油机等多种平台使用。

日本航自空运能力很有限，主力只有 15 架美制 C–130J 和 26 架国产 C–1 运输机。老旧的 C–1 运输机性能远不如中国运 8 和运 9。2013 年新成军的 C–2 运输机最大运载能力 37 吨，不及伊尔 76，更不及中国的运 20。但购自美国的 4 架 KC767 空中加油机也具备有机动空运能力（每架可搭载 200 人或 4 辆卡车）。但即便是以上机群全部出动，也只能运送大队（营）级规模的部队。

3.无人机

在无人机方面，中国在品种数量上占有绝对优势。日本虽然在人工智能上拥有先进的技术，但一直没有形成无人机研发体系。这主要是因为其航空发动机技术不过关，此前6年中耗资1.3亿美元开发的多用途喷气式无人机有两架因发动机故障坠海，该项目以失败告终。日本在此领域自身虽无太大建树，但欲通过购买美国的“全球鹰”无人机等，来获得较高的侦测预警能力。此外，无人机与空射武器系统的结合对于日本来说也是技术空白。另外，日本自卫队还新近成立一支约300人的技术型部队，想要“克隆”当初伊朗诱骗俘获美军的RQ170“坎大哈野兽”无人侦察机的办法，试图采用电子诱骗等手段，“接管”在钓鱼岛周边的中方无人机，并遥控其降落在日本的机场。这反映出日方在电子信息技术领域拥有自己的特色及优势。

（三）技术制造领域对比

在最重要的战斗机自产方面，日本是无法与中国相比的。中国的战斗机基本实现了国产化，并解决了先进战斗机的气动布局的设计问题。通过大量机型设计，中国已经培养了一批有经验的航空工程师。在设计上已经有现成的设计软件，并借助计算机进行了机体三维数字设计，可独立自主地开发三、四代机。此外，中国还引进了俄罗斯最先进的钛合金加工技术，同时复合材料技术已较为成熟，所以中国已比较完整地掌握了先进战斗机的材料技术。而战斗机的核心部件（比如航空发动机），中国研发及生产能力已追平俄法，正在急赶美国。此外，中国航天工业还拥有诸如智能机器人零件加工车间、无纸化数字飞机设计系统、亚洲第一的数控机床等高新技术设备。

反观日本，基于战败国地位，在国防工业受美国监管，国防能力受限，航空发动机等重要装备无法像中国一样实现完全自产，此外还缺乏大型风洞等硬件设施。由于没有单独的航空防务工业公司，日本自行研发的隐形战斗机“心神”只好交由三菱重工（机体制造和整机组装）、富士重工（生产机翼、尾翼）、川崎重工（座舱制造）和IHI公司（发动机研发）等多家日企合作完成。“心神”项目似乎更注重新技术、新材料的研发与测试，并以此积累经验，目前验证机虽已公开，但离正式服役成军仍有相当距离。

有一句话讲日本“没有科学，只有科技”。虽然有些偏激，但也反映了些实际情况。日本人善于学习模仿，可在基础科学上有时还做得不够全面与扎实。尤其在科技的应用方面，日本长期以来一直有个很奇怪的缺点：它的各个零部件或子系统非常先进，可一旦整合成为一个大系统时就经常出现问题，最明显的例子就是H2运载火箭屡次发射失败。可见日本在大科学的系统研究整合方面欠佳。

不过应该明确，日本在特殊涂料、碳素纤维、各类合金、耐热陶瓷等材料领域，拥有全球最尖端的技术。其中大部分可军民两用，例如：制造液晶电视所用的透明电磁薄膜材料，不仅透明还可遮断电磁波，可用于隐形战斗机的座舱盖；用光导纤维代替战斗机电传操控系统中的电缆，可削弱电磁攻击，也可减轻操作系统的重量；用氮化稼材料制成功率放大器，可使雷达天线的体积大幅缩小，但功率不减弱。日本的复合材料技术先进，其机翼复合材料一体高温固化技术世界领先。

（四）综合实力对比

目前，在空军总体实力上中国正快速胜出，但双方仍各有伯仲：中方在总体规模、攻击能力、战损补充等方面占优；而日方则在预警指挥、空战管制以及空中加油等方面在经验上高出一筹。此外在训练方面，外界普遍认为，日本战斗机飞行员的素质不亚于美军。目前航自下属的培训机构主要有 2 个战斗机和 3 个教练机训练联队、1 个军官学员大队，以及 5 所技术学校构成。参培总人数约达 8000 人，一般情况下，日本飞行学员要经过 5 年 3 个月的艰苦学习和层层淘汰后才能成为合格飞行员并被授予中尉军衔。授业教官则由航自中经验丰富的老飞行员（其飞行时数达 1500 小时以上）担任，且每位教官只带一两名学员。航自长期以来非常重视与驻日美军交流，以求提高自身飞行员的技术水平。近年来，日方飞行员每年都不定期地赴美国内华达州的尼利斯空军基地，去参加像美军的“红旗”军演这样高标准的空战模拟对抗。通过与北约等国空军的共同演练等多种渠道，航自能向实战经验丰富的空军强国取经。

目前，中国飞行员与国外空军高手的交流与切磋才刚刚开始，而且历次中俄军演都并未将“争夺制空权”列为重点演练科目。但近年来，中国空军已对训练大纲进行了大幅的调整，以期提高飞行员的技术水平和战术素养。除完成各种条件下的实际飞行训练外，高强度的空对空与空对地战术训练更是着眼于对空军强国作战而进行的，像红蓝两军间假想敌式的空空对抗演练在中国西北荒漠的上空经常举行，并形成常态化；而远程攻击演练则极大地提升了中国飞行员进行对地、海精确打击的战术能力。目前解放军空军 A 类部队已占到了全军的 90%以上。面对日方在钓鱼岛问题上越来越激进的行动，中国空军和海军航空兵必须做好应对各类军事冲突的准备。空中力量在未来可能的岛屿争夺战中必将首当其冲并全程参与！

解放军空军近年来的强势崛起给日本航自造成了巨大压力，其相对老旧的一线战斗机已无法再对我空军形成以前的所谓“代差”优势，甚至在许多方面反被我国赶超并形成某些非对称劣势。在日本航自面临的诸多隐患中，现有机种老化和航空工业缺乏独立的研发能力是其最主要的弱点。F-15J在今天仍是其主力机型，但机载设备、制空能力等方面到已全面落后，虽然机体较大有改进空间，但“旧瓶装新酒”的做法毕竟是权宜之计。另外，在接收完2011年度的最后一批F-2之后，日本在当年9月停止了F-2战斗机的生产，这也是三菱重工从1955年被授权生产F-86战斗机之后，日本国内首次停产国产战斗机。

因此，历来充当美军在东亚最前沿伙伴力量的日本航自，防空能力虽强，但攻击能力较弱，独立作战能力相对更为欠缺。反观当前的中国空军和海军的航空兵，不但技术新、机种全，攻防能力还很全面，特别是对地精确打击和远程奔袭能力已在日本航自之上。此外，还可依托国土面积广阔、战略纵深大等诸多便利条件，如果不考虑美军的因素，在现代史上，中方已首次对日方在空军战斗力上形成非对称的优势！

二、防空识别区

这些年来，日本媒体一直配合防卫省“统合幕僚监会”共同炒作中俄军机进入日本所谓的“防空识别区”，给人造成一种进入“防”区就等于侵犯日本领空的错觉。实际上，防空识别区是世界空军强国根据其防卫需要所划定的一个空中预警范围，以该国预警雷达所能覆盖的最远端作为界限，比领空和专属经济区的范围要大得多，根本不属国际法中的主权范畴。设置防空识别区，是为了对进入该区的不明航空器提前判定突发情况，并采取有效应对措施，并不影响国际空域的正常航行与飞越自由，不对他国构成威胁。其主要目的是防止国籍不明的飞行器侵犯主权国领空，并提示或警告进入该区的他国军机不要误入或闯入主权国领空。在防空识别区内，一般只要求航空器通报国籍、方位、飞行计划等信息，以便及时进行识别、监控和处置，并不限制其依照国际法所享有的飞越自由。

早在20世纪60年代初，日本就从驻日美军手中接过防空识别区的监管职能。在美国这个防空识别区始作俑者的言传身教下，日本在防区的设立与运行方面积累了诸多经验，形成自己一套相对完整的“作战流程”。日本的防空识别区所采用的拦截战术为：雷达监视、防空指挥中心发现和识别目标、判断是否需要拦截或下达命令、航空基地出动战斗机迎击这三个步骤。首先由地面雷达站或预警机对目标进行探测与甄别，同时相关信息上传至本州岛府中基地的航空总队作战指挥中心。

目前，航自在日本全境的28处部署有大型固定雷达站，主要配备先进的J/FPS−2相控阵雷达，可对付多批次不同高度的目标，探测距离近300千米。其中驻北方的稚内基地的第18警戒队和驻大凑基地的第42警戒群重点监控俄罗斯方向；驻中部的海栗岛基地的第19警戒队和驻福江岛基地的第9警戒队重点监视朝鲜半岛和对马海峡；而进驻南部的九州与座岳岛的第56警戒群和进驻冲绳宫古岛的第53警戒队则直接监视中国的东海方向。操作这些雷达站的空自单位是警戒群，规模在百人左右，分为队本部、基地业务小队（排级）、通信小队和监视小队，每班上岗盯雷达屏幕执勤（一般为8小时一轮）的监视官是3人。为了让雷达探测距离尽可能远，这些雷达站都设置在人烟稀少的高山顶，它们依托“日本防空自动化信息系统”（JADGE），同三泽、春日部、入间、那霸等四大防空指挥所，以及位于本州岛中部府中基地的空自航空总队作战指挥所保持无缝链接。

除陆基雷达站外，日本还有由 4 架 E−767 和 13 架 E−2C 预警机共同组成的航空警戒机队，分别部署于本州中部静冈县的滨松和本州北部青森县的三泽基地。2014 年 4 月，防卫省宣布调派 4 架E−2C 预警机到冲绳的基地，以应对南端钓鱼岛方向的防空警戒需求。

当日方确认有目标进入防空识别区后，陆基雷达或预警机会在第一时间内，将目标的方位等信息传输给防空指挥所。这些“信息情报资料”要变成有价值的“情报”，还需经过更高级别的防空指挥所乃至总队作战指挥所来分析判断，并最终决定是否出动战斗机拦截“敌意目标”，因此这些相关人员必须有相当的战术素养和敏锐的判断力。日本空自防空指挥所的领导者是首席拦截管制官，以下包括飞行安全干部、拦截（兵器）管制官、对空监视员、识别技术员、管制技术员、空域协调员等专业军人。在确定必须拦截后，值班的战斗机便在极短时间内升空。日本航自的战斗机基地里都设有值班飞行员的警备室，位置多在主跑道头尾两端附近。警戒室旁边的机库内停放有武器、油料齐备的警戒值班战斗机。接到命令后，这些战斗机能随时紧急起飞执勤。

现在，日本通常出动的多为 F−15J 双机编队，其携带有 AIM−7E“麻雀”半主动雷达中距导弹，以及 AIM−9L“响尾蛇”近距格斗导弹或日本国产的 AMM−3 空空导弹等。而就出动频率而言，当前日本“最累”的拦截机队当属驻冲绳那霸基地的第 9 航空团了，该部于 2016 年 1 月 31 日成立，装备的 F−15J 战斗机总数达 40 架。目前 F−15J 已成为与解放军进出东海的机舰打交道最多的“熟识”。航自第 9 航空团通常在那霸基地内安排多架战斗机值班，当它们接到紧急起飞令后 5 分钟之内就能升空，并由空自的防空管制所（GCI）实施导航。当 F−15J 战斗机与目标相向距离缩短至 600 米左右时，日机飞行员首先会用目视方式来观察目标机的外形特征(夜间拦截除外)，并确认其国籍，进一步检视其是否带有武器。若目标机并无敌意，日机通常会采取伴随飞行的监控方式并拍照“取证”。在进行无线电喊话后如目标机仍不肯离去，日本拦截机则会通过国际通用频道呼叫，并用雷达锁定等强硬措施予以警告。

国际法中的领空，是指本国领土或者领水、领海的上空。一国领海只有 12 海里的宽度，但日本的大部分“防空识别区”距其领土都有 200 海里以上。其实，日本单方面划定的“防空识别区”是师从美国之法所为，在东海上基本是沿着东经 125°往南，经北纬 30°后再往北纬 25°、东经 120°的方向斜向西南，至东经 123°后再折向正南，其距其海岸线远达 100—600 千米，最远处距浙江省海岸仅 130 千米，不但覆盖了中国钓鱼岛，还跨越了日本自己主张的东海“中间线”，并将春晓等中国油气田全部涵盖其中。这造成中国飞机即使在自己的沿海或在东海的专属经济区上空正常飞行时，也会被定义为“接近或闯入”日本的“防空识别区”。而日本军机每年对华的抵近侦察却多达 500 次，美国军机约为 300 次。

出于维护本国领海、领空安全与权益之目的，中国国防部在 2013 年 11 月 23 日宣布建立自己的“东海防空识别区”。这一举措并未改变有关空域的法律性质，国际航班在东海防空识别区内的正常飞行活动，也不会受到任何影响。有了这样的明确法理依据后，对于来自海上方向的空中威胁或不明飞行物，中方可依据国际惯例，视不同的情况，及时采取识别、监视、管制和处置等相应措施加以应对。而当中方飞机在钓鱼岛领海周边巡航时，也将获得更强的合法性。一旦有外国军机进入该区，解放军的航空兵部队便能实施相应行动，可采取的措施包括：无线电警告、战斗机跟踪监视、防空导弹系统开机警戒，甚至警告射击等武力驱离手段。

当不同国家间的防空识别区出现重叠时，在重叠区域的通常做法一般是相互通报情况，保持密切沟通，并在协商的基础上制定一定的规则，共同处理和管控，避免冲突，此时通报作为识别的一种沟通手段非常重要。只有当一方存有敌意，比如不让识别、长期滞空、突然转向、贴近领空时，才可能引发冲突。由于中日两国的“防空识别区”有部分重叠区域，这将使得双方军机接触、摩擦的概率大增，届时解放军极有可能面对日方高强度的拦截与监控，这无疑将考验中方的早期预警、组织管控及协调配合等能力，对中国防空水平的提升也将是一种强力鞭策。

在中国宣布设立东海防空识别区的第二天，美国便在没有知会中方的情况下，向中国的防空识别区派遣 B52 轰炸机“打擦边球”。之后，又派各类军机频繁进出。但同时，美国政府的联邦航空局却明确建议美国的商业航空公司在行经东海时要向中方通报飞行计划，这与日本政府鼓动日本的商业航空公司拒绝向中方通报的做法截然不同，这反映出美国在权衡自身利益时具有的多重性特征。

8

当前中日海军实力之对比与“系统比拼”

有传言称：在日本的三支自卫队当中，驻日美军唯一会用日语表达的词汇就是“海上自卫队”（以下简称海自），这足以证明日本海自在美军心目中的位置。目前在横须贺军港，每年有一半以上比例的训练任务是以日美联合训练的方式展开的。长期以来，双方通过合训方式建立了非常紧密、信任和默契的关系，海自更是从美军那里学到了“贴近实战”的技能。海自与美军拥有的特殊亲密关系甚至比美国与陆自、航自，甚至防卫省等其他军事同盟内合作者之间的局内关系还要紧密！久而久之，海自慢慢学会了绕过直接的上级主管防卫省，并且和其他部门不打招呼，有事直接与美国海军及日本外务省进行沟通。另外，海自的活动空间是广阔的大洋，“将在外君命有所不受”的特点也使其较少受到国内的制约与监督，行动远比陆自和空自更为自由，这也使得海自成了日本自卫队中“唯我独尊”的军种。

一、中日海军各项舰艇综述

历史上的日本帝国海军曾是具有传统技术及心理优势的强悍军种。海自虽不能称作其的翻版，但的确继承和保留了之前海军的很多习惯与传统。

（一）海自方面

1.驱逐舰

当前的海自在役舰只按照性能可分为四等：第一等的驱逐舰，包括“爱宕”级2艘，满排10000吨，相控阵雷达为AN/SPY-1D（V）型，2015财年还计划再购2艘。“金刚”级4艘，满排9500吨。配有AN/SPY-1无源相控阵雷达。“秋月”级4艘，满排6800吨。配备国产高性能的FCS-3型有源相控阵雷达，在役4艘。第二等，包括“高波”级5艘，满排5100吨。“村雨”级9艘，满排5100吨。第三等，包括“旗风”级2艘，满排5500吨。“白根”级2艘，满排6800吨，将于数年内退役。第四等，包括“朝雾”级8艘，满排4200吨。“初雪”级现役10艘，其中3艘转为训练舰，满排3800吨。

2.两栖舰与轻型航母

此外，日本海自还装备有两栖攻击舰、轻型航母共三种类型。“大隅”级两栖攻击舰3艘，满排18000吨。其虽具有全通式飞行甲板，但被右舷的舰岛隔成前后两个区域，只能同时起降2架左右的直升机，可搭载330名海军陆战队员，内部可容纳两艘LCAC气垫登陆艇，可将90式或10式主战坦克直接送上海滩。日本已于2014年定购了4辆装备先进通信系统并承担指挥职能的美制AAV-7型两栖装甲运输车用于登陆任务。海自虽已拥有种类齐全的登陆装备，但其第一突击波伴随火力的支援能力尚严重不足。

用于替换“榛名”级的“日向”级轻航母 2 艘，满排 2.4 万吨。其加宽的飞行甲板面积已超过英军“无敌”级航母，在 2013 年年中举行的日美军演中，美军 V−22“鱼鹰”倾转旋翼机曾降落在“日向”的甲板上，证明其有承载 30 吨级直升机起降的能力，但由于甲板的不耐高温缺陷及升降机位置的不合理，影响到其搭载垂直起降战斗机的能力。

2013 年 8 月 6 日，满排在 3 万吨以上“出云”级轻型航母下水，海自以后还将再建造 2 艘，以替换老旧的“白根”级。“出云”舰将自卫武器移至侧舷，高强度的甲板也能满足 F−35B 的起降要求，是完整意义上的轻型航母。但由于购买美国 F−35 战斗机计划延期，其 B 型机最终何时能上日舰还是未知数。

3.潜艇

2016 年初，日本全部 11 艘 4200 吨的“苍龙”级潜艇已全部建造完成，再加上 11 艘 4000 吨的“亲潮”级潜艇，在 2020 年之前海自将保证其常规潜艇的总数能维持在 22 艘，其中绝大部分都是技术先进、舰龄极小的新服役潜艇。根据日本人的习惯，届时很可能会继续开始设计研制建造下一代更为先进的常规潜艇，技术指标与综合战斗力应在德国 212A 型潜艇之上。但在 2016 年 4 月 26 日，日本的“苍龙”级潜艇却丢掉了澳大利亚价值 500 亿澳元的潜艇大单。

（二）中国海军方面

1.驱护舰

中国海军中同日本海自的第一等级性能相当的驱逐舰包括：服

役、测试及在建的10艘052D型防空驱逐舰，满排7000吨以上，拥有64单元新型通用垂直发射系统（能够发射对空、巡航、反潜和反舰的导弹），另配备红旗10近距点防御导弹24枚，雷达为4部中华神盾系统的S波段364（改）主动相控阵雷达、SIP-329（V）型预警雷达和欺骗系统21号数据链。052C型中华神盾防空驱逐舰有6艘，满排7000吨。48单元垂发红旗9防空导弹及有源相控阵雷达。051C型中华俄式神盾舰防空驱逐舰2艘，排水量7100吨；48单元垂发，可发射SA-N-6C防空导弹。俄制30N6E1型“墓碑”单面旋转阵面式相控阵雷达。现代级驱逐舰4艘，满排8480吨，主要装备2座四联装SS-N-22日炙反舰导弹。

第二等，包括054A型导弹护卫舰，共3个批次，至少20艘以上，4300吨 。装备32单元通用垂发系统，可发射红旗16中程防空导弹、长缨3反潜导弹以及鹰击83反舰导弹。其隐身性能优异，综合性能超日方海自的“村雨”级驱逐舰，绝不弱于“高波”级驱逐舰。

第三等，包括052A型导弹驱逐舰2艘， 4200吨，配带16枚C-801反舰导弹。051B型“深圳号”导弹驱逐舰1艘，6600吨，配带16枚C-801反舰导弹。中期或改装换装海红9防空导弹，730近防炮系统。改进后战斗力看齐051C型中华俄式神盾舰。052B型反潜导弹驱逐舰2艘。早期054型导弹护卫舰2艘，中期的054A型换装16单元垂发、730近防系统。

第四等包括：江卫Ⅰ、江卫Ⅱ级导弹护卫舰共14艘。

另外，中国2012年开始建造的056型低成本轻型护卫舰是一种高性价比的通用作战舰艇，目前已开始快速入役。该型舰满排1440吨，火力的配置很有针对性。其“反潜模块型”将取代中国海军大批现役陈旧的 037 型猎潜舰；“专用巡逻型”将有望搭载 2 架 S-100 无人直升机，并替换先前的旧轻护舰。此外，056 型护卫舰还可将大型驱护舰从繁杂琐碎的近海巡防任务中解放出来，促进水面舰艇力量的优化配置。该级舰最终服役数目将在 40 艘上下。

2.两栖舰艇与航母

071 型两栖登陆舰 4 艘，满排 2 万多吨，绝不弱于日本的“大隅”级。拥有全直通甲板的 081 型大型两栖攻击舰已在建造计划当中，有消息称其满排近 4 万吨，各项指标似乎可比肩于美国的“黄蜂”级两栖攻击舰。外购的 4 艘“欧洲野牛”级大型气垫登陆船已开始服役，其一次可将 500 名陆战队员或同等的作战装备送上登陆滩头，并且火力强度超过西方的任何一种同类船舶，是岛屿争夺战中的一张王牌。

中国还装备的“辽宁”号航母满排为 6.5 万吨。目前搭载的歼 15“飞鲨”舰载战斗机（综合战斗力超苏 33 改进型，相当于法国现役“阵风”舰载版，接近于美国的 F18E/F），已完成了在辽宁舰上起降试飞等相关的战训科研任务，具有实战能力，将来还可用苏 35 的技术加以改良升级。此外，中国海军航空兵还有 100 架左右的准三代歼轰机“飞豹”。

3.潜艇

中国现役的潜艇包括：明级，2200 吨，有 15 艘以上进行过诸如多种型号声呐、水声对抗、通信天线、减振降噪、流水孔等设备的改装，以及螺旋桨降噪等，并加装了飞航式反舰导弹，大大提高了作战使用性能。

宋级潜艇，水下排水量 2250 吨。实际上是仿制法国卖给巴基斯坦的阿戈斯塔 B 级潜艇。宋级潜艇至少可以搭载 4—8 枚 C803 潜射飞航式导弹。同时可以鱼雷存放的形式，搭载最多 12 枚 C803 潜射飞航式导弹。宋级潜艇曾创造过“伏击”小鹰号航母的壮举。根据外媒推测，宋级潜艇约有 28 艘，部分改装了不依赖空气的推进装置（AIP）。

元级潜艇，与上述的宋级属同级潜艇序列。但通过对国外多项先进技术的引进、消化与吸收，其各项技战术性能指标有了极大提升，并经十几年间发展已有多种改进型。2013 年 12 月，互联网上出现的最新型号或已使用了能替代传统螺旋桨的新型推进装置。

基洛级潜艇 12 艘，包括 2 艘 877 型和 10 艘 636 型。水下排水量 3076 吨，水下速度 20 节。通气管状态下的续航力为 1000 海里 / 节，最大下潜深度 300 米。装备“Club–S”（俱乐部 –S）反舰导弹。安静的基洛潜艇被称为“大洋中的黑洞”。

采购中的拉达级潜艇 4 艘，为阿穆尔 1650 或 1850 型。

另外，中国海军还拥有日本无法比拟的庞大核潜艇部队。据有关资料，中国的第三代核潜艇已研制完成。这引起军事界许多揣测分析，认为其提到的第三代核潜艇应是 095 型攻击核潜艇和 096 型战略核潜艇。

二、中日海军军事实力对比

目前中国海军与日本海自都拥有高等级的大型驱逐舰，相比之下，双方在防空的大型驱逐舰上存在差距。日本“金刚”级的优势在于载弹量远超我国的 052C/D 型舰，“秋月”级在中国海军中还找不到与之相对应的驱逐舰型。但中方凭借 6 艘 052C 型及 4 艘 052D 型驱逐舰，在整体战斗力上将直逼海自的 4 艘“金刚”加 2 艘

“爱宕”驱逐舰。特别是当前中国最先进、排水量达 1.5 万吨的 055 型驱逐舰已投入建造。未来当其与 052D、054A、054B 一起大规模服役后，中国海军大型舰艇将全面超越日本海自。但现阶段就总体实力而言，双方大致接近，只是日本大型舰艇在性能方面更具有优势，并且防空能力更强。而中国的舰艇装备了型号众多的亚、超音速反舰导弹，特别是大量的隐身导弹艇具有实施狼群式饱和攻击的能力，这将在中国近海的特定海区大大削弱海自大型舰艇的优势。

日本虽在反潜作战上具备很强实力，但从“10：1”的力量投入比的角度计算，以及综合考虑战场上的各类复杂因素，实际的反潜作战效能会大打折扣。而在潜艇方面，中方的数量一直远超日本海自。目前，中国潜用柴油机基本实现国产，而且在燃料电池技术（AIP 三种实现方式之一）上有自己的独到之处，居世界领先地位；潜艇材料方面中国也已达到了国际先进水平；噪音控制方面中国正快步赶上。虽然声呐系统还有差距，但在引进法俄技术以后，这个差距已经很小了。

日本凭借自身发达的电子信息技术以及对美国技术装备的导入，使得海自在电子战、火控、数据链指挥等先进系统方面具有了很大优势，但中方正迎头赶上，全军综合数据链已装备海军。中国海军新一代目标探测与指挥系统实际已经相当于美国海军目前使用的以 LINK-16 为骨干的联合战术信息分发系统，而其他电子设备在更新换代方面也加快了脚步。

现今中国在建造军舰的基本技术方面已采用了模块化造船技术。该技术不但在设计上可以互通相关零部件，而且还可以确定制造精度、制造时间，对于生产制造的提高很有帮助。如果相应部位的技术提高，还可以快速更换保障战斗。换句话说，现在中国的军舰在一特定平台上可以在一个阶段内实现不断升级。对于某个部位的问题，也可以实现集中对应处理，很适合中国式的集中突击型开发设计。而且，主要零部件可以在对外封闭的造船厂内进行，特定零部件可外协生产，最终在造船厂内组装，大大缩短了建造周期，减少了工时，使得量产效果最大化。据美方的资料显示：中国军舰的建造周期越来越短。如 054 型护卫舰，最初型号的建造用了 2 年多时间，第二批次用了 11 个月，第三批次只用了 5 个多月，而且品质提高、成本下降。目前，模块化技术已经被普遍运用于中国大型军舰、坦克以及其他相关的建造领域。

更重要的是，中国的国防工业，尤其是海军舰船的动力设备——燃气轮机在研发制造上有了突破性进展！目前已完成了对先前引进的燃气轮的国产化，其性能已不弱于美国及西方军舰的标配——LM2500 燃气轮机。同时中国也已能够生产中等功率的燃机及重型燃气轮机（可用作未来的航母动力）。正是由于成功地解决了海军舰船的“心脏”问题，中国海军才迎来了罕见的造舰高潮。

现代海军作战不比第二次世界大战时期，更不比甲午海战——军舰拉开阵势对轰。现代海战拼的是系统对抗，主要是靠信息、飞机及导弹。作为重中之重的信息化建设非常烧钱。随着国力增强，中国急起直追，尤其最近 10 年进步神速。即便是与美国相比，中国在某些方面虽落后但也不至于出现代差。最明显的例子就是“北斗卫星导航系统”，有些方面甚至世界领先，那就是“量子通讯”。这项技术可以保证中国军方的各类型信息数据实现保密安全传输，因而具有里程碑式的意义。当前的加密技术以数学运算为基础，涉及大量数字和密匙管理。随着计算机运算速度的成倍提高，迫使用于编码和解码的密匙需不断改变。因此，数据加密的发展空间变得非常有限，而量子传输技术是利用光量子在瞬间发射“隐身”数值信息，原本通过“量子纠缠”将两个粒子连接在一起，一旦发送端的粒子发生变化，接收端立即会出现前者的精确复制品，且传输时被第三方拦截的概率可以忽略不计，安全性高。据美国詹姆斯敦基金会出版的《中国简报》称，中国已成功利用高功率蓝激光器实现了自由空间量子信息传输，距离达 16 千米，还将利用蓝绿激光在水下穿透性强的特性开发卫星与潜艇间的量子通信技术。中国将于 2016 年 7 月左右发射世界首颗量子通信卫星。

军舰最怕飞机加导弹。中日双方的军机前面已经谈过了，这里说说中国的强项——导弹。中国非常重视反舰导弹，服役型号繁多，射程都相当远，其中“鹰击”系列大部分的射程都超过 100 千米。9·3 阅兵中出现的最新式鹰击 12 超音速反舰导弹射程达 400 千米！加上鹰击 100 远程反舰巡航导弹、CM-708UNA 潜射反舰导弹、鹰击 62 系列、DF-21D 、DF-26 反舰弹道导弹，以及较旧的 CM-602、CM-705、CM-802A 等，构成了多层次的反舰火力网。对于现代反舰作战来说，饱和攻击仍旧是最为有效的手段，也就是在单位时间内可以向目标发射更多的导弹，在这方面亚音速导弹具有更大的优势，因为其升阻比更大、发动机油耗更低、体积和重量更小，在同样射程的条件下更适合用在饱和攻击上。而超音速反舰导弹由于速度快、动能大，其优势是在敌方防御系统面前暴露时间短，尤其从隐形搭载平台上突然发射时，对敌方的威胁会更加明显。另外，在 2014 年 11 月举行的珠海航展上，中方还曝光了作战性能超过著名的“布拉莫斯”超音速巡航导弹的、名为 CX-1 的新型同级导弹，令军事界震惊！

目前，中日在海军及技术上的差别表现为：中国具有完整全面的军事工业体系，可以自主完成技术装备的设计制造；日本基础工业实力雄厚，许多方面相当领先，但有时必须依靠美国的一些技术支持，才能完整地制造现代化军舰，并最终形成战斗力。现在中国军事工业已经能够给中国军队提供先进的武器装备，使之不低于日本，需要解决的问题是解放军如何使用这些装备，使之发挥出最大的战斗力。从以上分析看，中国海军正在赶超日本。但由于过去长期落后、欠账太多，所以中方在装备与训练方面还比不上日本，但赶超的势头是有目共睹的。

9

深得美军“真传”的陆上自卫队战斗力几何？

战后组建的日本陆上自卫队（以下简称陆自）脱胎于当时的警察预备队，由于自身特质以及与先前的帝国陆军之间缺乏传承性，故其没有继承先前帝国陆军的嚣张风格，成立后行事一贯低调。但是，长期打着“自卫”大旗的日本防卫部门，近些年为落实“动态防卫”准则及抢夺钓鱼岛，专门组建了多支精锐的“进攻型”部队，充实陆战军事力量。具体如下：

“中央即应集团”在日本陆自中具有战略预备队的性质，目的是在紧急时刻统一指挥高机动特种部队和各专业部队。该部于 2007 年 3 月 28 日成立，目前约有 5000 人，下辖中央即应连队、第 1 空挺团、特殊作战群、第 1 直升机旅团、中央特殊武器防护队等多支部队。由于其整合了陆自几乎所有能在第一时间出动的快速反应力量，故有“陆自百味瓶”的绰号。

“中央即应连队”是“中央即应集团”中的绝对主力，该部于 2008 年 3 月 26 日成立，是仿效美国陆军精锐第 75“游骑兵”别动团创建的全新快速反应部队，经过严格选拔，目前有700名队员，平均年龄31岁。该部的快速部署能力在陆自中排名第一。驻地宇都宫距日本航自的基地仅4千米距离，可方便搭乘C−1或C−130运输机进行远程部署。装备的百余辆各式车辆，可一次性载运全部人员、武备及辎重进行机动。其配属的火力也很强，持续作战能力与战术弹性要远胜陆自的其他部队。

“第1空挺团”的总兵力约2000人。其作战核心是普通科大队的特种侦察排，任务是敌后渗透。其成员必须掌握武器使用、高级爆破、小分队作战、通信联络、野外生存乃至两门外语等技能。该团的火力支援来自便携式81毫米迫击炮，以及由高机动车所牵引的120毫米迫击炮（可由直升机吊挂运输）。虽然拥有极高的机动能力，但该团在机降后就是轻步兵，反装甲水平及强火力持续作战能力有限。

“特殊作战群”是日本陆自的第1空挺团在美国“三角洲”特种部队军官的指导下，于2004年3月27日组建的“日版三角洲”——特种作战群，编制为300人。主要接受巷战和山地战训练，担负渗透、刺杀、绑架等特别任务，配有便携式防空导弹、卫星通信设备、轻型装甲车等装备，一般是搭乘CH−47DJ直升机和C−130J运输机行动。每名队员除英语外，还掌握有汉语或朝鲜语，因此似乎具有一定的针对性。

“特别警备队”于2001年3月成立。同年6月，由美国海军“海豹”特种部队的教官接手训练，内容包括潜水渗透、直升机索降以及登舰突击等。该队定员为74人，在接到命令后会从日本著名的江田岛基地出发，搭乘岩国基地的MH−53E、MCH−101直升机飞往目标水域。主要任务是：通过强制手段迫使可疑船只停下，再以机降方式登船临检；或是与海上拦截舰协同作战，直接对目标船只发起攻击。

“西普连”（不属于“中央即应集团”）是日版的海军陆战队，成立于 2002 年 3 月 27 日，驻长崎县佐世保市。因为陆自原则上不是军队，所以将步兵称作“普通科”。“西普连”未来编制将由 700 人增至 3000 人，并组建水陆两栖团。该部主力是陆自从九州各地抽调的游泳高手，经严格选拔，并接受高强度特种训练（特种侦察、通信干扰、三栖秘密渗透等）和常规战训练（山地机动、空中机动、岛屿攻防、阵地构筑和突击等）。因其强调注重快速反应，故未编列重武器，但可搭乘直升机或倾转旋翼机实施远程垂直机降，或是搭载由大型两栖运输舰施放的 LCAC 气垫登陆艇来进行抢滩登陆。该部从 2005 年起便师从擅长两栖作战的美国海军陆战队，研习夺岛强攻作战。

实际上，除了帮助日本陆自组建训练多支精英部队之外，美国的陆军及海军陆战队等多支地面部队经常与陆自展开训练与交流。通过共同的演练，曾传授给日方不少宝贵的实战经验技巧，现部分简列如下：

“陌生地机降展开前的安全确认。”日美两军在岩手县演习场进行直升机降演练时，陆自第 9 师团士兵待 UH−1 运输直升机舱门一打开，便迅速排成一列冲向树林隐蔽；美陆军第 25 师士兵则在出舱门后先留一半人警戒，剩余的人冲向树林在确认安全后，担任警戒的士兵才进入树林。两军的差别在于，陆自认为机降点不会有敌人存在，而美军认为各类危险在军事行动中无时无处不在！

"预留备份火力还击。"美第3陆战师在九州南部的雾岛演习场举行迫击炮演练，士兵在3门81毫米迫击炮组的四面进行部署警戒时，尤其重视派重兵担任后方的警戒（美军登陆作战时亦然）。同时还在100米远的地方另部署1门60毫米迫击炮，作为主炮被击毁后的备份还击火力；而陆自第11师团的迫击炮组在札幌南郊的西关演习场操练时，根本没有同等的相应意识！

"立足实战环境因素。"两军在北海道的然别演习场进行步枪射击演练时，陆自第5师团使用国产89式步枪和62式机枪，远距离正常站立射击的成绩优于来自冲绳的美国海军陆战队员，而且美方使用的标靶面积还要大于陆自的。但美军认为，这并不算什么劣势，考虑到实战时将在各种复杂情况下射击，能两脚正常站立射击的几率将会非常小，而且美陆战队在火力压制的强度方面要远优于陆自。

"预设强大火力果断反制。"两军在宫城县王城寺演习场共同演练对"不明身份者"进行盘检的科目。美军第3陆战师的士兵在认为可能受到威胁时，迅速而果断地对敌施行了先发制人的枪战！此外，美军在盘查站点周边设置了强大的火力装备，甚至可用来对付装甲车！而陆自第6师团的士兵则认为，潜入后方的敌人充其量不过是少数轻装游击队员，这种意识导致了陆自在应对突发事件时的火力准备和反应效果明显不及美军。

"装备必须专业并紧贴实战。"两军在本州北部青森县的积雪山地组织行军拉练。来自夏威夷有"热带闪电"之称的美陆军第25师的士兵，由于使用了由特殊材料制成的军用睡袋来保暖，无一人感冒；而陆自第9师团的士兵由于使用了登山用品店中的民用睡袋，导致多人生病。可见美军对军事装备的专业化标准高度重视。在10天的演练过程中，美军始终食用标准的军用战斗口粮，因为美军士兵认为：发生高强度的战斗时根本没条件去吃做好的饭。此外，做饭一般还要消耗大量宝贵的水；而陆自的士兵则只要是不进行连续训练，便会回营房吃炊事班做好的饭菜。

“强火制敌减少伤亡。”两军曾在北海道的演习场举行攻占据点演练。由于美军对在国外进行战争造成破坏的结果并不十分介意，攻占据点前通常都先通过强大火力压制或摧毁后才强行突入。当美军认为战况变得不利时，便又随时撤走，因为美军认为：与装备及工事完好的敌人去打近战，极可能给己方带来严重伤亡。而陆自认为当时设定的战场主要在国内，所以尽量地避免粗野的突入式作战，通常是在潜入敌阵地后才发起攻击，并力求在攻占据点时歼敌。在与美军合训后，陆自便做了相应的战术调整。

“张弛相宜维持战能。”两军在本州北部的岩手演习场进行了三天两夜连续的高强度野外拉练。期间，美军第25轻步兵师的官兵，由于数度经历过实战锤炼，经验丰富，始终能够保持着良好的体能，这得益于其担任周边警戒任务的部队与放松休整的部队之间有效地实现了交替分工，并且双方充分信任，故而先后都得到了充分的休息；而陆自参训的全体士兵则一直处于临战的紧张状态，没有安排好勤与休的交替分工，队员无法得到休息与放松，最终导致全员过度疲劳。

在与美军地面战队的合练中，陆自接触到了对方大量生动而有用的实战经验与技巧。随着日方逐步走向海外，在比对后其是否会有针对性地鉴用美军贴近实战的作战模式值得关注。另外，陆自的士官人数长期拥有103%以上的“超编”现象，并占到士兵总数的76%以上。这些军事经验丰富的“老军棍”长期留队，可使陆自始终维持着凶悍的战斗力。

近几年，日方除加强西南方面的军事部署之外，陆自还频频搭上美军举行“夺岛军演”，并拿出购自美国的AH-64DJ“长弓阿帕奇”以及属于海自的LCAC气垫登陆艇及“日向”级军舰等“新式玩具”狐假虎威。美军新近部署到西太平洋的“新宠”——MV-22“鱼鹰”，由于搭载了日本陆自士兵从“日向”号军舰上顺利起降并实现快速登岛，所以深得日方青睐，并将于2018年入役，因此在这里也稍作评论。

作为倾转旋翼机，“鱼鹰”虽具有固定翼飞机的速度和旋翼直升机的垂直起降能力的优点，但两边的缺点也各占一半。在固定翼螺旋桨模式下，旋翼直径太大造成阻力增加，所以其最大速度远低于常规的固定翼螺旋桨飞机；而在直升机模式下，旋翼直径又不够，只能靠提高转速来补偿升力，并容易在高速下降时造成危险的“涡流环”现象。另外，“鱼鹰”在悬停、侧飞、倒飞以及飞行姿态转换等方面也不及常规直升机。在直升起飞时，涡轮轴发动机向下排出的高温气流有烧熔甲板的问题。特殊的机身架构使其在降落时并不宜作粗猛式着陆。此外，保养成本高和维修工作量大以及天文数字般的单价也曾令美军头疼。虽然占有一定的速度优势，但这种本身在设计上就存在安全问题的“娇贵”飞机，在载满作战人员贸然闯入敌我火力交织的高危登陆场时，其自身的生存系数还相当成问题。一旦入役陆自，或成“鸡肋”？

10

日本的国家战争潜力及对未来战争的设想

2016年3月29日0时，日本的“新安保法案”开始实施，正式解禁集体自卫权，成为日本军事安全政策乃至发展方向的重大转折点。这部被称为“战争立法”的法案实施后，将为日本自卫队海外军事行动松绑，标志着日本战后延续了半个多世纪的“专守防卫”的政策终止。“新安保法案”实施的当日，日本国会还通过了史上最大规模的防务预算，首次超过5万亿日元。此事件意义深远，故而本节来谈一下日本的国家战争潜力及对未来战争的设想。

一、日本的战争潜力

战争潜力是评价一个国家综合实力的重要参数，也是一个国家总体战争能力的基本组成部分。研究战争潜力，通常需要对目标国的自然条件、人力、物力、财力、民族心理及人文历史等复杂情况进行综合分析与测算，同时参考该国以往的战争情况，以求得出尽量客观并贴近实际的结论。通过科学方法计算战争潜力会是一个非常复杂的过程，需要用烦琐的数据资料和复杂的数学模型，并经过反复对比和严谨推理来分析。笔者在这里只能浅显地用客观具体的数据资料以及一些要素分析方式，对日本的国家战争潜力进行大致推测。

（一）国土资源

日本位于亚洲大陆东端的海上，面积37万多平方千米，人口约1.3亿，国民生产总值约6万亿美元。日本拥有丰富的大规模战争的经验，对战争潜力的培植以及全面的战争动员都不陌生，是一个拥有深厚战争潜力的国家。以其现阶段的战争潜力，足以支持应付一场高强度、大规模的现代战争。但由于诸多先天条件的制约，其进行长期战争的能力依然不足。

日本国土狭长。领土自东北方的千岛群岛，一直延伸3000多千米至西南的先岛群岛，控制着日本海与少部分太平洋，整个列岛岛链绵延不断，正扼住东亚及东北亚大陆国家东出太平洋的通道。日本岛屿众多，地形复杂，山地面积和森林面积占到国土面积的70%以上，且河流湖泊众多。日本的海岸线长达3万多千米，漫长曲折，有很多天然良港。但其内陆任何地点距海岸的直线距离都不超过100千米，所以缺乏战略纵深度。

日本的自然条件对军事有着先天的影响。首先，日本靠近大陆，又有狭窄的海峡阻隔，形成了大陆岛格局。其既可以以朝鲜半岛为大陆桥进入东亚大陆，又可以利用周边海峡和岛链构成天然防线，这决定了日本在军事上必须倚仗海军力量。由于对海运的依赖，日本在任何时候都异常重视通过遮断对方海军力量而进行保交作战，保证自身物资供给的畅通。

其次，日本海岸线漫长，不利于组织严密的海岸防御。这使得日本在战略上需要尽量扩大防御圈，并重视“海上歼敌”。日本内陆地形起伏破碎，山地林地多，河流湖泊也多，这都不利于进攻方以机械化大兵团作战，相反对日方却是一个先天的优势。

最后，日本的城市多集中分布在沿海的平原上，交通方便，物资丰富。由于城市化集中的缘故，抵御轰炸的能力十分脆弱。关东、中部、关西及北九州等平原地区都是日本政治、经济、文化的中心，一旦遭受攻击，将会直接改变战争的状况。

（二）人力资源

日本人员充足，人口基数大，居世界第七，然而人口增长率却逐年下降，老龄化日趋严重。但在未来一定时期内其总人口基数仍能保持在1亿以上。2015年日本役龄男性可能降到3000万人左右，在今后20—30年内其兵员潜力仍然庞大。其中，陆自的规模虽然相对较小，但由于其实行了士官制度，扩充军队非常容易。此外，由于自卫队队员拥有很高的经济收入（包括不低的基础工资，名目繁多的奖金、津贴等），这也为日本军方吸引并留住了大量人才。此外，据日本2011版《防卫白皮书》的数据，日本军事院校的教职工人数占服役总人数的4.8%。这些教员来源广泛，因裁军而富余出来的年轻军官和技术人员以及由于飞机、舰艇减少而无处可去的空舰勤人员等，都被安排到了预备役部队和各类军官士官学校中。为了培养出更多的舰长，海自的舰长总是频繁轮换着。退役后在民航公司驾驶客机的原空自飞行员，也将作为预备役自卫官而备用着。那些只有军官的“架子团”，正如能吸纳水的海绵，战事一起，也可吸收较多的战斗人员。

另外，驻扎在北九州地区的陆自第40步兵团（日文为“普通科连队”）是西日本方面的最前线部队，辖有一支擅长城市作战的“小仓妇女队”。其成员虽均为女性，但由选拔录取时高达95%的淘汰率、训练的内容与强度及在向媒体展示的演习中她们互相间配合的默契程度等指标来推算，其（近距的）战斗力绝对不弱。回想起第二次世界大战中曾有相当多的日本妇女主动地“为国家献身”的历史事例，可以想象，日本在战争中的人力动员潜能是相当惊人的。

截至2014年底，日本自卫队陆上兵力为14万人；海上兵力为4.3万人，舰船139艘，总吨位为45.3万吨；空中兵力约4.2万人，作战飞机420架。此外，日本陆海空自卫队还分别拥有3.1万人、600人、600人的预备役部队。所以一旦有战事，除了陆自外，日本的海空自卫队也可在数月内迅速实现扩编。同时考虑到日方的高度信息化和与美军的协同作战能力，其作战潜力不应被低估。为使自卫队实现一体化运作，日本防卫厅于2006年废止了运行达52年的统合幕僚会议，新设立“统合幕僚监部”，并在级别最高的自卫官统合幕僚长之下设立新的六大部门。但“统合”出现了所谓的“知易行难”，三家自卫队由于诞生背景不同，实际情况和自身特质也就各有差异，很难做到真正相融合。

此外，日本各类专业技术人员的储备也十分充足。根据日方数据，其拥有教授、副教授级别的研究人员近百万人（平均约55人/万人），其中制造业有37万人可直接或间接参与军事工业的运转。所以日本有足够的兵员潜力应付短期的大规模战争，也有能力为军工部门和经济命脉部门提供足够的专业技术人员，而且初级劳动力充足。但也可能在短期之内，临时出现缺乏大量熟练工人来补充相关行业的情况，这或许将严重制约日本长期作战的能力。

（三）财政潜力

财政潜力是一国战争潜力的重要组成部分。日本是世界资本主义经济最发达的国家，其财政动员能力没有任何问题。据 2013 年财务省公布的数字，日本政府资产有 647 万亿日元，当年 6 月末的直接外汇储备达 1.2 万亿美元。所以日本有能力在未来战争中大幅度提高军费开支。第二次世界大战期间，日本军费最高时曾占国民生产总值的 53.5%。然而，受限于日本经济的特殊性，其财力维持一场长期战争还是相当困难。

（四）技术与生产潜力

1.航天工业

日本十分重视航天工业的发展。虽不是强项，但绝不可小觑，毕竟其有强大的工业作后盾。航天工业在日本虽然起步较晚，但日本积极发展各种太空项目对其发展大有裨益，现已取得重大成就。日本现阶段主要研究的是利用民间卫星实施军事通信等课题。目前日本正在投入巨大的人力和财力，加紧研制新型火箭及各种型号的航天器，为其宇宙开发计划提供更为先进的投送工具。参与的日本公司超过 50 家，具体有：三菱、三菱重工、日产汽车、石川岛播磨重工、东芝、日立制作所等，其中 42 家成立了宇宙开发促进会。

2.造船工业

作为岛国，日本的造船工业一直在其民族工业中占据极其重要的地位。日本在第二次世界大战中曾经大量制造航空母舰，技术积累不会少（现在造直升机母舰确实是小菜一碟）。第二次世界大战后日本的造船工业发展也很快，自 1956 年以来一直高居世界第一。据估算，目前日本造船能力约为 1800 万吨。现在造船厂家共有 8 家

11 所造船厂，其中，三菱重工、石川岛播磨重工、住友重机、日立造船、三井造船负责制造大型水面舰只；三菱重工、川崎重工负责制造潜艇。同时，日本机械工业发达，有足够的能力提供船用发动机和各种电子机械设备。在需要时，日本能够快速扩充其海上力量。但是，船只的扩充周期较长，需要相当的时间去准备。

3.军工生产能力

从工业化程度上来说，第一次世界大战前日本还谈不上工业化，而第二次战界大战中日本工业化的程度已经很高，并远超当时的中国。日军的装备基本上都能国产，而且有些兵器的性能甚至达到了世界先进水平。日本能够独立设计制造航空母舰和诸如“大和号”这样的巨舰，具有相当强的工业技术实力。例如“大和号”上的 460 毫米巨炮，即便到了现在也不是每个国家都能够制造的。日本的技术是一步步积累起来的。如今相当多的民用技术都超过了老牌欧美强国。

此外，日本的商业模式同我们所熟知的内容是有很大区别的。它所谓的“株式会社”和“综合商社”是具备战争潜力的！也就是说，日本的公司可以在战争时期很容易地变成一支支高素质的部队，并能在全球范围内从事各类信息情报的搜集工作，或是及时有效地采购到军事战略物资。日本各种工业产品的生产储备、军事供应、民用品转产军用的能力以及军工生产的潜力都很强，其主要战略产品的产量与质量都很高。日本政府要求其民间的 1700 多家大中型工业企业都必须要保留一个军工车间，平时生产民生商品，一旦国家需要，必须确保马上能够进行武器弹药的转产，而且高新技术的含量还不能低。

目前，日本生产坦克的企业主要有三菱重工、日本制钢和小松制作三家，仅三菱一家就有3000辆坦克的年生产能力。日本雄厚的汽车工业还具有强大的转产潜力。如果在未来战争中将汽车工业产能的10%转产坦克，按照60辆汽车可转产1辆坦克计算，日本年坦克产量可达5万辆，足以满足大规模战争的需要。火炮工业亦是如此，上述三家工业也有一万门火炮的年生产能力。而且，日本的冶金和精密加工技术都处在世界领先地位。日本目前有20多家企业可以生产弹药，单从工业制造能力上说几近无限，但生产火药的基本原料——硝酸等化学品的产量却是有限的。

现在，日本能生产具有国际先进水平的各种战术导弹。其自卫队装备的导弹中有90%是国产战术导弹。同时，日本正在积极开展新型战术导弹的研制工作。日本从事导弹生产的企业主要有三菱重工、三菱电机、川崎重工、东芝等。在日本生产导弹的相关企业中，生产电机和洗衣机电机的厂家也有很大比例，这也为战时转产提供了广阔的平台。

此外，日本多年来还不断采取“暗度陈仓”的方式，将自己的武器技术甚至是武器本身输出到世界的各大洲。1999年，日本通过“特例”方式对美输出用于“标准3”Block2A舰对空导弹的耐热壳、高灵敏度传感器等技术，使该弹成为“标准”系列导弹中反导能力最强的型号。2000年，日本又以“政府开发援助”的名义向印度尼西亚提供海上保安厅二手的、带有防弹玻璃和装甲的巡逻船。2013年10月，日本将军舰使用的SM1型燃气轮机部件卖给英国，以确保皇家海军驱逐舰的运行。因为英国罗尔斯·罗伊斯公司非常看好日本的复合材料技术，所以在寻求燃气轮机的耐高温材料方面得到了日本的支援。另外，日本还强化与法国的军事技术交流，两国于2014年1月上旬在巴黎举行了两国外长和防长磋商，法国渴望成为继英国之后第二个与日本展开深度军工合作的欧盟伙伴，范围涉及航空航天、军用舰船等领域。此外，日本还计划与土耳其联合研制大功率坦克发动机，并委派川崎重工、富士重工与土方展开在军用直升机的涡轮轴发动机、无人机、红外传感器以及水面舰艇、潜艇燃料电池等领域的合作。除决定向与中国存在领土争端的菲律宾提供多艘准军事性质的巡逻船外，日本已向印度海岸警卫队提供US2型的多用途水上飞机，其性能不次于俄罗斯或加拿大的同类产品，而且还正在向澳大利亚输出不依赖空气推进的"苍龙"级潜艇的制造技术。此外，在2013年11月5日，日本石川岛播磨重工与美国普拉特·惠特尼公司签署共同为F-35隐形战斗机制造发动机的协议，并不排除未来将日本产零件安装到美方出口第三国的F-35上的可能，从而"共享红利"。而日本三菱重工、三菱电机也有望以此类"工业合作"的方式，跟随美国军工品打入国际市场。

4.核潜力

在核能方面，日本也拥有相当成熟的技术。凭借多年核电站的运行积累及国内强大的工业实力，在短时间内成为核大国没有任何问题。日本目前拥有多套核能发电设备，发电量占其总发电量的一半。据美国方面估算，日本目前已成为全球最大的核原料持有国，而且每年的递增速度相当可观。此外，日本从事原子能研究的单位达到600多家，有着足够的相关技术人员，还有发达的计算机产业，可以为模拟核试验提供超大型计算机。

几十年来，日本一直想方设法地从海外获取核原料储备，包括天然铀、贫铀、钚及大量钍和浓缩铀等。2014 年 1 月，美国督促日本归还超过 300 千克武器级钚的新闻震惊了国际舆论。这批高浓度的放射性核原料是冷战时期里根政权交给日本用于“民用核研究”的。而日本则对这笔“外财”善加利用，通过对其多年的乏燃料后处理，又获得了超过 45 吨民用钚，足可制作出 5000 枚核弹头。日本成为当今世界唯一可进行乏燃料后处理的非核武国家。

毫无疑问，像日本这样一个核门槛国家，在短期内是能制造出一定数量核武器的。但要是想追求可靠的核威慑，成本将非常高，以日本的财力是无法在战争爆发后再做这一工作的。当今世界也只有美、俄、中这三个国家能勉强承担。况且，日本国家面积狭小，90%的人口都集中在城市。仅东京圈就集中了日本 30%的人口，并集中有日本几乎所有重要的政府机构、学院和科研单位与大部分先进的工业生产基地、经济金融机构，以及主要的外贸港口。脆弱而密集的国土布局，使日本相对别国更加无法承受核武器的打击。所以说，日本有制造核武器的能力，但是缺乏进行核战争的潜力。

这里需特别提及的是，在“311”地震海啸后，产生核泄漏的福岛第一核电站发生了一系列让人难以理解的“怪事”：日本政府和东京电力公司对核泄漏的解释漏洞百出，拒绝向国际原子能机构提供事态的真实信息，冒着事故扩大的风险拒绝经验丰富的外国专业救援队进入现场，长期使用安全系数较低但炼核武器原料能力很强的第一、二代反应堆，在野党与执政党同时以少见的“默契”对事故的调查事项保持缄默，两名核工作者在电站地下迷宫般的复杂隧道内失踪……这些都引发了国际社会对日本政府的不信任，纷纷猜测核电站内藏有核武器或与之相关的秘密，并认为日本有刻意掩盖其绝密核武器研发计划的嫌疑。

5.其他领域的潜力

日本在其他领域也拥有尖端技术及众多实力强大的公司。例如，超导新干线技术：日立集团、东芝公司、日本车辆制造株式会社、三菱重工等。材料技术：日本电气股份公司、古河电器工业株式会社、神户制钢所等。纳米技术：住友电气工业株式会社、富士通株式会社、伊藤忠商事、丸红株式会社等。微电子机械系统：三菱电机株式会社、松下电器产业株式会社、索尼株式会社等。高速通信技术：日本电气股份公司、日立集团等。平面显示屏技术：夏普株式会社、佳能株式会社、双叶电子工业株式会社等。下一代DVD技术：索尼株式会社、东芝公司、日立集团等。宇宙开发技术：石川岛播磨重工业株式会社、川崎重工业株式会社、三菱集团等。传统钢铁行业，新日本制铁公司和日本钢铁工程控股公司在全球位列前茅。在化工领域，三菱化学株式会社、旭化成株式会社排名靠前。全球家电前十五名被日企包揽，前三位是松下电器产业株式会社、日立集团、东芝公司。半导体技术，日立集团与三菱集团合资的半导体公司排世界第四。此外在汽车、机床、机器人等诸多尖端领域，日本公司更是独占鳌头。需特别关注的是，以上技术均为军民两用型。

总的来说，理论上日本有足够的物质潜力去应付较大规模的战争。但推算出的这些能力，都是以日本本土不受攻击、有能力保障原材料供给、保证海上运输线畅通为前提的，而这些恰恰是战争中日本的最薄弱环节。此外，盟国美国的态度和提供支持的多少，也决定了日本战争潜力能否经得住一场长期战争。但需要特别提及的是，日本人有厌恶战争、畏惧战争的一面，但也有敢于挑起战争、渴望战争的一面，尤其是在事关本国利益的时候。

二、日本对未来战争的设想

目前，日本对战争的设想包括两类共六种：一类是日本的防卫作战，包括小规模冲突，空袭、海上破交及导弹攻击，敌方入侵本土等三种；另一类则是日本的攻击作战，包括小规模冲突（或对美军进行后方支援）、中等规模局部战争和大规模的全面战争。

（一）唯美国马首是瞻

从前述分析来看，日本有足够的潜力应付包括小规模冲突。但在与大陆型强国打全方位、大规模的战争方面，日本则显得先天不足。特别是在地理条件、自然资源、对外依赖度等方面的欠缺，将会是非常严重的问题，这几乎是无法改变的。如果战事是突发的，日本更缺乏动员的时间。所以，对美关系的重要性是由日本特殊的战略位置所决定的。

在“311”地震海啸后，福岛核电站发生爆炸，并出现了严重的核泄漏，造成数人死亡、多人住院，此外还紧急疏散了数万人。这些都暴露出日本的致命弱点，即战争爆发时，如果用搭载石墨丝条战斗部的巡航导弹炸毁日本的数十座核电站，造成的核泄漏将使日本不战自毁。美国实际也做过相关的沙盘推演。如果对日本动武，可于数小时之内让日本陷于瘫痪。美国隐蔽部署在列岛周边的核潜艇能发射足够数量的搭载各类特种战斗部的巡航导弹，突然攻击日本各要害部位。由于国土面积狭小，日本的能源、通信、交通等要害设施分布较为集中，如果以上核心系统在第一时间内瘫痪，全国将陷入一片混乱。当然，美国对日本的各个要害部位了如指掌，其他国家则可能需要数十倍的导弹才能达到相同的效果，这也是为什么日本不得不唯美国马首是瞻的一个重要原因。

第二次战界大战以来，日本的整个战争构想都是建立在与美国共同参战的前提下的。无论是日美联合作战或日本在美国的支援下单独投入战争，只要有美国的支持，日本都可以保证海上交通线的安全、保证可靠的原料甚至工业品来源（美国也将乐于接受这笔战争红利）；如果失去美国支持，日本很难独自保证海上交通线的畅通，失去宝贵的原料来源会使日本无法满足应付战争的基本物质需求。以上分析结果可从历史中寻觅到相关证据。

（二）偷袭——固有的战术思维

基于对自身战争短板的清醒认识，日本在每次战争中都力图隐蔽战争企图，出其不意，先发制人，力争在有利条件下尽快结束战争。这样可以避免与对手那逐渐被唤醒的雄厚战争实力发生强烈碰撞，延缓己方战争潜力枯竭的时间，并靠快速打赢战争来弥补国力损耗，蓄积以后战争的资本。这倒颇似日本传统剑道中的秘籍——“一击必杀术”。虽然剑道的大部分招式或许在激烈的搏杀中未必有效与实用，但其就是讲究演练时那种磅礴的气势，这或许与日本的民族性有关：生命的强大活力注定要在瞬间释放勃发，如樱花那般在短暂的绚烂怒放后便迅速凋萎飘零！

因此，偷袭作为常被世人诟病的日本战争思想手段，是由其客观条件所决定的，同时也是由于日本经常面对大国强敌的国家战略而决定的。根据历史事实，日本曾冒险挑战过在体量上比它大很多的沙皇俄国以及在各个领域都明显超越自身多倍的美国。而对于日本的对手而言，战争初期的失败与劣势并不可怕，只要能够将战争引入持久战的轨道，就可将日本在战争潜力中的薄弱环节剥露出来，使其势头由扩张转化为维持，最后逐渐走向失败。

日本在历史上从来都不乏精密战术的设计者，但却少见高明的战略家。日本人总是长于战术而短于战略，最具代表性的例子就是第二次战界大战时的偷袭珍珠港事件。单从一场战役的角度及其作用上看，日本人的战前设计与战时实施近乎完美，但随着整个战争态势的发展，日本却未能顺应新变化来调整战术，致使战局逐步向不利的方向滑去。日本最薄弱地方在于：既无长远眼光，又不善顺势而动。从根本上讲，战略除了要目标清晰外，还要在一连串变化中创造并抓住机会，化被动为主动。从这点来看，日本人并不善于进行战略性大思维。这一点上美国人就做得就比日本人高明。1990年海湾战争，时任美军参联会主席的鲍威尔上将就提出“鲍威尔主义”三原则：清晰的战略目标（以将伊拉克军队击败并赶出科威特为限）；保证能有足以制胜的强大火力（发挥自身高科技武器与战争机器能高效运作的优势）；留有行之有效的抽身策略（记取陷入越南战争泥潭的教训）。这在当时国际关系学界引起轰动。美国谨遵鲍威尔主义，在军事外交上取得了完胜！

或许也有观点认为：日本宪法明确规定日本没有交战权；从双方军事力量的对比来看，目前或许是100多年来日本对华最不具有优势的时期，日本如挑起冲突绝不会有好结果云云。但决不能排除日本制造摩擦的可能性，毕竟历史上曾有日本军方在外制造事端、倒逼政府接受既成事实的不少先例，对此应有心理防范意识，并做好应对各类突发事件的准备。

（三）强大的国民意识

日本这个国家在很多问题上从来居于劣势，但必须承认其具有极强的隐忍与自强的民族精神。在1945年8月10日的行将战败之际，日本天皇召开御前会议时说："现在最主要的任务就是能尽可能多的留下一个日本人，这样日本的再度崛起就多一分希望！"日本是一个"耻文化"意识发达的民族。日本人虽对其军国主义的侵略史容易淡忘，但对自己的战败史、屈辱史却始终记忆犹新。第二次战界大战后，日本又在短时间内成为世界第二经济强国，现在为实现"正常化"，依然能做到隐忍不发，并缠附在美国身上借力发力。所以说，日本是个善于把劣势变成优势的国家。家门口有这样一位邻居，中国应该从它身上学习一些东西，一味地鄙视与厌弃它是毫无用处的！

日本是岛国，资源稀缺，所以国民的忧患意识非常强。在"安全战略"的问题上，不光是日本防卫省，全国都有共识。这里举两个例子，说明他们居安思危的意识。第一个例子，从人造卫星上看下去，整个日本都是绿色的，因为他们自己一棵树都不砍！在日本，任何砍伐树木的行为，都要经过政府的许可，因为日本人把森林看成重要的、不可再生的战略资源。可是全日本都用筷子，那怎么办？中国东北、黑龙江、大兴安岭的木材统统向日本出口，经乌苏里江送下去，在海参崴装船以后再向日本外销，所以日本人买的基本上是中国东北的木头，买回去以后加工成木筷，供其国民使用。使用完之后并未丢弃，而是全部收起来再磨成纸浆返销他国造纸。第二个例子，中国的河北石家庄、山西太原和大同都是产煤区，但曾经的最大海外买主却是日本，其实日本是不烧煤的，但二三十年来不断地向中国大量采购煤炭，运回去在下关卸船后，再用水泥统统封起来，做成单个石方并沉在其内海。如果军事冲突时海上交通线被封锁，就能把这些煤块捞起来使用。木材和煤炭都是战略资源，日本人不但不使用自己的，还积极地囤积和保护。未雨绸缪，其思远矣！

（四）普通民众的军事文化素养

最后说说日本普通民众的军事文化素养。日本的军事出版物及其参考文献、资料琳琅满目。通过观察与阅览，笔者发现日本人对世界历史、文化、军事、地理等各个方面知识的研究与掌握都相当认真与细致，书籍的表现形式也多种多样，有图片照片形式的，也有文字描述形式的，更有漫画夸张表现形式的。在这个热衷阅读的国度里，较高的知识修养与一丝不苟的敬业精神造就出相当多的懂军事、做模型、爱好军事文化的普通民众。

日本是海洋国家，同时又是“老牌”技术型工业强国，曾拥有过名噪一时的强大舰队以及有着自身优势特色的空中力量。实力雄厚的工业基础与悠久独特的历史文化，为其“军事模型文化”的发展提供了广泛深厚的兴趣温床。每当有军事模型展会的时候，日本人总是趋之若骛，热情前往，会场内人头攒动，摩肩接踵。而“田宫”“长谷川”“TOKYO MARUI”等专业严谨的制造商生产的种类丰富且巧夺天工的产品，更赢得全球军事爱好者的关注。特殊地理环境使日本人对与海洋有关的舰船模型独具偏爱，其制作的木质帆船模型在静态船模中向来以典雅与高档而著称。当笔者游走在模型店货架之间时，仅是观赏那些舰船模型包装盒上的印刷精美的油画图案，就仿佛是在阅读一部千百年间世界海权及全球海军发展史的百科全书，一种沧桑之感油然而生。

笔者曾造访过东京等大城市的军事模型店、军事书店、仿真枪军品屋、军服饰品店、模型主题公园，以及各类专业的模型展，并还曾参加过日本民间武器发烧友使用仿真枪进行的军事对抗游戏。试想一下，当上百种各国的著名高仿真枪械摆在你的面前，由你把玩，相信任何一位军事迷都会极度陶醉的！通过体验仿真枪对抗游戏，笔者了解到，仿真武器在日常使用、定期保养、故障维修及消耗件的替换等方面均有一套完整的规范体系。不少日本玩家甚至将自己的 SUV 车（越野车）或 MPV 车（多用途特种车）改装成为一座设计精巧的枪械存放暨修理、维护、保养的工作站：当车尾的后门向上掀起后，可拉出多功能伸缩折叠式的作业工具平台，配有各类钻、切、接、铆、焊及热处理等的专用设备，非常专业，也很实用。除仿真枪械及各类标准战术配附件以外，日本的军品店还售卖各国的军服军帽、军标徽章、手套战靴、军用手表、多用途刀具、夜视仪、军用背包、绳索帐篷、罗盘对讲机等，林林总总，不一而足。这些装备也兼具户外运动或野外探险之用途。

由上述可知，日本民众军事爱好领域，物质条件完备，民间军事文化具有相当底蕴，民间军事兴趣爱好者群体众多。

11

中国的新军事变革与对日的新“三打三防”（以钓鱼岛周边局势为例）

一、中国的新军事变革

中国目前正在着手推行的与其大国地位相称的新军事变革，无论是在实施的规模还是领域的广度上，抑或是系统的深度上，都是史无前例的。

在“软件”领域，从2016新年伊始，解放军便先后进行了成立陆军领导机构并将其单独划分军种，成立火箭军和战略支援部队，四总部改为15个职能机构，将七大军区改成五大战区等重大改革。在“硬件”领域，随着中国多年经济实力以及综合国力的迅猛攀升，以及科研人员在尖端科技、装备制造等领域的不懈努力，目前中国军事领域已迎来了关键技术突破与新型装备列装的大井喷时代。其趋势与特点可以概括为：以当今世界最先进的军事大国为参考榜样，以能提供压倒性优势武器的核心技术领域作为重点攻关对象。虽有点面开花之势，但更注重结合自身的国情、实际的需求以及传统的技术优势，有着相当科学与明确的发展侧重方向。（以下内容及资料均来源于国内的公开资料。)

（一）航天方面

首先是在太空领域，解放军空军高层认为：从世界新军事变革的趋势来看，军事力量竞争正在向空天领域转移，军事力量建设不断向空天方向拓展，这是大势所趋、历史必然。如果解放军想在一场高技术局部战争中战胜强大对手，仅依靠海空军远远不够，还需要建成一支高质量的太空部队，包括各类卫星网络、空天飞行器、超高速飞行器、空间站等。目前解放军“空天一体化”战略正在紧锣密鼓地实施当中，未来的建设目标将实现航天部队与其他部队间的情报一体化，通过空天技术优势使军队在作战中占得情报先机，并进而为海陆空及导弹部队提供精确指引与掩护支援。

中国这些年在天基 C4ISR（指挥、控制、通信、计算机、侦察、信息与监视）领域取得了大量实质性的成果，并日益成为一个领先的太空强国。目前中国虽然在卫星数量和质量上逊于主要军事对手，但与其差距并不大。西方先进卫星所具备的大多数先进的技术能力，中国卫星同样拥有。各类性能先进的卫星能完成情报搜集、导航定位、通讯中继、咨询传输、数据链链接等诸多复杂工作，是建立 C4RIS 作战系统的重要基石。“北斗”卫星系统当前已完成地区性覆盖，并计划于 2020 年前完成全球覆盖。新型的“遥感”及“高分”系列光电侦察、合成孔径雷达及电子情报等卫星，拥有空间成像技术及光电组合探测功能的“实践”系列卫星，数据中继传输功能的“天链”系列卫星等都陆续“到岗”。在优化 C4RIS 系统方面，中国着重于利用多种渠道构建一个庞大而复杂的网络，除卫星外，还将大型电子战飞机、地下光缆和电波通讯等系统整合起来，以一种安全而隐蔽的方式来提供宽频信号的远程传输，以便战时增强部队应对电磁武器干扰与攻击的能力。中国天基C4ISR系统的跨越式发展将对自身军事现代化产生深远影响。如果技术发展、采购与卫星发射计划得以继续顺利进行，在未来15—20年后，解放军将在导航定位、精确打击、全球卫星监视、抗摧毁的军事通信和数据链体系等方面取得巨大的优势。

在2014年1月9日，中国军方首次进行了与美国“驭波者”高超音速飞行器同级的“高超音速导弹弹头载具”的测试。这是中国军方在导弹技术上实现了弹道导弹与巡航导弹各自优点的一次“超级整合”。在重返大气层前一般弹道导弹释放出的弹头都会以抛物线的弹道飞行，弹道导弹防御系统要拦截对方导弹时，只要根据这些导弹可能的弹道、速度、方向等参数，即可计算出其有效的拦截点进行多层、多段拦截。而“高超音速滑翔载具”在弹头重返大气层后，可通过操纵内部的小型助推火箭发动机来修正方向，机动变轨，躲避拦截。对现有的末段反导技术而言，要对以10马赫以上的高超音速滑翔弹头进行拦截几乎是不可能的。因此，中国军方的这次测试，战略意义深远。它以一种隐喻的方式警示对手，中国的导弹能够有效突破先进反导系统的末段拦截。更厉害的是，这种载具不仅可提高中国各类弹头有效突破反导系统末段拦截的概率，同时也还可以赋予中国的战略导弹以全新性能，因为一旦洲际弹道导弹将高超音速滑翔载具重新投射进入大气层后，其通过滑翔飞行可使攻击范围进一步扩大数千千米！在战略武器的洲际对抗中，可使中国的洲际弹道导弹能部署到更安全的内陆地区直接打击遥远的对手，这将使目前对方在中国周边构建的反导系统变成一堆堆无用的摆设。随着解放军太空军事能力的发展，更会让外部势力的海空军力量在对冲突地区进行军事介入时，变得非常复杂与困难。

在战略型导弹领域中国具有自身的明显优势。特别是有“航母杀手”之称的反舰弹道导弹 DF-21D 和新曝光的 DF-26。此前没有人认为远距瞄准移动的航母是可行的，但中国设计了非常创新的精确定位、制导攻击方法。毫无疑问，中国反舰弹道导弹的作战体系已经开始动摇美军超级航母编队在大洋上耀武扬威 70 多年的霸主地位了。

（二）海军方面

据美国海军情报办公室在 2014 年底发布的报告称：近年来中国海军的发展速度已经远远超出美方先前的预测，估计仅在 2014 年和 2015 年两年间，就会有超过 80 艘以上的各型军舰开工建造、下水或服役，未来还将有更多新型舰船诞生。作为近年来发展最为迅速的军种，中国海军积极以美国等世界先进的海军国家为学习对象，并极好地发挥出所谓的“后发型优势”，最终目标是建立一支具有全球行动能力的“大海军”。其中尤其值得关注的便是中国海军的航母战斗群与（核）潜艇部队的发展。此外，中国海军在软件方面也取得了长足发展。以有“军舰神经”之称的指挥与战术资料处理系统，中国海军已与世界先进水平并驾齐驱。需要指出的是，外援从未成为中国海军技术装备发展的主流，在完成对相关技术的吸收后，中国总会坚持自主开发的道路，在舰船的动力方面也是这样，国产化率在飞速提高。

中国海军的航空兵部队近年来也获得了大量的新式装备：“高新 6 号”大型反潜巡逻机、歼 15“飞鲨”式单或双座（在研中）舰载战斗攻击机、歼 16 双座重型战斗轰炸机、歼轰 7 改进型“飞豹”攻击机、歼 10B 战斗机、JZY-1 型舰载预警机（在研中）、直 8 预警直升机（已服役），以及多种无人机等大量型号与功能各异的新飞机正陆续加入进中国海军。

（三）空军方面

从 2010 年开始，中国空军持续推动着装备的现代化。目前，中航工业部门为解放军的不同军种生产着 13 种不同军机，仅 2014 年就有 170 架以上的各型飞机交货。同时，解放军还在发展至少 8 种军机项目，包括备受瞩目的歼 20 隐形战斗机、运 20 大型战略运输机项目。此外，中国还在研制新一代有源相控阵雷达预警机、各型“高新”系列的电子战飞机、海事巡逻机甚至新型轰炸机，以及种类繁多的各型无人机（包括能与美军 X-47B 相媲美的“暗剑”隐形无人机）等支援型飞机。空军新型战斗机的研发服役也呈现出与海军舰船竞相入役相仿的井喷态势！

实际上，中国自 20 世纪 90 年代开始，便开始了对国际上最尖端航空技术进行技术跟踪研究，以歼 20 隐形战斗机为例，其研究方案最终于 21 世纪初开始立项研制。而作为后来者，歼 20 借鉴并发展了美俄第五代战斗机的先进技术成果，成为集当今世界五代机之大成者。其中在 DSI 进气道技术、“宝石台”综合电子系统构架、综合射频和先进电子战系统、光电分布式孔径系统等技术设备方面，中方已突破了相关尖端技术的瓶颈。

除了以上歼 20 工程运用的几项新技术外，特别值得一提的是，中国的航空工业早已装备了被欧美等发达国家采用的“总装脉动生产线”。这种新生产模式彻底颠覆了“人力密集型”的传统飞机装配模式。其通过借鉴汽车工业的高效流水线作业方式，使被生产组装的飞机以固有节拍移动，操作人员则在固定区域进行控制作业。工人在流水线上使用数字式激光测控定位器来精确控制装配的精度，并通过计算机来规范生产质量，使得“现在生产飞机与生产汽车一样方便”。美国的 F-35 战斗机采用的就是脉动生产线，这种生产模式使生产组装速度达到惊人的年产 360 架，几乎每天一架。而中航工业集团早在 2010 年 5 月 28 日就建立了第一条该型生产线来制造“飞豹”歼轰机。目前，国产歼 10 战斗机、L-15 “猎鹰”高教机等军民用飞机已全面采用这种新生产模式，极大地提高了生产效率。

此外，中国开始重点发展以钛合金结构件激光快速成型技术为主的激光 3D 打印技术。目前的 3D 打印技术通常分为四类，包括固化成型技术、叠层实体制造技术、熔融沉积造型技术和激光烧结技术。在航空制造领域，最前沿的 3D 打印技术当属高性能金属构件激光成型技术。该技术是以合金粉末为原料，通过激光熔化逐层堆积，以零件数模一步完成高性能大型复杂构件的成型。其优势在于能够制造出采用传统铸造和机械加工方法难以获得的复杂结构件，且很少或几乎没有材料浪费。资料显示，2012 年 10 月以后中国首飞成功的各类军机（包括部分民用机型），基本上都广泛使用了 3D 打印技术来制造钛合金主承力部分，也包括整个前起落架。目前，中国已成为世界上继美国之后第二个掌握飞机钛合金结构件激光快速成型技术的国家。

（四）陆军方面

中国作为陆上的大国，陆军的地面作战系统也在不断推陈出新，正持续向着信息化方向转变。

由以上解放军各单位、军种的巨大变化可以看出，中国军事改革的发展已进入一个全盛时期，各军种的新装备正大量入役，并快速形成了战斗力。从目前解放军先进大型装备的数量可以看出，中国空军的先进战斗机已明显超越日本，但海军与日本海自比较仅勉强持平。而以美国海空军的作战能力为例，至少是中国海空军的 10 倍以上，个别关键能力上 50 倍、100 倍差距都是可能的。这是一种数量级上的差距。所以，中国的现在军事实力与其世界第二的经济体、安理会常任理事国的地位仍然不能匹配。

（五）国防预算方面

基于上述情况，数额充沛的国防预算就显得格外重要了。中国军费几乎连续 15 年保持持续两位数的增长，据新华社报道，中国 2014 年国防支出预算为 8082.3 亿元，比 2013 年的 7201.68 亿元增长 12.2%。但在这方面不能只看“增量”，不看“存量”。过去长期以来，国防经费的投入一直呈负增长状态，这导致中国国防建设投入严重不足，军费供求缺口不断扩大，军费规模不仅大大低于美日等国，甚至比韩国、印度还少，同时中国在军事科技建设领域的底子又很薄。改革开放后的前 20 年，过于强调“国防为经济建设让路”，武器装备迟迟未能更新，这导致解放军在最近 15 年都处于爬坡、恢复阶段，大量的落后装备需要淘汰更新。由于奉行不结盟政策及西方的技术封锁，中国无论是自己研发还是从外部购买武备或技术，成本代价都是相当高的。此外，解放军编制内的文工团、体工队等非专业战斗单位的编制，也占用了不少军费份额。

以笔者观点，从长远来看，中国军费的终极水平应当达到美国军费的一半而不超过它，或将有利于亚太平衡与世界和平。中国的海空军力量则至少需要达到美军现在规模的1/3以上，而开设永久性海外军事基地也应该尽早提上议事日程。此外，由于中国疆域面积十分广阔，拥有山地、草原、沙漠、海洋等不同地质地貌，海陆各接壤国的情况又各不相同，造成周边防务情势日趋复杂。不同的地域、不同的作战对象、不同的战略目标，这些客观存在的复杂性对解放军的综合战备能力及经费投入提出了更高的要求。

二、对日新“三打三防”（以钓鱼岛周边局势为例）

目前，中日双方政府在钓鱼岛问题的博弈上几乎采取了除过战争以外的所有手段，包括舆论战、心理战、法律战、经济战、外交战等。而日本安倍政权的一系列挑衅行为，使得中日间的矛盾与对峙不断升级，最终可能会使在钓鱼岛海域的冲突升级。从以上分析可以看出，解放军的装备实力如果能以目前的状况节奏持续发展，在不久的将来，中方在钓鱼岛领海周边定将会获得压倒性的军事硬件优势。中国一向主张和平协商解决争端，但钓鱼岛是属于国家领土的核心利益，所以在主权问题上中国是绝不会让步的！

笔者认为，中日在钓鱼岛方向的冲突升级并不意味着会爆发大规模战争。由于中方并非试图用大规模军事行动来改变现状，所以在最极端情况下，可能会由于日本的挑衅而引发擦枪走火。这时海空军间的对抗将是最为可能的模式。谁能把对手的作战斗力量阻隔或消灭在钓鱼岛之外，并掐断其海上交通线，谁就掌握了战区的主动权。为实现这一目标，其前提就必须夺取制空权、制电磁权和制海权。其中的制空权则又是重中之重，被媒体炒作的所谓“派人员登岛”既非手段又非目的。所以，日本频频进行“夺岛”军演的象征意义远大于实战意义。但是，又不能排除日方瞒天过海、兵不厌诈的可能性。

因此，如何能制定好“打赢”日本的战法，着实是要考验中方智慧的。解放军历史上曾经多次有过“三打三防”的战法。20 世纪 60 年代的旧三打三防：打坦克、打飞机、打空降，防核、防生物武器、防化学武器。2000 年的新三打三防：打隐形飞机、打巡航导弹、打武装直升机，防精确打击、防电子干扰、防侦察监视。2010 年的超级新三打：打卫星、打航母和基地、打网络战。（无超级新三防）

于是，比照以上的战法思路，笔者也虚构设计出了专门应对在钓鱼岛日本军事威胁的“对日三打三防战法”。它们分别是：打航自的 F–15 战斗机，打海自的 P–3C（美制）及 P–1（日制）型反潜巡逻机，打海自的大型军舰；防海自的高性能柴电攻击型潜艇，防空自的侦察预警，防日方的电子干扰及网络攻击。

（一）新“三打”

1.打航自的 F–15 战斗机

首先从 F–15 战斗机开始说起。由前述的假设情况可以看出，中日战斗机的空中对决似乎成了双方冲突的首要序幕，而日本航自所仰仗的头号主力 F–15 战斗机便成为了解放军在争夺制空权时必须首先面对的强劲对手。可以说，如果能全面压倒 F–15，便可掌握对日作战的制空权。

平心而论，F–15 战斗机在应对当前的或是近未来的近距攻击性对抗和格斗空战时，其气动外形并非上佳。而且，由于其设计年代久远，该机并未使用边条翼、翼身融合、空战斗机动襟翼等先进气动设计理念。但是，F-15在翼根前缘的翼身结合部覆盖的大面积整流罩，可部分间接起到边条及翼身融合的功用；同时，其进气道口使用了锥度能够调转的前缘预制升垂设计，可在抑制气流分离时起到增升减阻的效果，并在某种程度上起到机动襟翼的作用；加之美国在航空动力技术上的巨大领先优势，F-15战斗机更多的是依靠高性能发动机的大推重比来弥补气动设计上的某些不足。

所以F-15无论在直线爬升，还是在有各种过载的转弯爬升上，在相当的区间范围内都保有一定的优势。随着高度与过载的增加，优势还可能会越发明显，这必须引起中方的足够重视。而在做各类筋斗、“易麦曼”回转及半滚倒转等空战斗机动时，F-15可在更短时间内、以更小的空速损失来完成动作，甚至空速不减还会反增，这在近战格斗中是十分难缠的。在与同级别的苏27系列战斗机进行近距对抗时，F-15还可能会采用颇似第二次战界大战中美军P-38“闪电”式双发重型战斗机对抗日军“零”式战斗机时的战术：避免与其进入盘旋追逐状态，而是利用大功率发动机的优势先加速爬升甩掉日机后再转入俯冲，利用冲量咬住对手，并伺机发出致命一击！

相关资料显示，2013年初，日本航自的1架F-15CJ在东海巡航时，曾遭遇到中国海军航空兵1架苏30MK2的“攻击性机动”，双方媒体在事后的报道简列如下。中国媒体称：“我飞行员在机载雷达上仔细搜索目标时，终于发现一个时隐时现的小亮点，他于是迅速向目标靠拢。接触中，双方斗智斗勇。12时40分，对方见无机可乘，只好在我机的严密监视下，调转机头离去。”日方飞行员在日媒访谈节目中称：“我像往常一样的驾机飞行，所以没有预料到当双方相遇时，它做出了攻击性的机动动作！由于不想扔掉随机携带的那具副油箱，我便将发动机油门杆推至最大，利用冲量的优势做出急剧跃升转弯的动作。它试图跟随，但失败了。由于损失了很多动能，它随后改为俯冲以增加速度。我马上调转机头跟进，趁机将它框进抬头显示器（HUD）当中。”日本媒体还播出了当时F-15J抬头显示器中的影像资料。所以，F-15在近距对抗时是比较难缠的，知己知彼，方能做出有效应对！

实际上，拦截中的攻击性对抗与实战的情况相去甚远。中国产的苏27系列战斗机由于采用了轻巧结实的复合材料，空重都普遍低于俄国货，机动性很强；在装备头盔瞄准器并配合联动能够以大离轴角度发射机动性能远超战斗机的近战格斗导弹时，对手的“不可逃逸概率”则大幅上升。可是，日本航自的F-15J也可携带日本自制的AAM-4主动雷达中距空空导弹、AAM-3近距格斗空空导弹，以及美制的AIM-120主动雷达中距空空导弹等先进武器。所以，在实战对抗中双方飞行员都将面临严峻挑战，而且极可能是两败俱伤。

2.打海自的P-3C及P-1反潜巡逻机

众所周知，解放军的潜艇部队是亚洲国家中规模最大的，攻击力很强。但是，日本从冷战时期便开始蓄积的反潜技术目前处于世界最高水准，可精确地发现与监控敌方潜艇动向，并实施有效攻击。日本海自配备的美制P-3C“猎户座”反潜巡逻机，是其反潜战体系中的头号杀器，装备总数在80架以上（中国类似的飞机总共才4架）。而新近服役的日本自制P-1反潜机的许多机载设备甚至还要高过P-3C。

目前部署于日本本土6个基地的P-3C机群夜以继日地执行着海上监视和反潜警戒的任务。海自在宗谷、津轻和对马三个海峡及日本近海的主要港口都设有水下声波探测网，其将搜集到的各类情报与数据实时传送到美国海军的潜艇监视网（SOSUS）进行分析处理。SOSUS为每一艘日美潜艇以及部分已知的外籍潜艇都建立了极为详尽的数据库，一旦发现传送来的数据有异，便通知P-3C出动。

一旦中日发生冲突，日方可通过P-3C反潜机队借助海自的水下声波探测网和美军的SOSUS来有效遏制或极大削弱中国潜艇部队的攻击能力。同时P-3C还可监控解放军水面舰队动向，引导海自的水面舰艇进行导弹攻击、反导防御、战区封锁等作战任务，或是使用自身挂载的“鱼叉”导弹直接攻击中国军舰，并对中方舰队实施阻断性反击。所以如果在开战之初，便能有效攻击以上这两种反潜机，同时充分释放出中国潜艇部队优势潜能的话，将极大地改变战场的态势。

3.打海自的大型军舰

众所周知，大型水面舰艇历来被看作是日本海军的脸面门户，也是其海上战斗力的主要基石。据估计，在中国沿海布置的反舰导弹大大小小有近万枚之多！所以战时的钓鱼岛周边基本应是“死亡之海”。在预警机及卫星的协调下，解放军大量的岸射、舰射、空射及潜射反舰导弹可对入侵的舰队进行集中饱和式攻击。日本大型军舰的数量绝对不会有中国的导弹多，特别是“远程反舰弹道导弹”属战略级别的战术武器，这种经过失败、不断修改、最终调整优化后的武器系统，已演变成为最致命的独门杀器，从国际斗争的角度来讲意义深远，其所产生的威慑力度并不亚于核武器。

（二）新“三防”

1.防海自的高性能柴电攻击型潜艇

长期以来，日本海自最精锐的人员均集中于其潜艇与“宙斯盾”驱逐舰的部队中。日方的潜艇在数量上虽不及中国，但其依靠技术上“精雕细刻”而打造出来的潜艇，性能可谓诡异。美国海军人员就曾私下表示：根据美日双方历次海上反潜操演与战技切磋的经验，日本海自的“春潮”级潜艇“非常难缠”。但“春潮”级已是上上代的“古董”了。由此不难想象，后来的“亲潮”级和最新锐的“苍龙”级潜艇群会拥有何等可观的战斗力？到目前为止，除了美国海军以外，世界上还没有哪个国家拥有和日本海自一样强大的反潜能力。

日本虽然无核潜艇，但却拥有着超静音的柴电常规动力潜艇。尤其是最新锐的“苍龙”级潜艇，已有过连续 2 周潜航跟踪外国舰队而不被发现的记录。而反潜作战向来是中国海军的短板，所以凭解放军的目前实力还很难有效地应对日本的潜艇部队。而潜艇本来就是一种具有隐蔽性和强大攻击力的进攻型武器。作为岛国的日本虽然畏惧海上交通线受潜艇威胁，但它同样还可以使用其精良的潜艇向对手的潜艇进行毒蛇反噬式的海上对攻。潜艇之间的水下巅峰对决将会是寂静而残酷的！另外，一旦需要，日本对手们那漫长的海上运输线也同样可能成为日版海上“狼群”嗜血杀戮的游猎场！

2.防空自的侦察预警

侦察监视是利用高性能的侦察探测系统进行全时域、大空域甚至覆盖全球的侦察与监视，从而在战时和平时都可迅速、准确、全面掌握敌方的情况，为实时采取相应的对策及时提供重要的依据。

在与日本可能发生的军事斗争中，如何有效地压制其侦查和预警、隐蔽好自己的战略战术企图，是解放军绝对不容疏忽的大事！

日本在电子产业及技术领域向来就具有强大的传统优势，其电子类产品的先进程度在世界上长期处于领先地位，这为其获得先进的侦查手段奠定了良好基础。目前，日方掌握的侦察监视装备十分先进与完备，其种类包括：照相侦察卫星、电子侦察卫星、海洋监视卫星和其他类型卫星，有人驾驶侦察机、无人驾驶侦察机、各型的电子情报飞机、大功率战场侦测雷达，以及各类战场侦察传感器等。在预警方面，日本则拥有 17 架美制大中型预警飞机及各种卫星。

3.防日方电子干扰和网络攻击

电子干扰指人为地发射或转发某种电磁波，或者用某些器材反射或吸收电磁波，以扰乱、欺骗敌人的电子设备，降低其效能或使之失效。通常前种方式形成的干扰称作有源干扰（积极干扰），后种方式形成的干扰称为无源干扰（消极干扰）。日本在电子技术上拥有的优势使其在电子战方面的能力不容小觑。而且，其网络攻击的能力虽不是一流的，但可获得美军的帮助，所以也决不可轻视。

中国虽保有不少老旧装备，但这些装备基本不会出现在作战的第一线，而解放军的最新型装备也完全可以同日本“过过招”。中国海空军新交付的舰艇和战斗机均采用新世纪以来的新技术，在电子系统、武器系统上具有后发优势，而且解放军装备建设的加速度要远超日本。当然，在现代战争中，实力的对比不再是简单比较某个军兵种的装备水平，还要综合考虑部队训练、演习以及与其他军兵种联合作战的水平，更要考虑冲突可能发生在哪个海域、对手的实力、离谁家本土的海岸线更近、是否可以得到己方岸基部队的协同等多方因素。

在钓鱼岛问题上，中国是不会主动挑起冲突的，但在东海方向的海空实力中国是强于日本的。从这些年海空装备的发展趋势看，中国海军的综合实力比日本强，再加上空中力量优势就更加明显。

12

亲历感受美国驻日海空军基地

在中日的钓鱼岛争端当中，美军无疑是双方都必须考虑进去的“平衡性因素”。鉴于日本一再试图将“《日美安保条约》适用于钓鱼岛”当作要挟中国的筹码，美国放在亚太地区的海空力量已成为其制定作战计划的首要考量因素。而美军一旦要进行海外军事干预时，首要会借助其海空军部队的空中力量。所以本书这里也说些“题外话”，推演一下除去日本航自战斗机之外的美军空中力量的介入能力。

目前美军在全球共有 800 个海外军事基地，遍布于各种气候带的 160 个国家（五角大楼仅在海外的高尔夫球场就有 170 个）。美国利用第二次战界大战胜利国地位占据着太平洋上的大部分岛屿及战略要地，经过几十年苦心经营已形成一个多层次、大纵深的基地体系网，可有效支持美军在全球部署与作战的需求。太平洋的第一线美军基地网是由北起日本，经密克罗尼西亚群岛、东南亚至印度洋的 4 个基地群所组成。而东北亚的基地群则是美军在亚太地区主要的战略集结地和出发地，也是美军在西太平洋的后勤补给与维修中心，所以这一地区的基地数量多、规模大。美军认为，在亚洲作战如果没有这些基地，其防御线将不得不后撤至夏威夷，由此可见东北亚基地群对美军太平洋战略的分量。这个基地群是以第 7 舰队司令部所在地、日本的横须贺为核心，并辐射至佐世保、釜山、浦项、镇海和那霸等港口和海军航空站，由此形成美军在西太平洋的主要网络结点。其中以日本横须贺为母港的“里根”号航母战斗群，可在西太平洋随时实施快速战略威慑。

日本是美国最重要的亚太盟国。到 2015 年底，美军在日共设有 113 个军事基地，其庞大的体系由舰艇基地、航空基地、通讯站及其他辅助军事设施组成。具体包括：横须贺海军基地、厚木海军飞机维修基地、三泽反辐射军机及情报侦听基地、横田后勤支援空军基地、岩国陆战队航空训练基地、佐世保基地中的陆战队滩勤大队、嘉手纳空军基地，以及普天间陆战队直升机基地等。3.9 万人的驻日美军多以海、空军及海军陆战队为主，绝对人数甚至超过位于“最危险前线”的 3.6 万名驻韩美军。

驻日美军的所有大型海空军事基地，每年都有面向普通民众的定期开放日，每次入场参观的总人数也多在 20 万人以上，规模可算中档。活动期间会展示数量有限的美日军机及战舰。透过基地秀，参观者可以对驻日美军人员及装备有较为直观的接触与了解，但主要目的还是为了体现驻日美军的“亲民感”，及所谓“日美亲善”的安保合作精神，同时也向外界显示一种美军在亚太地区的“存在感”，并为其存续下去的“合理性”造势。在日本期间，笔者利用每一年度的“例行公开日”，云游过许多驻日美军及日本自卫队的军事基地，足迹遍布东京周边甚至更远的地方，凭借自己对军事知识十几年的积累，利用英日双语优势与美日军人进行过“零距离”的对话接触，也将这些见闻记录了下来。

一、横须贺基地

该基地位于日本本州岛东京湾入口处东岸。港内的停泊设施、油料、弹药贮存设备及兵员休整设施等方面，条件得天独厚，素有“东洋第一军港”之称。基地内除军舰外还设有驻日美国海军司令部、舰船修理部、补给站、工程中心、医疗中心、海军通讯部队等机构。横须贺是美国海外港口中唯一的航母母港，附近的厚木机场也可供使用，但最大价值是具有很强的舰船维修能力。一旦第 7 舰队需要维修航母，只有该基地可以承担，否则就得回夏威夷，或航行 14 天开回美国西海岸。此外，横须贺同时也是日本联合舰队司令部的驻地和主要海军基地，整个海自舰艇总数约 30% 的舰艇也驻泊于此。借 2004 年 8 月 1 日基地开放日之际，笔者进入横须贺基地参观。

从东京到横须贺坐高速电铁需一个半小时。进入基地后，笔者根据美军发放的当日活动资料并参照地图拟好参观路线。基地中的露天音乐会、纪念品自由市场、实习体验等各类联欢活动体现出浓郁的民间气氛，吸引着众多参观者，异常热闹。其间还有一辆“悍马”军车来回穿梭行驶助兴。作为主办方的美日军方虽对运作此类基地秀活动熟门熟路，但每次仍相当重视，并一丝不苟地组织实施。因此，会场内人虽多，但一点不乱，救护设施、临时厕所等一切安排有序，指南手册几乎人手一份，计划时间表也一目了然，显示出良好的组织计划性。

横须贺基地内部相当宽敞。各类设施错落有致，道路非常宽阔，环境绿化得很好。笔者在参观中发现美军占据着横须贺的最好位置，装备和设施也远比海自完善。基地中最适合作为军事设施的部分是两个半岛形的位置，一个可能是美军仓库，另一个是美军的生活区。相比之下，海自只占据横须贺港中较小的一部分，位置很不理想，与市区和居民生活区几乎靠在一起，导致军舰停泊得非常拥挤。常驻守在此的两艘“亲潮”级潜艇或许就因为严重的“住房问题”，从而不得不背井离乡，停在了美军“宙斯盾”舰旁边。

横须贺港内美军航母的泊位选得更是恰到好处。当时的横须贺港驻泊的是“小鹰”号航母，但笔者发现航母泊位是空着的。经询问才知道“小鹰”号已于 2004 年 7 月 19 日上午 8 时离开基地，去参加美国海军在 6 月上旬至 8 月举行的、在全球由 8 艘航母参加的“夏季脉动”演习了，于是不禁大呼遗憾！看着空荡荡的航母泊位，笔者当时感慨万千：全球表面积的 70%被蔚蓝色海洋所覆盖，而美军拥有攻击性最强的全球性蓝水海军，可对 1000 千米以外任何目标发动联合攻击的航母战斗群则更是其重中之重。美国利益遍布全球，当这种利益受到威胁，或是有“足够理由”相信这种利益即将受到威胁时，白宫决策者的第一反应便会是“我们距事发地点最近的航母战斗群现在何处?”斗转星移，今天中国已拥有了射程在1000 千米以上的反舰弹道导弹，这不但削弱了美军航母介入能力，或许还将终结近 80 年来形成的以航母主导海战的游戏规则，真可谓沧海桑田。

二、厚木基地

与横须贺基地关系最密切的是厚木海军航空兵基地。在这里的

"基地秀"上，几乎所有部署于亚太地区的美军机型都能见到。笔者参观厚木基地印象最深的，是在该基地成立50周年纪念活动的公开日（2000年的7月21日）观摩飞行表演。记得当时现场上人山人海，几乎每架飞机旁都围满了人。不同的肤色、相异的语言表明他们来自亚洲以及世界各地。

首先见到的便是大名鼎鼎的F-14"雄猫"式舰载战斗机。在当年派拉蒙电影公司的空战巨片《壮志凌云》中，"狂牛"汤姆·克鲁斯和F-14出尽风头，"雄猫"也由此名扬世界。眼前静态停放的F-14均隶属于VF-154"黑骑士"中队。"雄猫"给人第一印象是块头硕大，足以使身边大多数战机在尺寸上相形见绌。拥有众多创新设计理念、载有当时尖端机载设备的F-14，在超视距空战时或近距格斗中都具有不俗战斗力！作为一种武器明星，在30年的军旅生涯中亦曾留下过无数传奇故事，但眼前这几架"雄猫"都已多少显出英雄迟暮的疲态了。

这时，机场扩音器里传出由重金属乐器演奏的摇滚乐声。"发动引擎，听她怒吼，受了压力的金属求你快出发！张开双翼、开足加力，一路带你奔向那危险地带！"伴随着这首荡气回肠的《壮志凌云》主题曲《危险地带》，一阵滚滚的雷声也从西方的天边飘来，原来是美军战机的特技飞行表演正式开始。记得当时天空阴云密布，微雨丝丝，但美海军CVW-5舰载机联队的6种机型、16架军机仍以整齐的密集编队低空高速通场，张狂地显示出美国海军一线战机飞行员精湛的飞行技术和敢于挑战恶劣自然环境的强悍作风！全场观众在32台大功率涡扇喷气发动机强劲冲击波的震撼下爆发出一片惊呼。接下来F-14机群以小编队方式进行超低空通场，并改出爬升与盘旋等战术动作。只见“雄猫”们紧收后变掠翼，打开加力，在观众头顶不足30米的高度快速通过，喷着明蓝色火焰的发动机发出巨大轰鸣。逐渐远去的F-14慢慢关掉加力，并张开可变掠翼向着远离人群的右边做出侧滚动作。其极小的转弯半径显示了可变后掠翼战斗机在操控性上的突出优势。观众的热情也被一浪高过一浪的音爆所点燃，因为对于大多数普通民众讲，观看飞行表演并非是研究其中奥妙，而是要收获一种感官上的刺激！于是空中的战机不顾地面观众的承受力，反复而慷慨地送来一道道音爆的激波。此时飞行表演解说席上的讲解员则用英日两种语言向观众讲解着特技飞行的表演内容，会场扩音喇叭里不时传来这位老兄那亢奋的声音，“任何气象条件!”“任何环境!”“挑战!”等单词不时在人们耳畔响起，间或伴随有一声标准的美式嚎叫。笔者身边的许多美国人也伴以西部片中牛仔式口吻的大呼小叫来响应，而此时的背景音乐也不知不觉地变成了动感十足、略带歇斯底里式的重金属打击乐的风格。表演的气氛渐近高潮!

随后，数架F/A-18C“大黄蜂”上演了一出好戏——垂直爬升接连续滚转，这种特技机动显然是拥有大边条气动布局的F-18的拿手本领。由于两台F404发动机的推力远远超过F-18的机体重量，所以“大黄蜂”能像火箭一般持续垂直爬升，一边爬高还一边绕机身中轴线旋转，看起来如同蛟龙出海一般。在到达相当高度以后，“大黄蜂”们又改作倒栽冲，并从不同方向朝地面急速俯冲下来。“它们此时的目标是主席台!”讲解员及时地做了介绍。“大黄蜂”群在距地面不到50米的高度上先后迅速改平，在主席台上空的某一点以极小的高度差回合后，又呈十字开花状向着四面八方散去。这一疯狂的特技表演博得了在场观众又一片惊呼，但在瞬间又几乎完全被涡扇发动机的巨大声爆所淹没，可谓惊心动魄！在笔者看来，这场飞行秀与其说是在表演，倒不如说是在“秀肌肉”。美军正是对所有类似厚木航展的这种场合或机会善加利用，在许多人的心中刻意强化出其战争机器天下无敌的印象，这多少也可算作美军心理战的一部分吧？

在飞行表演中，美军 F-14、F/A-18C 战机在云层底高不足 300 米的恶劣气候条件下以编队方式起飞，并始终以双机或多机的密集队形进行穿云机动，最后再用小航线进场着陆。另外，其间还穿插着由“北欧海盗”式反潜机改装成的 KS-3B 空中加油机与 EA-6B“徘徊者”式电子干扰机在 30 米左右的超低空展示惊险的空中加油表演！从飞行员对战术动作的娴熟程度及相互配合的默契性等方面看，犹如在吃家常便饭。

整场飞行秀看下来，最令笔者印象深刻的还要算“疯狂的鹰眼”了！E-2C“鹰眼”式雷达预警机使用两台涡轮螺旋桨发动机，背上还驮着一个圆盘形雷达天线。相对笨重的机体结构及动力有限的引擎使得其机动性能无法与喷气式战斗机相比。但 E-2C 这次却以惊世骇俗般的飞行表演彻底颠覆了人们先前的成见！只见它在空中上下翻飞，灵活地秀出了许多令观众眼花缭乱的特技飞行动作。特别是在与两架伴飞的 F/A-18C“大黄蜂”战斗攻击机协同高速通场的过程中，三机突然同时改出向右侧剧烈机动的侧滚动作。要知道，那是运输机级别的螺旋桨飞机在做着与喷气式空优战机相同的高强飞行动作呀！说实话，当时笔者看着背着圆盘雷达的“鹰眼”做急转侧飞时，真担心它会在空中解体。“鹰眼”在空中疯狂够了以后，降落后又在地面火了一把。只见它自行向后收起可折叠的机翼，并调转机头面向观众，用闪烁的信号灯和螺旋桨的变速转动向观众频频发出问候信息。

在航展中，门类齐全且功能各异的美国军机令笔者感触良多，反映出的是现代化空军强国在整体作战方面的整合性非常强！要想打赢复杂条件下的高技术现代空战，需要靠先进手段训练出高素质飞行员，依靠一系列不同机种的先进军机之间的相互配合，借助准确情报，有效使用尖端武器的完整链条才有可能办到。此外，据笔者实地观察，驻日美军一线基地军机平时的日常训练强度之大也令人咂舌：不管大风大雨或黑夜白昼，基本没有休息日；大编队、全载荷、跨军种、异机型、多批次、短间距密集起降都是家常便饭。同时，贴近实战的演练对地勤保障也会提出很高要求，在这些方面日本航自亦然！

笔者在日本参观过不少航空展、基地秀，实地的军事爱好者也给笔者留下较深印象。他们专业素质很高且装备精良，对手中的高级可变焦距 500 毫米以上长镜头的各类专业相机、数码相机或摄像机使用熟练。在飞行表演时，抓拍、抢拍十分在行，收置摄影器材的铝合金工具箱亦被用作登高取景的脚踏板。由于每座基地的地面空中无线电频率是公开的，所以专业的军事爱好者们几乎人手一部无线电对讲机，用于截听基地的军用无线电通话，因此不用一直盯着跑道或天空，等有军机起降或表演开始时再进行拍摄。

在航展上美军历来派有军人在飞机前站立，主要目的不是看管飞机，而是尽其可能向游客讲解。日本游客除争相与美军合影外，上前向美军讨教的人也不少。从他们的英语水平及所提的问题可以看出，其中不乏许多行家里手，所提问题应该也较有趣，也颇能引发对方侃侃而谈。

三、冲绳基地

远离本州的冲绳是驻日美军人数最多的基地，约 2.8 万现役官兵。从军种看，海军和海军陆战队占 70%，其第三海军陆战队远征军是美本土以外的一支可以“从夏威夷到非洲好望角做出快速反应的部队”。美军基地占冲绳岛面积的 19%，约占驻日美军基地总面积的 75%。全岛各种军事设施共 30 多处，其中最重要的嘉手纳空军基地是美国在远东地区最大的战略空军基地，常驻有战斗机、空中加油机、预警机、特种作战飞机等，另有第 7 舰队的 P–3C“猎户座”及最新 P–8“海神”反潜机。近年来还时常有 F–22 隐形战斗机轮训于此。此外，有“大洋谍报站”之称的嘉手纳还是窥视他国情报的重要前沿，美军海外侦察机部队重点驻扎于此，并时常出没于西太平洋地区。另外该处还驻扎有空军的 5 个单位和其他军种的部队。普天间基地则是驻冲绳美海军陆战队的航空基地，驻有百余架各类直升机及少量 AV–8B“鹞”式垂直起降攻击机。从 2012 年开始，美军最先进的 V–22“鱼鹰”倾转旋翼机开始入驻。由于噪音过大引起了扰民问题，当地的日本民众纷纷要求美军搬离。普天间基地问题的最终解决成为衡量驻日美军重编和美日军事同盟调整的象征，其政治意味甚至要大于军事意义。除美军机场外，冲绳也是航自的前沿基地，那霸军民两用机场具有相当重要的地位，最大可容 150 架战斗机。

2002 年 6 月，笔者借“冲绳返还日本 30 周年感谢祭”之际，随民间旅行团游览了冲绳。首府那霸市与本州相比显得比较荒凉，从国际机场乘车到市中心要经过军事基地密度较高的中南部，在仅半个小时的车程里能陆续地看到公路两侧有很多占地极广的美军基地。可眺望到兵营、通信天线、居住区、高尔夫球场等内部设施。由于绿化完善，如果不是周围的铁丝网与高墙，真还以为身在疗养院。在一处可能是陆战队工程兵的基地外，笔者瞥见其中有各类军用卡车、军用工程车以及几十辆型号各异的“悍马”车。当时旅游车车速极快，也就是一瞬而过。

由于没赶上美军基地的公开日，故未能进入该基地一睹“真容”，稍感遗憾。但应笔者及友人要求，导游带领大家来到一处能瞭望普天间基地的观景平台之上。此处国道的对面有一堵水泥高墙，里面就是普天间基地。只见其非常空旷，长长的灰色跑道旁只有几架 CH-53E“超级种马”重型运输直升机和 C-130“大力神”运输机。旁边机库大门敞开，许多后勤支援设备依次排列。再远处有一座塔台，顶部几座导航雷达的天线正在懒洋洋地转动着。由于场内潮气重，其他就看不分明了。

笔者见随团的日本游客们都颇有兴趣地用望远镜看对面美军基地，便去问几个同团的男青年“对美军基地有何感觉?”他们茫然地回答：“不知道……但真大呀!”真不知是日本年轻一代对美军基地在自己国家上的存在变得麻木了呢，还是他们本身就迷茫?

在随后与冲绳人的交流中，笔者强烈地感受到当地大部分民众都对美军驻扎在冲绳非常不满。他们说这里的美军飞机常常不分白天黑夜地起降，巨大轰鸣声时常把人们从梦中惊醒。但当地人对美军基地的存续实际上也存在一种非常复杂的心理。因为美军基地确实在客观上支撑着冲绳的经济，许多就业机会依赖于对美军提供服务，而很多人也是冲着美军基地才来这里旅游。

冲绳首里城（其实是“守礼城”，后被日本改为“首里城”）融合了中国古文化和琉球文化，坐落在绿树环绕的青山之巅。笔者一行登上首里城后，四面望去，最扎眼的便是西南方向的那些巨大的鸡笼状、鱼骨状、半环网状以及球状的军用无线电天线阵列，正对着中国东南沿海方向，功用自然不言而喻。美军除从冲绳岛嘉手纳基地侦察和监听中俄朝军事活动，也利用日本本州的横须贺和三泽基地情报设施做情报搜集。实际上美军分布在日韩的八个主要基地，都在不同程度参与侦察监听东亚大陆。在韩国的五个基地是：乌山、水原、釜山、光州和大邱。

冲绳除了有美军基地外，更有着蓝天碧海和白色沙滩。笔者在乘车观游期间，也体会到了冲绳那种有别于日本本岛的风土人情。在行使的车中导游介绍道：“冲绳岛远离本州岛，是拥有浓郁热带风情的旅游胜地。这里的治安也很好……”正当笔者全神贯注地听导游讲解之际，行驶中的游览车突然被战斗机特有的高速音爆所笼罩。只见两架美军 F-15 战斗机低空飞近海岸公路后，在车顶上呼啸而过。随后它们拉升并转弯，由于打开加力点燃了飞机尾部的后燃器，震波随即扩大开来。F-15 双机正在进行例行训练，很快就飞入海天之间。从普通人的视角看，这些飞机可能只不过是天空中移动的小黑点，毫无观赏性可言，但它们的不期而至却破坏了观光地的和谐氛围。

Chapter Two

第二章 日本经济社会的多面光与影

日本国土狭小，资源有限，却在第二次世界大战后创造过经济总量世界第二的奇迹，足见其发展方式颇具独到之处。日本先进的科技和发达的经济总能给人留下深刻的印象，但其资本主义的发展并非完全照搬西方模式，而是自主地去比较与选择适合自身国情的西方化道路，可概括为民族主义的、家族式的、反个人主义的等各类现代化的特色资本主义。不过当前的经济问题已成为日本国内各方矛盾的总根源。在经历了“失去的二十年”后，21世纪的第二个十年之始，日本失去了维持了40年之久的“世界经济老二”的头衔，由此产生的巨大落差导致日本国民的心理优势与民族自豪感逐渐被失落感与危机感所取代。对国家前途命运的担忧，对自身未来发展方向的迷茫，使日本国内滋生出严重的挫败主义情绪。但日本毕竟“家底殷实”，以目前各项经济社会指标来看仍属发达国家。笔者通过留日攻读经济学博士前期期间的研习，并结合就职后在日本对相关经贸信息采访编辑所得的收获，逐渐对日本经济形势形成了一些自己的认识。

再说到日本社会，这是一个很大的话题。表面上可谓光怪陆离，但内里又充满着严谨而顽固的社会规则与价值观。由于日本这个国家的历史与文化太复杂了，是既非东方又非西方但又兼具东西方影子的“另类”。日本人的国民性更是难以一言道断，性格上具有令人极难琢磨理解的、反差极大的多重性。所以，外国人很难“读懂”日本与日本人，尤其是地理距离远的西方人常常更是一头雾水，甚至连日本人自己有时也弄不清楚。

美国人类学家、哥伦比亚大学教授露丝·本尼迪克特在她那本研究日本人的名著——《菊与刀》的开篇立论中指出：“在美国曾倾全力与之战斗过的敌人当中，日本人的脾性是最令人难以琢磨的。这个强悍对手的思维方式与行为习惯与我们是那样的迥异，所以我们必须高度认真地加以应对这种以往从未遇到过的严峻情况。”“菊”是日本皇室的家徽，“刀”则是武士道文化的象征。“菊”与“刀”本是浮世绘画卷的组成部分，同时也成为代表日本人民族特性、矛盾性格及文化双重性的标识。本尼迪克特认为，日本幼儿教育和成人教育的不连续性是其形成双重性格的重要因素，日本人生性极其好斗但又非常谦和，凌傲自尊而又尊仪善礼，顽固不化但又柔赢善变，伏顺却又不愿受人摆布，忠贞但又易于变节，保守却又善于纳新……

在日本人的世界里，多种截然相反的特性，不可思议地形成了许多奇妙的互补与平衡，体现出多变的适应性。而岛国本身也是这样，既处在狭长的列岛之上，又位于广阔的大洋之中，生存资源的贫乏与自然景色的优美共存，地震、海啸、火山、台风等多样性造就了日本人坚忍搏击与伤感顺从并立的民族特性…… 这一幕幕看似自相矛盾、似是而非但却又平衡且有内在联系的图景的的确确是大和民族的真实写照。而日本社会则更是构建在这样的民族性基础之上的一个有多变性的综合体，纷繁复杂、不一而足。

1

从“复兴奇迹”到“泡沫崩坏”“复合型不景气”，再到“金融再生”

一、“复兴奇迹”

（一）因历史渊源确立“贸易立国”

总体说来，世界的资本主义市场经济发展经历了 300 多年，其表现特征也因国而异。以美、德、日为例，它们经济政策的目标，均因本国所遭遇过的重大历史性经济危机的性质背景之不同而有所迥异。美国的所谓“历史记忆中的伤痛”，是导致第二次世界大战前世界经济危机的“股价暴跌”。因此，“股价”成为战后美国重要的经济政策指标。德国的“历史记忆中的创伤”是严重的“通货膨胀”，这也是导致第二次世界大战前纳粹势力能迅速兴起的重要原因之一。所以，战后德国经济政策的最大目标便锁定为“遏制通货膨胀”。

日本的所谓“历史记忆中的噩梦”则有两个。其一是二战期间其本土所经历过的“严重的食品匮乏”。所以，1993 年之前的历届日本政府都采取禁止进口大米的政策，其心理症结便在于此。同时，这也成为日本安全保障观的一项重要原则，并导致四面环海的日本对海上交通线有着极其敏感的心理预期。其二是“稳定就业”，这也是战后日本的另一大经济政策目标。其心结源于第二次世界大战前的经济危机，当时即便是大学毕业生也很难找到合适的工作，导致许多日本人不得不移居海外。所以，后来日本经济政策的制定者们深刻意识到“稳定就业”对国家经济安全的重要性。这种曾受过前苏共总书记戈尔巴乔夫高度赞许的日本式“稳定就业型”经济，成为资本主义经济中“社会主义味较浓”的一种经济模式。

日本式资本主义经济的独到之处在于：在第二次世界大战后开放市场的资本主义经济体系的运作中，既能长期维持本国市场的封闭性，又能维持稳定的就业率。这种熊掌与鱼兼得的秘诀得益于当时东西方冷战对立所形成的特定的国际环境，为日本经济成长提供了特殊的有利条件和发展机遇。此外，美国对日本的扶植政策，对其经济的崛起也发挥过重要推动作用。

在第二次世界大战后初期，日本经济已经崩溃。在 1949 年新中国成立之时，日本已完全丧失了战前传统的中国市场，如果不是依靠朝鲜战争的特需和驻日美军的支出，经济便难以维持。之后，朝鲜战争的停战又使特需骤减，为避免经济崩溃，靠海外贸易立国的日本必须谋求向美元圈市场（美国）、英镑圈市场（东南亚），以及社会主义的中国及苏联扩大出口。美国为了阻止日本与中苏等社会主义国家的经贸往来，主动降低了进口日货的关税，并且还不顾国内舆论的反对，逐步向日本开放本国市场。

1954 年底，主张与中苏改善关系的鸠山内阁成立。接下来的 1955 年对日本经济来说是至关紧要的一年，也可以说是日本从复兴向发展过渡的关键之年，同时也是日本确立出口依赖型增长基础的元年。当年的4月18日，日本出席了亚非会议；5月3日与中国签署了第三次日中民间贸易协定；6月1日开始了日苏谈判。美国由此认为:有损其战略利益的、最不愿意看到的和最为担心的事态日益现实化了。“日本可能会悄悄远离我们！如果自由世界不为日本产品提供销路，日本可能不得不在经济、政治乃至军事上接近并依靠社会主义。”为避免日本经济对社会主义国家依赖的加深，美国政府对英国等反对国做了大量工作，使日本在同年6月7日正式加入了关贸总协定。同时美国政府不顾国内强烈反对，降低了对日关税。自那之后，对美国历次所提出的“大米进口自由化”等要求，历届日本自民党政府均以该措施“会引起农村反美情绪、将导致出现亲苏政权”为由加以拒绝。在东西方冷战对立的情况下，日本在很好保护国内市场的同时，又成功地使美国市场单向地“沦为”其出口商品的销售地！此外，在美国的劝说下，英国也于同年允许向日货开放当时属于英镑圈的东南亚市场。同时日本还从美欧各国那里获得了准许日本保护国内市场的若干优惠特许。日本由此得到了通向美国市场和当时英镑圈东南亚市场的通行证，作为发展出口依赖型经济的基础。这表明在日美交易中，美方曾有过战略安全利益优先于经济利益的原则先例。

由于当时美国“核保护伞”对日本的庇护，日本节省了大量的军费开支，专心致志地发展经济，并于1955年超越战前水平。在特定的冷战格局国际环境之下，战后的日本经济是通过向美欧等“富有”国家大量出口来奠定“贸易立国”基础、完成巨额财富的原始积累、拉动产业升级换代的方式发展起来的。所谓“贸易立国”就是发展“出口导向型”经济，即原材料仰赖外部进口，制成品销往国外市场。日本得益于其封闭的国内市场、高素质劳动力造就的高效率，引进后加以改进的高技术拉动其产业升级换代，保证出口商品的高品质与高附加值，从而使这条发展之路走得颇为顺畅。

（二）多重利因助力经济复兴

日本政府通过建立重视普遍就业的经济体系，将出口积累起来的财富通过公共事业运作和农产品高价政策流向了地方和国民，既促进了城乡经济的均衡发展，也缓和了国内各阶层在财富分配多寡上的对立，有效地协调了彼此之间的利益关系，实现了社会的安定发展。具体来说，政府通过经济与社会立法，建立了较为完整且覆盖面宽的社会保障与福利制度，并力促大企业与员工建立稳定的就业体制，鼓励协调劳资关系，提高员工的从业积极性。对中小企业和农民阶层，在被称为“舰队护航方式”的政府规定及行政督导之下，日本政府采取了各种措施尽力保护竞争力低下的企业使其不致破产，而对那些竞争力处于弱势地位的中小工商业者和农民，则通过“限制进口”“调整供给规定”“价格支持政策”等举措予以扶植。正是在此基础上，日本得以在市场经济架构下保持了国民财富的再分配及维持就业的社会政策机能。

正是在这种“特殊型”经济体系下，日本得以在整个资本主义世界中保持着独一无二的高就业率（战后以来失业率一直在5%以下）和低劳资冲突率（日本20世纪50年代以后未发生过罢工事件）。不仅如此，日本社会的“均质化”现象也令人瞩目。到日本旅行过的人大都会感到，日本城乡处于一个相对非常接近的生活水准上，贫富差异很小，因为几乎人人都有工作机会，故社会治安状况良好。社会的稳定则带来了整个国家的稳定。但要维持这一体系，既要消除那些有能力依靠向美欧等国出口、扩大财富的具有竞争力的日本国民的不满情绪，又要限制美欧等国的对日出口，以保护那些缺乏竞争力的日本国民企业。日本正是利用了当时东西方冷战的机会，才巧妙地达到了这种既维持财富积累，又避免贸易摩擦间不可思议的巧妙平衡。

战后日本经济奇迹的根本原因是复合性的内因，其中教育普及与科技引进是推动日本经济起飞的强劲两翼；社会整体推进的战略决策是日本经济迈向成功的坚实基础。至于日本经济启动的初始动力，则是自近代以来就积累起来的人才储备、丰厚的知识资源以及战后改革激发出来的体制创新活力。以美国为首的西方集团出于冷战需要，对最重要的战略物资——分布于中东等地的石油资源实施严密监控，想方设法把石油价格限定在每桶 10 美元以下。廉价且似乎用之不竭的石油源源不断地流向西方，为美国的繁荣、西欧和日本的复兴崛起提供了动力。其中，没有能源资源的日本，无疑也成了最大受益者。可以这样说，没有当时廉价的能源作保证，就没有后来日本的经济奇迹。

日本正是巧妙地利用了种种难得的机遇，举国上下经过近 40 年的努力，不但医治好战争创伤，还实现了经济的持续高速增长。日本经济的发展自 20 世纪 50 年代起步、至 80 年代末期达到顶峰。从其实际 GDP（国内生产总值）的增长率可以看到，50 年代到 70 年代初的高速增长期，年均增长率达到 10%，在 1967 年超过了英法，1968 年又追上了联邦德国，跃升为世界第三！

二、“泡沫崩坏”和“复合型不景气”

20世纪80年代中期，日本经济进入了长达10年的稳定增长期。由于当时放宽信贷、超量投资，其经济极度繁荣，年均增长率达5%，雄居资本主义世界之首。但当20世纪80年代的巅峰过后，对日本经济的内外打击便接踵而来。

战后日本是利用国家财富来加强基础设施建设的，这既带来了就业机会，也带来了财富。但到了20世纪80年代，日本的基础设施建设已经处于阶段性的饱和过剩状态，可日本政府仍然大举国债来疯狂地建设基础设施。房地产业的兴起，使日本人对土地的渴望几近疯狂。大量的炒作又使得日本的房地产泡沫经济出现虚假繁荣，其经济生态环境已呈“山雨欲来风满楼”之势。然而，给日本经济带来致命性打击的还是美国强迫日本签订的、迫使日元升值的“广场协议”，这直接导致日本对外出口出现锐减、失业率居高不下。后日本政府为了解决就业又大举国债，继续建设基础设施，使得政府财政继续恶化并导致其经济开始下滑，直至几近崩溃。1993年开始到2013年，被称为日本经济“失去的二十年”。

进入20世纪90年代后，由泡沫经济崩坏而形成的日本经济的长期低迷与极度不景气，在发达国家中也是少有先例的，更不是以简单的学院派理论所能解释的，这或许应该是一种复合性的“经济病态综合症”，或称为“复合型不景气”。除前述的日元大幅升值外，90年代后期金融机构呆账问题的日益恶化、日本潜在经济成长力的低落以及“制度性疲劳”等因素均包括在内，且“政策性失败”的诱因也不容忽略。日企在80年代后期经济虚假繁荣的乐观导向之下，依靠银行信贷积极地进行设备投资，汽车行业的超量投资也形成过大产能。进入 90 年代，需求量锐减，大量设备闲置，投资回报率降低，收益恶化由此产生。企业的问题又影响到还贷，银行的问题最终产生恶性连锁效应。繁荣时很多人借钱按揭买房，泡沫经济破裂后收入减少，每年还本付息压力沉重，不得不削减其他开支，又造成内需不振，致使整个 90 年代后期日本社会上下都在忙着偿债，负担愈压愈重，经济增长乏力。

在国际方面，美国对日本经济的影响其实也是相当大的。早在 20 世纪 80 年代后期，随着国际形势趋于缓和，美国便对日本开放国内市场施加压力。1991 年，苏联解体，冷战结束，西方世界尤其是美国先前对日本单方面有利的贸易战略架构基础随之土崩瓦解，过去一直受到抑制的日美、日欧经济矛盾与摩擦日益浮出水面。1993 年诞生的美国克林顿政府，完全改变了以往默认日本保护本国市场的姿态，以促进美国“国内就业”为由，展开了对日的出口攻势，强硬要求日本开放包括农产品在内的国内市场。这无疑与日本“重视就业的经济体系”形成了正面冲突。至此，战后催生日本经济奇迹的外部因素——国际环境已时过境迁、消失殆尽！日本此时又恰好陷于泡沫经济崩溃引发的经济严重衰退的泥潭之中，美国的举措对深陷逆境的日本经济无疑是雪上加霜。

此时，祸不单行，日本国内由于经济困境而引发的社会矛盾也开始显现出来，“创造财富的大城市”与“享受财富分配的地方”之间的对立逐渐加深，许多处于社会精英层的日本富人也日益不满财富的分配方式。自民党面临着作为支持其基础的中小工商业者、农民与“大手企业”之间的矛盾，以及逐步激化的日美“就业理论冲突”的矛盾等，多重“内外忧患”。在这种情况下，连续执政 38

年的自民党政权于1993年被迫下台。然而，其后非自民党的联合政权不到一年也寿终正寝。

这时候，恰巧1994年的朝鲜核开发事件爆发，这又使得美国"重新认识"到日美同盟关系的"重要性"。当年8月，日本"防卫恳谈会"向村山首相递交了以日美安保、自主防卫、多边安全合作三项建议为主的报告。这项报告对美国的安全问题专家产生了强烈的冲击，并由此在美国国内出现了重新评估日美安保意义的论调。另外，由于美国经济已复苏好转，于是美方修改了克林顿政府先前的"国内经济第一主义"，开始重新"提携"日本。

但日本国内泡沫经济尚未消除，到1997年下半年起又再遭打击——亚洲金融危机大面积爆发！通货加剧动荡，外贸出口陡然受阻，金融系统难以支撑。接着日本北海道拓殖银行破产，山一证券"着火"等负面事件又使债券价值大跌，股指和地价由于膨胀多年的国内经济泡沫的破灭也急剧下滑，而保险行业在这几大方面的投资亦受重创！由于信贷收缩，整个金融系统普遍资本金匮乏。现代金融的几大支柱无一幸免，日本经济环境更加严酷。

日本政府为了消除泡沫经济而采取的"财政信贷紧缩政策"，这时又显现负面效应。从1997年4月起，政府将消费税从3%调高至5%，还一下子提高了社保的保费，这些都在相当程度上增加了民众的负担。不仅如此，日本为了满足国际清算银行的资本充足率规定，实施信贷收缩，1997年秋天，日本各家商业银行的贷款态度突然变得严格，这又抵消了其他促使经济复苏的政策效应，日本经济陷入顾此失彼式的恶性循环当中！

从总体上看，日本经济增长速度放缓有其主客观要因，除了泡沫经济、转型延误、世界经济低迷、恐怖活动等原因外，还另有原因。比如，日本的经济基数已相当巨大，很难再实现大比率式的增长，而“后发展效应”也已消失。世界上后发国家在经济起飞时，国际上有很多成熟技术可供引进或模仿，往往可获得很高的增长速度。而日本恰恰是在后发效应尚未完全消失前，急于建立起新的创新能力与机制，由此也引发一定的经济衰退。

三、金融再生

为了使经济金融能够再生，日本政府从2001年开始实行宽松货币政策。事实上在1990年资产泡沫破灭后，日本为拯救经济曾做过各种尝试，包括综合经济对策、紧急经济对策、日元升值、货币宽松，尝试购买各种资产，甚至是“什么都不做”。各种经济理论，日本似乎也都有所涉足，但收效甚微甚缓。十几年来，日本仍然处在“流动性陷阱”中无法自拔，并同时在轻微通胀和通缩周围徘徊许久。在持续的经济低迷中，日本经济先后出现过两次依靠政府强力财政刺激政策而出现的复苏。特别是1998年的小渊惠三内阁为使多年处于负增长的日本经济摆脱困境，更是重新制定了大规模的财政刺激政策。小渊因此被称为“债务首相”。

但日本以牺牲财政平衡来换取经济复苏的做法却付出了巨大代价，同时也加大了日元汇率波动的因素，缩小了货币政策调整的余地。在金融政策方面，日本从1999年2月起实施了世界上少有先例的“零利率”政策，各大银行不良债权的核销也加大了力度，但这也导致了银行自有资本的减少。日本政府由此投入巨额资金用于稳定金融系统，并将倒闭银行国有化或成立承接倒闭银行的银行，比如日本兴业银行便与日本第一劝业银行、日本富士银行进行了重组，成立了新的日本瑞穗金融集团，争取以规模优势化解金融问题与风险。在财政、金融双管齐下的政策支持下，从 1999 年初开始，日本的民间消费倾向开始好转，消费者态度指数和个人实际消费均出现上升迹象。

21 世纪初始，在国际经济回升的大背景下，在日本政府的财政与金融政策的长期效应下，经过日本企业的共同努力，日本经济出现了复苏苗头。具体表现在：内需增长；工矿业生产也出现了恢复性增长，企业经营扭亏为盈，设备投资增加；企业倒闭减少，失业率下降，职工收入增加，个人消费增长；金融业逐渐复苏，股市出现上扬；对亚洲（尤其是对中国）的出口急速攀升，对 GDP 的贡献率明显上升。日本经济进入阶段性复苏是从 2002 年开始的。经济“触底反弹”的主要原因是由于日本的出口有所恢复，并呈现外需主导的良性循环，但未能带来设备投资的增长，因而反弹力度不强。虽从长期停滞转向需求增长，但尚未出现以民间需求为主的自律性增长。2005 年日本经济似乎开始步入良性复苏，其表现是贸易出口持续扩大；企业利润增加；企业设备投资和商业投资增长；企业职工收入增加，个人消费需求上升；银行经营状况改善，不良债权减少；日经股指呈现恢复性回升；消费物价上涨幅度不大，基本摆脱了通货紧缩局面。从经济增长拉动要素分析，此时日本经济增长逐渐由出口拉动转变为民间企业设备投资拉动。而企业经营的改善和收益的增长又带动了民间消费的跟进，从而实现了以内需为主的经济扩张，形成“出口—投资—消费”的联动链条。

西方经济学上常把投资、消费、出口比喻为拉动经济增长的“三驾马车”，但它们只会对发展中国家作用明显，对发达国家可能效果不是很不明显。因为后者的社会发展多已到达预期，该有的基本都有了，所以发达国家的投资和消费通常会保持一个相对稳定的水平，只会维持现有规模，不太可能成为经济的增长点了。对出口而言，全球市场也不是无限大的，也有饱和时候，所以出口在增长到一定程度后也不会再增加。所以，如果这“三驾马车”都达到极限而又没有其他的增长动力时，经济可能就停滞不前了。日本经济20年来面临的很大程度上就是这种情况。

另外，一国人口的增加会带来新的消费需求，但其受到物质及空间等因素的制约不可能无限级地增长。大多发达国家生育率很低，人口增长缓慢，所以对促进经济发展的作用相对有限。而日本在最近20年间人口几乎没有变化过！

在技术创新方面，日本人也走过弯路。由于迷恋和相信其原来一路领先的传统产业，在信息产业发展上犹豫不决，电信产业亦沿用旧的思维，难以自成体系开发建设并形成独特的体制以保护自己，结果使自己与世隔离，节奏慢下几拍。传统的产业如钢铁、石化、电子、造船、化工、机械固然是实体经济和实体产业的基础，但它们极容易被他国模仿，并被后起的低成本模式所超越。

此外，植根于经济背后的历史、人文、社会背景及渊源，也已经不再是日本经济创新和技术创新的动力。比如日本文化提倡绝对遵从、崇上，且不主张融合外来之物；在政界、企业界，相互结成一个个派系和团体，过于强调服从，层次、等级也太过分明，不容逾越，扼杀了人的创造力和自主精神，使整个社会经济发展的微观活力大打折扣。

2

“第三次开放国门”的 TPP 与“安倍经济学”

一、TPP 能否助力日本第三次开放国门

正当日本经济开始步入相对良性发展的起步阶段之时，好景却不长。美国“重返亚洲”，暗地支持日本挑起钓鱼岛争端，致使中日“翻脸”，双方“政冷经凉”的局面使得依靠对华经贸而繁荣的日本出口型经济受到重大打击。另外，日本为对抗中国，可能会考虑有限度、有选择地放弃先前的重大“保留性经济原则”，以换取加入美国主导的“环太平洋战略经济伙伴关系协定”（TPP），甚至还有日本媒体将此举定义成为“继明治维新、战后崛起之外，日本的第三次开放国门！”

所谓 TPP，最初是由新加坡、新西兰、智利和文莱四个国家于 2005 年在亚太经合组织（APEC）框架内签署的小型多边贸易协定，后扩展至多国，其后由美国主导。在环太平洋经济圈已经宣布参与 TPP 谈判的 11 个国家的经济总量相当于全球 GDP 总值的 30%，如算上日韩，规模将近 40%。与过去的经济合作协议不同，TPP 增加

了“战略合作”内容。而且，TPP作为在投资、服务等广泛领域追求自由化的自由贸易协定（FTA），原则上要求取消全部关税。

（一）加入原因

要日本不参加TPP谈判并缺席美国主导的国际布局和经济战略，几乎是不可想象的。日本政府唯恐错失时机，急忙搭乘“末班车”，首相安倍晋三决定正式加入TPP谈判。当然，安倍给自己的决定找了理由。按其说法，日本已经“撞上一堵大墙”，面临低生育率、老龄化和长期通货紧缩等多项难题。而亚洲新兴国家正在积极地向开放式经济转型，安倍认为加入TPP好处多多：一是可维系和美国的盟友关系，日美携手扩大TPP的影响力；二是能确保日本对东亚国家的竞争优势，在未来的区域内自贸谈判中处于主动地位；三是还想借助美国力量以制衡中国在东亚经济一体化进程中的主导作用，降低中国的经济影响力。日本媒体更是直言不讳地说，参加TPP可使日本围堵中国的包围可再紧一圈！

（二）各方观点

日本政府估计，加入TPP将推动国内生产总值增加3.2万亿日元，即经济增长0.66个百分点。其他领域出口增长和国内私人消费的增加足以抵消TPP对农业的负面影响。但这可能只是片面的乐观猜想，日本国内更多的担心在于：TPP标榜彻底废除关税，但安倍却高举“保护国内产业”的大旗往里闯，这可能会给日本带来“安倍风险”。

参加TPP谈判后，日本或将开放多个领域，包括医疗、金融、服务和农业，以换取新投资、低价粮食和新的能源生命线。由于所代表的利益集团不一样，所以日本国内各方的态度截然不同。

支持者大多是工商业者代表，因为自由贸易可以让工业品出口增加，拓宽海外市场，进而避免国内产业的空洞化。日本的制造业高度发达，多年来为了规避关税创造出很多方法，成为日本外向型经济的重要推手。

反对者多为农牧业和服务业的代表。日本的传统农业受到政府高度保护，廉价农产品如果大量涌入，将对农户造成致命伤害。目前日本对进口大米、小麦和黄油征收的关税为分别高达 778%、252%和 360%。此外，日本国内的服务业很大程度上也未参与国际竞争。

在预期收益上，各方算盘并不一致。日本内阁估算 GDP 将增加，但农林水产省则认为将损失约 11.6 万亿日元，并可能导致约 340 万人失业。为此，日本全国农协会发起了全国性的抵制 TPP 运动。而日本医师会也警告，加入 TPP 后日本医疗将被卷入“市场原理主义”，按收入分配医疗资源，最终将导致日本全民保险体系的崩溃。

（三）明争暗斗

无疑，美国热衷主导的 TPP 协定，最终只能让自己成为最大赢家。通过加入 TPP，美国可以拓展 11%的出口空间，并增加国内就业。由此可见，奥巴马政府推动 TPP 的目的就在于，以此为杠杆进而掌握整个亚太地区的经济主导权，并能从经济上有效牵制住日本。

日本加入 TPP 后，美日的 GDP 总量会占到 TPP 加盟国 GDP 规模的 91%，安倍是想借此使日本参与主导亚太经济，并逐步实现“脱美”。但美国乐意吗？奥巴马政府高级贸易官员、贸易副代表曾暗示，在一些关键问题的谈判上，日本将不得不做出重大让步。安倍承诺将以保留农产品的关税为条件参加谈判，但对与其他国家达成共识的条款，他真的有能耐改变吗？安倍本人也承认，回旋的余地很小。其实日方最为担心的是TPP在使日美经济联系加深的同时，会出现由美国主导日本产业整合的不利后果。

在2013年7月开始的谈判中，两国果然互不相让。在知识产权、国有企业和投资领域，日本支持美国，力促其他国家推进改革。在削减渔业等问题上，日本则联合其他国家“顶撞”美国。在减免进口农产品关税的问题上，美国虽屡次表示“理解日本政府的困难”，暗中却不断对日施压。问题是，当日本发现谈判情况过于棘手时，也不好中途退出。因为根据国际惯例，加入谈判而后又退出的，那么该国在今后其他的谈判中将会丧失国际信用度。

2016年2月5日，TPP的12个谈判国在新西兰的奥克兰举行了TPP协定的签字仪式。这在包括日本在内的多个当事国中引发了民间抗议，人们担心TPP会侵犯其国家主权并赋予美国太多权力。这意味着一场寻求该协定在12国国会或议会获批的更艰苦战役的序幕随之拉开。如果12国TPP签署在2年内完成国内程序，协定将在60天之后生效；如果在2年内完不成国内程序，协定将在占12国GDP总额85%的6个以上国家完成程序的60天后生效。根据各国的政治和立法情况，预计实际生效将在2018年以后。但协定一旦生效，将诞生覆盖占全球近1/3贸易规模及GDP总量约40%的巨大经济圈。

其实TPP对日本经济的实际作用或许并会像想象中的那样大，安倍政权更重视的其实就是所谓的对中牵制效果，也就是说是政治情感因素在其中占了上风。对此日本的一些有识之士非常担忧地指出，TPP 既然一开始就是美国对中国实施的战略抑制手段，那么日本更应关注中国对 TPP 的反应，特别是亚洲投资银行成立时中欧的一连串关系强化趋势，这似乎并未引起日本决策层足够重视。2013 年以来，日本对华出口减少，而欧洲却在增加，在对华投资增速上更出现明显落差。特别是当 2016 年 1 月 16 日中国主导的“亚洲基础投资银行机制”正式起航，并开始落实相关职能后，由于资本架构及金主构成等原因，在亚洲影响力扩大的将不仅是中国，得利的还有欧洲，但显然不会有日本。日本共同社甚至做出某些悲观预测：如果政府决策出现方向性错误，不仅会沉重打击安倍政权，还将会给全体日本国民带来巨大麻烦。

二、难尽人意的“安倍经济学”

面对持续乏力的日本经济，“安倍经济学”应运而生。这个概念虽出自自民党前干事长中川秀直之口，但灵感却来自当年的“里根经济学”，并在安倍晋三 2006 年首次出任首相时就已经放出过。这次安倍重新上台后，再度将其祭出，奉作拯救日本经济的法宝。具体包括：大胆的货币政策、灵活的财政政策（扩大公共财政支出和财政健全化）、刺激民间投资的政策。

（一）“安倍经济学”的登场

2013 年 4 月 4 日，日本央行行长黑田东彦在首次货币政策会议上决定首先推行“大胆的”货币宽松政策。在将基础货币供应量翻一番之后，果然灵验，日元暴跌、股票大涨，日本金融市场就像被点燃多级火箭，出现飙升行情。在经历了 20 年通缩，特别是受 2008 年“雷曼冲击”以来一直萎靡不振的日本股市，终于迎来希望的曙光。无论这一轮市场行情是暂时的，还是阶段性的，抑或是充满后劲的，总之市场的走向已经发生大的逆转。日本的个人投资者在长时间的熊市中被套牢已久的股票和基金投资终于出现翻身的机会，“安倍经济学”似乎吹皱了一池死水。

紧接着，日本财务大臣麻生太郎宣布政府新近经济政策的目标是：短期扩大财政支出来填补供需缺口，中期实现财政健全化。日本政府随即在5月中旬出台了包括10万亿日元纯财政支出在内的经济对策。此外，安倍内阁还前后推出了多轮经济增长战略，内容涵盖医疗、育儿、就业、扩大企业的设备投资等领域。“安倍经济学”最终粉墨登场！

（二）“安倍经济学”的困境

“安倍式经济复苏”的基本逻辑就是向市场注入大量资金，通过释放流动性刺激经济活力，推高通胀和股价，产生财富增加效应，推动投资、消费与出口，是典型的“金融驱动式增长”。但日本要想实现经济的良性循环复苏，必须满足多项基本条件：首先是企业要具有进行固定资本投资的潜在需求，而日本产业正趋向空洞化与服务化，海外市场正受到新兴经济体的严重挑战。其次是国民获得较强的消费动力，而日本社会的少子化、老龄化、公司盈利低导致工资收入低，使得消费能力严重不足。再次是政府债务规模的可控性，但日本财务省于2013年8月9日宣布国家债务突破了1000万亿日元，国债占GDP的比重，将在250%以上的可怕基础上再次被推向恐怖的新高。

（三）“安倍经济学”的影响

从目前来看，“安倍经济学”确实不尽人意，名义上是“三箭齐发”，实际上箭袋里的箭只射出了一支，那就是货币政策。而

“快钱”制造出的（短期）虚假繁荣则使得政府和企业越发失去开展财政和结构改革工作的积极性。不断印钱当然不可能从根本上改善日本的经济状况。如前所述，日本经济的问题是结构性和长期性的，不稳定及衰退既与当前政策有关，也与整体社会环境密不可分。日本更大的问题应是人口萎缩、劳动力不足及老龄化，这导致国内市场变小，加重了年轻工薪族税负，同时使日本许多制造商失去创新优势，纷纷将生产基地转移海外。

“安倍经济学”对海外的东亚各国来讲，更犹如是日本打出的一记损人不利己的“七伤拳”。日元的竞争性贬值将会降低这些国家出口型商品的价格优势，使其被迫与价格相近但技术领先的日本产品进行不平等竞争，从而对这些国家的出口导向型经济产生不小冲击。因此，“安倍经济学”也被批判为日本发动的“东亚版的货币战争”！

TPP 外加“安倍经济学”，日本的福兮？祸兮？

3

经济的复杂多样性，“双重结构”，利益集团及其他

一、日本经济的复杂多样性（GDP、GNP和GNI）

（一）概念表述

GNI（国民总收入）是指一个国家一年内用于生产的各种生产要素所得到的全部收入，即工资、利润、利息和地租的总和。从国民生产净值中扣除间接税和企业转移支付，加上政府补助金，就得到一国生产要素在一定时期内提供生产性服务所得报酬即总和意义上的国民收入。而GDP（国内生产总值）是指以国界线划分，国境内所有最终产品和服务的最终价值都算是国内生产总值。GNP（国民生产总值）则是指全世界本国国民的总生产值。GDP大大高于GNP的国家，很多都是利润都被外商外资赚走的加工工业国家，而日本作为GNP高于GDP的国家，是真正掌握自有专利技术的发达国家，其“离岸经济”占有很大比重。

从概念上讲，GNI与GDP的关系是有区别的。它们都是指一个国家一年内生产的最终产品和劳务的市场价值，但具体所指“国

家”的含义有所不同。GNI 所说的“一国”指一国的国民，即只要是该国公民，无论在什么地方创造的最终产品与劳务的市场价值都应计入；GDP 所说的“一国”指一国境内，即只要是在该国领土上，无论哪国人创造的最终产品和劳务的市场价值都应计入。GNI 以人口作为统计标准，是个收入概念；而 GDP 以地域范围作为统计标准，是个生产概念。所以，GNI 与 GDP 之间的相互关系，可以用公式来表示：“国内生产总值”（GDP）加上“本国公民在国外创造的价值总和”（GNP）后，再减去“外国公民在本国创造的价值总和”就是“国民总收入”（GNI）。

客观地讲，虽然日本经济目前面临诸多结构性困难，但在经济实力与科技实力上仍值得被重视。现在居世界第三经济大国的日本仍然具有强大实力：国家 GDP、人均 GDP、对外收支顺差、外汇储备、债权、海外资产总量等方面均独步全球，并拥有世界一流的制造业及技术，制造业总产值及出口值在世界上名列前茅。此外在微电子、半导体、计算机、工业机器人、超导应用、光纤通信等新兴产业和高技术领域，以及在碳纤维、特种陶瓷、纳米技术等新材料领域都具有相当优势。由于日本在菲律宾、马来西亚、泰国等发展中国家广泛设厂，所以日本人或许实际上并不太在意国内经济出现停滞不前或是倒退甚至“产业空洞化”的状况，其真正关注的是本国的财团商社在海外能赚到多少钱！

基于以上情况并结合在日多年的切身感受，笔者认为：日本并不是一个仅用 GDP 就可以简单衡量的国家。因为，日本经济的不景气虽导致其 GDP 有所降低，但它的 GNP 增长却还是非常高的。而且，日本的 GNP 与其 GDP 的差距越拉越大。2001 年，GNP 高于 GDP 约 1.6%，这就算是多的了。后来日本不再公布 GNP 数据，并称“根据联合国 1993 年的提法，用 GNP 这个指标不科学”，而改用 GNI 来统计经济发展数据。

（二）日本的 GDP、GNP 与 GNI

世界银行于 2011 年 7 月公布的数据显示，美中日三国的数据依据官方最新数据予以修订，按当年平均汇率计算，以 2010 年为例，三国的现价 GNI 分别是：美国 147159 亿美元、中国 59570 亿美元、日本 56037 亿美元。笔者觉得，一般大国的 GDP、GNI、GNP 三者间的差距应该都不会太大。

首先，客观地讲，一国经济规模的刚性增长才是最重要的。中国的 GDP 超过了日本，意义是重大的，但这绝不能也不应该成为中国轻视日本的理由。首先，所谓“中国 GDP 增长”，有人民币升值的因素在内，也就是说，我们是“被有钱”了。人民币兑美元升值，凭空就可以“多出”若干亿天文数字般的美元来。如果没有人民币升值因素起作用，超越日本或许还得再等待一段时间。其次，中国的人均 GDP 尚排在世界百位之后，目前还落后日本 10 倍，实际停留在日本 20 世纪 60 年代的水平上。而且，在经济全球化的今天，仅用 GDP 来衡量一个国家的经济发展水平也是不甚科学的。早在 1985 年“广场协议”日元“被升值”以后，西方国家用“惩罚日本吃肉”的方式将其撑得动弹不得。而日本也审时度势，将其经济重心转向了海外，由追求国内生产总值 GDP 改为追求国民生产总值 GNP。恰逢此时，冷战结束，西方市场骤然扩大了一倍；而中国等新兴经济体的经济建设和对外开放，也为日本的过剩财力提供了扩张与释放的空间。日本的产业与资本于是蜂拥着挤向海外，升值后的日元使日本降低海外并购产业的成本，得以用大量资金大举收购矿山、土地等有形资产与资源。

正当各国都处心积虑地为增加企业的销售利润而伤脑筋时，日本人却利用这种资本经营的方式，登堂入室地谋求渔翁之利——以兼并、投资、控股等多种手段参与渗透到全球各地热门企业的发展当中，或是通过用购买别国债券的方式，加入到经济增长地区的运行当中。在不同国家、不同行业的产业链的各个环节中都拥有着股权。比例可能很小，但各个产业链条上都有日本资金参与，因此就形成了在产业链条信息上的垄断，并可对全局性的决策提供帮助，或对形势走向进行超前预测。同时，日元升值也促进了日本加速从国内迁出那些不赚钱或者是低附加值的产业，集中精力在本土做好高精尖产业。

目前，日本国内的 GDP 确实是持续停滞，但其海外经济部分的增长却速度惊人，GNP 总量长期占据世界首位！据中国商务部的可靠数据，日本 GDP 仅占其经济总量的 40%左右。从 1983 年到 2007 年，日本海外企业的销售收入由零增长到 20903 亿美元；海外总资产由 2720 亿美元增加到 54025 亿美元，增长近 20 倍；海外纯资产由 373 亿美元增加到 22143 亿美元，增长近 60 倍；外汇储备由 244 亿美元增加到 9733 亿美元，增长近 40 倍。其海外经济的规模已相当于国内经济的 1.58 倍！当 2002 年日本的海外净纯资产（包括企业、政府、个人投资者）达到 16227 亿美元时，就已相当于法德意国外纯债权总额的 6 倍，到 2012 年底，记录更刷新为 29000亿美元。日本连续 22 年保持世界第一债权国地位，是位居第二的中国的两倍。

再以2004年为例，日本国内GDP总额虽为48707亿美元，但海外资产总额却达到41968万亿美元，再算上海外日企3.5万亿美元的销售总额，几项收益相加后换算成GDP总额达到125676亿美元。由于当年美国海外纯资产为–38500亿美元，所以仅与美国2004年GDP的117350万亿美元相比，约为后者的107%。单看GDP，美国每年都超出日本两倍多，但算上GNP后，美国甚至还可能不如日本。这样巨大的经济总量，却被各方有意无意地忽略掉了！

由此可见，评价一国的经济实力不能光看GDP，其海外企业的收益与海外资产的收益也应是重要的指标。统计的指标与方式不一样，结果也就不同，这就反映出了日本经济层面上的复杂性。这些多重层面上的且似乎互为相悖的经济数据，的确给世人一种迷幻的感觉！

二、日本经济的“双重结构”

日本在政治意识形态上从属西方，但确系亚洲国家。其经济奇迹除了靠国人的发奋敬业、重视教育、灵活吸收先进技术等因素外，还有根据不同时期经济形势和发展阶段来建立相应经济体系的特殊原因。但同时，日本企业“外强内弱”的情势却也造就了其经济结构的双重性特点。

（一）活力四射的外向型大企业

它们具有很高的生产率和竞争力，根本用不着间接融资，完全可以在国际金融市场上进行直接融资。像索尼和丰田公司的国际评级甚至高于日本的商业银行，可以以更低的利率向国际金融市场借款。由于从事海外经贸事业的主要是日本的大企业，随着海外生产销售的不断增加，使得其在总体盈利方面普遍好于面向国内的中小企业。但面向出口生产、参与国际竞争的大企业毕竟数量很少，在日本 GDP 中仅占 15%，在日本劳动力就业人数中占不到10%。政府对于这部分企业并没有实行严格的管制和保护，也没有给予补贴。

各家“大手商社”在造就日本海外经济奇迹方面自然功不可没，诸如三井物产、伊藤忠商事、丸红商事、三菱商社、住友商社、日商岩井等，它们主要从事日本国内及进出口贸易、国际商品技术服务贸易，并利用投资、融资等功能，不断拓展经营领域，并通过在世界大多数国家的近千家海外分支机构及投资企业来积极发展事业。由于各家日本商社多为综合性企业集团，可集经纪商、经销商、批发商、代理商、租赁公司、投资商、发展商、智囊团等各项功能于一体，所以能够随机应对世界经济与市场的最新需求。

笔者在日工作期间，曾多次与日本的各家商社打过交道，并数度走访过超级跨国巨头“三井物产”旗下的智库——“三井物产经济战略研究所”，并对其工作效率之高印象深刻。如果从后来的发展现状回顾先前情况的话，该研究所对众多领域研究和提供的预测是相当精准的。这些包括：世界经济增长五次浪潮的划分、中日经贸最新的结构性变化、中国国民购买力水平的界定、中国快速发展的城市化进程、中国三大发达经济区持续增长的走向、已经形成的庞大中国富裕层的各项特点及消费取向、中国大量的银行呆坏账的处理，以及中国即将出现的巨大能源需求等。

据笔者在采访接触中了解到，三井物产集团昼夜不停地搜集全球的经济、政治、军事、科技、社会人文等各领域重要的即时信息，进行综合性、战略性的研究，甚至连日本政府也经常利用三井集团获得的信息或研究成果，来作为其决策的参考依据。日本的商社历来有为国家提供情报服务的传统，并将其视作“爱国义务”。特别是日本外务省的国际情报局还经常与商社的海外办事机构交换情报，并积极为后者的情报搜集活动提供指导与便利。

日本的综合商社获取与传递信息的速度也十分惊人，并且最“擅长”完成以下这些即时性、复杂性的技术任务，包括：获知全球各地金融市场的最新行情，查询日本与世界各地进出口贸易商品品种规格等的明细资料，查阅全球上万家重点企业的各年度生产销售情况，利用数学计量经济模型在电脑上模拟出各类经济现象产生影响的曲线图，调出各国政府的各国政府的法律法规或国会的档案记录等。“搞定”以上这些任务的时间均在10分钟上下，并都是依靠电脑与通信网络支撑的快速情报传递网络来实现。在传递情报信息的速度、数量及高效性方面，甚至被认为“在美国中央情报局之上”。在经过东京大手町的三井物产总部及东京青山的丸红等日本商社的总部大厦时，笔者总能发现，在其摩天楼的顶部无一例外地密布着各类碟状的、球状的灰白色卫星天线阵列。这些先进的设施设备昼夜不停地与日本各大商社设在全球的信息触角——办事机构保持着及时畅通的联系！

（二）反差强烈的“内需”经济部门

这些部门主要包括制造业与服务业，比如，农林水产业、服装制造业、医疗卫生业和建筑业等。这一部分企业的数量极大，占日本GDP的85%、日本劳动力就业人数的90%。对于这部分企业，日本政府进行了严格的管制和保护，并给予大量补贴。它们的生产率和竞争力都非常低，几乎没有国际竞争力，并有巨额的不良资产，从而导致严重的银行不良贷款问题。由于它们的投资力、消费力乃至创造力正逐步走向匮乏，破产率增加，导致失业率上升，造成日本国内经济“缺乏活力”，影响着日本的经济前景。所以说，日本许多所谓的“经济问题”说白了就是双重结构上的差异问题。

以上这种具有“日本特色”的发展模式或许适应了当年国家集中发展经济的需求。但时过境迁，当客观环境及条件发生改变时就产生了制度疲劳，毫无例外地进入到成熟阶段的“迷茫”当中。

三、利益集团显负面效应，经济陷迷局

长期以来，日本政府对面向国内企业干预调控过多，并使“政、官、企”结成了“铁三角”式既得利益集团。这种架构在抵制合理的经济社会改革尤其是金融改革后，对国内经济形成了有害的掣肘力量，延缓了经济发展。同时，党派的政治家却向大多数利益集团许诺照顾其利益；作为回报，后者向党派输送政治献金。各省（部）及各机构则通过合同、贷款、管制、补贴等手段来控制市场，最终实现保护与其相关联的产业及部门之目的。由于竞争被排除或限制，使得表面上是自由市场经济体制的日本一度成为世界上管制最多的经济体。虽不断有少许改革出现，但 1 万人以上的各级官僚管控着日本经济的每一个层面，市场尤其受到管制，这导致日本消费者时常面对比实际价格高出许多的商品价格。

日本利益集团通常也从属官僚，并与监管他们的省保持意见一致。当前日本最主要的一些利益联盟包括：经济团体联合会（经团联）是最重要的商业团体，为大多数大企业说话。其过去为了增加

出口与经产省走得很近，现在因支持去管制和自由竞争而对省的管控展开工作。日本劳动组合联合会（新联合）由先前更小的工会联合会合并而来，以温和的声音为 800 万会员说话。日本工商会议所（日商）主张限制竞争、贴现、大型商店及外国商品的进口，与自民党关系良好。全国农业协同组合会（农协）主张食品的自给自足，并与自民党一道排斥农产品的进口。全日本自治团体劳动劳动组合（自治劳）属左翼，是有相当影响力的最大的单一工会。

据日本共同社称，当前日本企业的活动正趋向保守，不愿把利润投向创新研发工作，而是把利润存起来。这些留存收益在过去几年间翻了一番。这既反映出企业对金融市场动荡和日元升值的担忧，也使得驱动日本经济三驾马车之一的投资环节陷入步履维艰的境地。面对不景气的经济环境，企业薪资水平降低，非正式员工的比例也急剧上升。目前日本劳动者中有 1/4 的人年收入在 200 万以下。这使得自 20 世纪 70 年代到 80 年代起的、日本引以为傲的“集体富裕”“一亿中产”的概念正逐步瓦解。

不仅如此，日本舆论认为，比经济领域的“内向消极”更加可怕的是整个社会精英到普通民众的心态和情绪的低落。日本赴美留学生人数连年创新低，技术型新专利的年均数量不断下滑，再加上经济的不景气及人口的老龄化等共同形成的恶性循环，将严重削弱日本在尖端科技和通俗文化方面的魅力，大大降低其活跃型消费社会所蕴藏的巨大商机。特别是近年，日本对外贸易的逆差额连破历史最坏记录，出口乏力的状况难现改观。由于福岛核电站事故后石油和天然气等常规能源进口的激增，“安倍经济学效果的不确定性”，以及日企将生产转移到海外等原因，导致日本国内经济局面难以出现全新改观。

还有就是债务问题。在 2013 年的 8 月，日本国家债务（包括国债、借款和政府短期债券等）数额突破 1000 万亿日元。日本财务省于 2014 年 2 月 10 日宣布：日本政府未偿付的国家债务余额达到 1017 万亿日元。这一债务水平已接近日本 GDP 总量的 2.5 倍。按照是时汇率，日本的债务水平比英法德三国的公共债务总和的 830.5 万亿日元还高。

巨额债务对日本政府继续借债已构成强有力约束，而日本政府和央行一直在进行这种增大日本国债规模的"危险行为"。安倍的经济刺激政策本质上是靠借债来释放流动性，但这会加快通货膨胀的到来。一旦通胀被激发，通缩得以摆脱，接踵而至的将是债市动荡。国债收益率如果走高，日本政府将陷入"偿付危机"。这就是国债稳定和通胀目标之间的"二律悖反"，鱼和熊掌是不可兼得的。在历史"新纪录"的面前，身为日本当任首相的安倍晋三正面临着财政负担、民众舆论、提升消费税、反对党的施压等多重政经压力。

4

从文明社会奠基到“银钞帝国”盛极而衰的昭和最后十年

一、日本近现代文明社会的奠基之路

（一）现代化进程

现代化是社会转型的张力。西欧是现代化的发源地，也是内源性现代化的创始地。所谓内源性现代化是指凭借本国社会自身力量产生的内部创新为推动力，经历漫长变革从而实现的现代化，外来影响居次要地位。中国、日本等亚洲国家的现代化属于外源性现代化，是在国际环境影响下，社会受外部（具体而言指西方列强）冲击而引起内部的思想和政治变革，并进而推动经济变革，以此走向现代化，内部创新居于辅助地位。日本是非基督教文明区中率先迈入现代化的国家，颇具特色的“日本模式”迥异于欧美。

19 世纪，西方列强挟其早期现代化所创造的强大工业生产能力，以廉价商品和“坚船利炮”为依托,推行海外殖民运动,强行打开同样处于闭关锁国状态的中国和日本的国门。同样面对西方工业文明的严峻挑战,中日两国各自出招应对。中国选择的是一种“自上而下”推行的被动应变性的（即不触动社会结构）现代化运动，即“洋务运动”和“戊戌变法”；而日本走的却是一条“自上而下”与“自下而上”相结合的主动适应性的（即推行结构性变革）现代化运动“明治维新”，目标是建设西方式的工业强国。

“日本模式”并非彻底抛弃传统而“全盘西化“，而是用心探索比较接近本国国情和传统的所谓“西洋化”的改革开放道路。具体来说：政治上采取了与日本原有体制接近的中央集权的君主立宪制；经济上推行了上下结合（即官民结合）的，选择性、自主性都很强的“殖产兴业”路线；社会文化上，弘扬日本传统文化中的“大和魂”和“武士道”精神，并与大力引进的西方文化中的科学务实和实证求索精神进行嫁接，形成新的社会功能，以适应于“富国强兵”的需要，充当社会转型中的精神支柱与社会稳定因素。日本“西洋化”“和魂洋才”的现代化路线在实践中不但证明是可行的，而且也是非常成功的；而停留在“形器”层面的中国早期现代化运动动却出现夭折。

日本的成功明显表现在日本人勤于接纳陌生但先进的外来事物的开放型心态上。面对西方工业文明的叩关和侵入，是采取抗拒排斥，还是“拿来”为用？日本人做出了明智的抉择，这与其民族传统有关。日本人对外来文化历来行奉行“拿来主义”。在古代，以儒学为主体的中国文化传入日本后，在很深程度上为日本民族吸收消化并融入本土文化，甚至化为日本文化传统的有机组成部分，即外化为国家制度、社会规范，还内化为日本人的某些民族特性。到了近代，主要以科学技术为载体的西方文化传入东瀛。日本人兼收并蓄，吮吸改造，既外化为富国强兵的锐利武器，走现代化道路的简捷通道，又内化为新的世界秩序观和文明观，为现代化提供源源不断的动力，从而使日本社会较为顺利地由传统农业社会过渡到现代工业社会，这在当时的亚洲国家中是独一无二的。

（二）“和魂洋才”之路

日本从1868年明治维新推行革故改制开始，经过近30年的努力，国力迅速上升，尤其是经过1894年中日甲午战争击败中国、1904年日俄战争战胜俄国后，日本的国际声望遽增，几近取得了与西方列强平起平坐的地位，这在欧美以外的国家中并无先例。但这或许正是“日本模式”最大的“失”之开始。因为日本所谓的“西洋化”道路并非全部照搬西方，而是“和魂洋才”，即仍保持日本民族以“大和魂”和“武士道”为核心的民族之“魂”，引进的“西洋之学”只是“才”，是用于实现日本民族愿望的工具。由于日本民族是单一的“大和民族”，“大和魂”就是日本的民族精神，即强烈的国家至上主义和民族至上主义意识。

日本在古代受中华文明影响，对之深抱崇敬之心。但从明代开始，随着中国国力的衰退和日本国力的上升，日本取消了对中国的朝贡，还自称是“神国”，滋生了强固的“大和魂”意识；此外片面吸收了儒学中某些消极因素，如“忠君爱国”，并把“万世一系”的天皇作为大和民族的象征，产生了对天皇绝对权威的顶礼膜拜，并成为精神内核。“大和魂”在现代化进程中发挥了双重作用，既用以激励国民为实现工业化、争取国家富强而献身，又能鼓动国民为对外扩张、进行殖民主义掠夺而卖命。

与此同时，旧时的“武士道”传统也在“西洋之学”的外衣下复活，演化为近代日本的中心价值观和人生伦理。因为“武士道”

精神的核心内容是要求对首领、国家的忠诚与服从，其生活特征是节俭和勤勉，其生命之本质是“建功勋、立伟业”。“武士道”的价值观和伦理标准摇身一变，在现代化运动中同样起到了双重作用。从积极方面来说，演化成的新型“企业精神”，使日本企业的生产与经营井然有序，有极高的劳动生产率和工作效率，最终导致了作为后发现代化运动的“日本模式”大放异彩，并在20世纪初赶上了先行现代化的“英国模式”。从其负面影响来说，“武士道”精神成了日本军国主义的招魂幡，后者通过挖掘“武士道”的精神遗产，把它作为对外侵略扩张开路的开山斧。由于“武士道”体现了日本的中心价值观，所以以天皇为最高代表的日本统治者直接用“武士道”用语鼓动日本军人为对外侵略充当炮灰，“为国捐躯”。正是在这种精神熏陶和推动下，军国主义愈演愈烈，众多日本民众踊跃从军参战，效忠天皇和国家，在后来的对外侵略战争中走上了不归路。

在20世纪40年代初，日本达到军事上的巅峰；在20世纪80年代，日本又达到经济与文化的巅峰。这两座巅峰，日本今后应该是很难再度超越了！时至今日，位于东京九段下的靖国神社，虽然偶尔还会出现为军国主义“招魂”的老兵。但就更多普通的日本民众而言，生活则应该是安逸平静的。对日本来讲，“大日本”的梦想或许已成为过去。所以，现在有不少日本社会的开明人士提出：今后的日本应该致力于做一个经济上富足、受国际尊敬的“富裕小国”。

二、盛极而衰的昭和最后十年

1989年初，随着日本裕仁天皇的去世，日本长达64年的昭和时代宣告终结！昭和末期的十年，是战后日本历史上最辉煌、凡事皆充满希望与光明且经济增长飞速的时代。现在活着的40岁以上的日本人多享受过巅峰时代的畅快，至今许多人在与笔者诉说时回味起来仍是满脸的亢奋之感。

据说20世纪80年代的日本可谓是“遍地黄金，金光闪闪”，“弯下腰就能捡到钱”是当时的写照。在有“万街之王”美誉的东京银座街头，1亿日元的银行本票在空中起舞，竹林中有2亿日元现钞无人认领……1980年4月25日，东京墨田区的一位驾驶员大贯久男在银座三丁目昭和通道上拾到一个包裹，里面装有刚从银行取出的、封存完整的1亿日元！大贯通过警察多方寻找失主，半年间未见有人认领。于是按照日本法律，大贯得到了这笔钱，扣除税金和保管费等，实得6600万日元。这就是日本当年家喻户晓的“1亿日元事件”。

也是在20世纪的80年代，日本的汽车产量突破了1100辆，首次超越美国，成为世界第一。这是在战后一直在追赶美国的日本最梦寐以求的标志性事件。也就是从那一刻起，日本人开始变得自信自傲起来，并开始数落“美国老大是笨蛋”。

日本经济在昭和年代最后十年的“过度繁荣”，导致了股票暴涨、地价高腾、房产繁荣。日经225指数从“广场协议”前的15000点猛蹿至39000点，市盈率达70倍之多。1989年是日本房地产泡沫膨胀达到顶点的一年，国土面积仅为美国的1/25的日本，地价总额却为美国的4倍多。若按单位面积算，日本为美国的100倍，经济已膨胀到极限！

当全世界被日本经济的“新干线速度”惊得目瞪口呆之时，日本资本又开始在美国攻城略地。半个世纪前日本军队用枪炮机舰未能攻陷的阵地，这回被日本商人用银弹钞票直接拿下。当年曾被日本联合舰队偷袭过的夏威夷几乎让日本整个买下，以至于“檀香山市快变成东京的一个区了”！夏威夷96%以上的外国投资来自日本，并且主要集中在饭店、高级住宅等不动产方面。两次世界大战均未受波及的美国本土一时间“烽烟遍地”、四方告急。纽约洛克菲勒中心51%的股份被三菱买走，好莱坞哥伦比亚电影公司被索尼买走，环球影业公司被松下买走……花旗银行总部、美国广播公司大厦、美孚石油公司总部等标志性建筑以及像曼哈顿这样黄金地段的地盘也都纷纷易手。在洛杉矶，日本人掌握了闹市区几乎一半的房地产。日本企业从1985年到1990年总共进行了21起500亿日元以上的巨型海外并购案，其中有18起的并购对象是美国公司。到80年代末，全美10%的不动产、14%的银行业资产、40%的财政部证券等已成为日本人的囊中之物。

此外，随着日元的不断升值，即使是日本的一些普通民众也开始“得瑟”起来，大把大把地去海外消费。在国际高端艺术品市场上，日本买家曾用20亿日元购买毕加索的名作，并积极抢购欧洲的历史文化名城、名堡、名建筑。从1987年到1990年，国际拍卖会上40%以上的西方印象派作品被日本人买走，甚至连一些所谓“老实巴交的日本乡下人”，也揣上鼓囊囊的钱包、坐上20多万日元一张机票的全日空宽体波音客机，开始周游世界的海外旅行。

经济的“极度繁荣”肯定会带动相关产业的跟进。当一国的社会经济发展进步到一定阶段，奥运会、世博会，以及国际大型知名品牌的游乐场等这些标志性的事物，都会无一例外地赶来“捧场”。

在 1983 年 4 月 15 日，亚洲的第一座迪士尼乐园便在东京圈内千叶的浦安隆重开张。这从侧面也可看作是为日本经济的“熊熊烈火”造势助兴。

在整个 20 世纪 80 年代，东京全城可谓夜夜笙歌，灯火通明，日日繁华，车水马龙，一派令人神往的“盛世”景象。据一位在日多年的老华侨曾对笔者讲道：那时候整个酒吧甚至连厕所里都站满了赶来喝酒的日本人。由于人太多了，他们甚至只能站在厕所里匆匆喝上一杯威士忌，在支付 5 万日元后，便得出门去找另一家酒吧。许多客人只要屁股擦到沙发便收费 10 万日元！

总之，整个日本社会都变得异常狂躁，到处银钞乱舞、亮点闪闪，政府与民众都极度亢奋。当时的大藏省还不失时机地在 1984 年发行了面值为 1000、5000 和 10000 的日元新钞。夏目漱石、新渡户稻造、福泽渝吉三位日本历史上的文化名人成为新钞的肖像人物。这似乎在向世人表明，日本尽管物欲横流、拜金主义盛行，但还是相当重视传统文化价值的！

就跟赶场似的，20 世纪 80 年代也成了日本纯文学的全盛时期。众所周知，日本文学比较擅长具体、细腻的个人情感与内心心理变化的描写。1988 年，《挪威的森林》出版并引起轰动。有“日本文学天王”之称的作家村上春树，靠着这本全篇荡漾着寂寥惆怅的青春小说，一时间竟也洛阳纸贵、列岛风靡。之后，俵万智的短歌诗集《沙拉日记》也卖了 260 万册之多。与村上作品一样，极具婉约缠绵的少女情怀，但又不失矫揉造作的“新人类口语文体”，迅速成为日本新时代文学的主流。1989 年，有日本文学天后之称的吉本·芭娜娜的《厨房》也卖了 200 万本。吉本的作品掌握了发达社会的年轻人飘游不定、性别混乱的气质特性，也同样以口语化的文体推动了日本文字的所谓“再白话运动”。

此外，电影导演黑泽明在20世纪80年代推出了《影武士》，也让国际改变了对日本只有“富士山、樱花及艺妓”的传统认识。另一方面，大导演宫崎骏推出了以《天堂之城》《龙猫》等为代表的具有独特美学气质的动画片，也于1984年一跃成为世人皆知的动漫艺术大师。“硬汉”高仓健则通过扮演比较深沉、人情味浓的银幕形象成为大明星，并且通过自己成立的公司与山田洋次等这样的著名导演合作，拍出像《幸福的黄手帕》《远山的呼唤》的好片子。之后还与迈克尔·道格拉斯等美国影星们合作，推出了《黑雨》《棒球先生》等影片，进军欧美市场。有“日本音乐教父”之称的小室哲哉也于1984年进入世人眼帘。他一方面为多位极具潜质的偶像派歌手编写歌曲，另一方面又以个人姿态跻身舞台，成为全能艺人，其监制的唱片总销量据称超过1亿张！

还是在那个20世纪80年代，日本著名影星山口百惠出版了自传体随笔《苍茫时刻》，仅一个月就卖出了100万本，加印至350万本后也告售罄。紧接着与三浦友和的婚典，又令多少日本女人羡慕之至！“百惠时代”在达到辉煌顶峰的同时也告结束，而松田圣子则以“轻薄短”的少女偶像形象开始风靡日本列岛，赚足钱后，松田以两亿日元的巨额花销举办了一场“世纪婚礼”，实足让人们体会到什么叫“富得冒油”一词的含义！

1987年，红得发紫的偶像派歌手小泉今日子，替资生堂做广告片的价码首次突破了5000万日元。资生堂借助她的靓丽外形，将其洗发精整整卖了1亿瓶以上！小泉今日子更以其偶像的魅力，使得广告承包商的股票市值也不可思议地跟着暴涨，至于“小泉现象”所掀起的“广告皇后”效应，更使得日本的偶像文化也进入到巅峰时代。

或许是过度亢奋、张扬，过于排场、奢华的缘故，日本经济终于在进入“平成”年号后的20世纪90年代便开始痉挛，而导致失色，开始抑郁，最终走向迷失。巨大泡沫迅速崩溃而留下的烂摊子，即使通过换血也很难以得到新生，日本陷入了一个漫长而充满呻吟的痛苦期。10年的过度繁荣换来20多年的萎靡不振，这难道就是社会经济文化周期性的恶性循环吗？

今天的日本虽活力不足，可仍僵而不死；尽管雄性已不振，却依旧披金戴银。这边银座、赤坂的会所名店中还是“舞低杨柳楼心月，歌尽桃花扇底风”，一掷千金；那边日本桥、惠比寿的高端百货店里仍旧人头攒动，狂购如潮。东京都心有乐町周边的崇光百货、西武百货等11家老店虽相继破产关门，但伊势丹和三越却又在东京的立川和日本桥大开新店，而集办公、住宅、休闲、娱乐为一身的“六本木新城”综合体更于2003年“闪亮登场”！2013年日本东京申奥成功后，相信一系列兴建改建项目又将展开。在国际金融市场上，日元只要“咳嗽”一声，纽约的华尔街、伦敦的金融城还是会跟着出现打喷嚏式的连锁反应……

日本啊，这金钞银票的经济帝国！

5

日本的国民生活状况与发达的社会文明

笔者在中国长大，到日本后也生活了好些年，所以自认较为熟悉中国，也逐渐看懂了些日本。因此在这里想通过对日本普通老百姓的衣、食、住、行、学、医及购物等社会各方面的生活状态做一些简要介绍，希望读者能了解一下日本社会的现状。

(1) 收入。有正式工作的日本人的月工资是30万—40万日元，而大手企业（大型企业）或者银行、IT及与之关联的公司、商社、政府部门的工作者和自营业者的月收入更高。通常日本普通的大手企业正式员工的工资每月都在50万以上，甚至更高。

日本人固定月工资也可以简单地计算成：大约多少岁每月就可以挣多少万日元，例如30岁拿30万日元，50岁拿50万日元，再算上年中与年终的两次奖金（约合2—5个月的工资数），30岁时的年收入一般应是400万日元以上，40岁时的年收入在550万日元以上。以上数据是税后收入，低于这个数的属混得不好，高于这个数的应是事业有成。税收及保险等一般占收入的10%—20%，都在工资里扣过了，由公司或银行直接缴纳给相关部门。

日本每年的两次奖金很重要，只有正式职工有，临时工没有。在一个公司干得越长数额越多，日本人购房买车等基本都靠它。临时工工资一般则多是“时给制”，为700—1000日元/小时。但由于工时可长可短，所以月收额不定，但多在15万—30万日元。

(2) 购物。日元兑人民币的汇率变动较大，但一般可按100日元兑6元人民币计算。这里以某种同类商品为例（如普通毛巾），月购买力可近似计算为：30岁日本人的月工资/物价=300000日元/100日元=3000件，中国月工资/物价=3000元/6元=500件，工资物价比就是在中国一个月的工资能买500件（毛巾），在日本一个月的工资可以买3000件（毛巾）。日本的百元店很多，在中国要卖10多元的东西，如卷尺、小工具等，在日本一般只卖到100日元(相当于6元人民币)。也就是说，许多同类商品在日本的价格要比中国的便宜。

店铺里的蔬菜水果等大多都是一个或一小把100日元（搞活动的特例除外）。除了新鲜水果和蔬菜之外，购买其他物品多是全家开车去超市。由于大部分生活用品的价格相对于收入来说很便宜，日本人搬一次家有时就得扔掉几箱东西，包括有彩电、冰箱、电脑、空调、自行车，甚至汽车等。所以，根据收入与物价的比例来衡量，日本人的生活还是蛮富足的。

再说说高档消费品。私家车在日本是很一般的东西，一辆普通家用车的价格通常不到200万日元，其价格与中国相等，甚至更低，也就是说日本人用4个月的工资就可以买一辆私家车。很多大学生利用大一的暑假考驾照，就用打工一个月挣来的10万多日元先买辆旧车，待毕业工作时再向家长借相当于他们2—5个月工资的钱买辆新车，一般都是100多万日元的档次。

讲到车还得说燃油。一般说来，油价虽变化不定，但差值通常不会超出正负1元人民币。以2013年9月为例，中国的汽油价格为7.5元/升，日本约为140日元/升，日本人一天的工资可以买60升以上的汽油，中国人一天的工资只可买15升左右。

日本其他的高档耐用消费品，相对来说，普通数码照相机、摄像机的价格比在中国还要便宜。比如可以用3万日元可以买到在中国售价在4000人民币以上的相机。也就是说一个日本大公司的员工，可以用月工资的1/10购买中国外企白领一个月工资才能买到的东西。这就是生活质量的问题。

(3) 穿着。日本现行物价是全世界最高的，但也并非高不可攀。比如，在日本的普通时装专卖店，买一件普通的T恤，如果是日本以外的国家制造，价格在500—1000日元之间，日本本土产品的价格在1500—3000日元之间，占日本人月收入的0.1%—0.7%，秋冬装外套的价格在1万—2万日元（2万日元的冬装已经算是绝对高档货），占日本人月收入的3%—6%。

(4) 饮食。大家都说在日本吃东西贵，如果按绝对价格来看，日本的东西的确贵，但如果按其月收入的比率值来看还是可以负担的。比如东京的一个三口之家，每个月的家庭伙食费是在5万—10万日元，占这个家庭男性收入工资的16%—30%。要注意，这只是按这个日本男人的最低工资标准，也就是月收入30万日元。日本人外出就餐，通常在1万—2万日元之间，可以吃得非常好。日本料理营养价值很高，脂肪、胆固醇和卡路里含量都很少。日本人非常爱吃新鲜的生冷食物，他们认为未经蒸煮炒等热处理过的食物，其营养成分会保存得很好。但食用生鲜美食而获得丰富营养的同时，也增加了其患肠胃病感染的几率。

(5) 住房。日本的住房很贵。但是，除东京圈特别贵的地方以外，其他城市的房价约为东京房价的 1/2 及以下。在一般都市，富裕的日本人每户基本都是住“一户建”，也就是中国普通意义上的独立小洋房。价格多在 5000 万—1 亿日元，是一户家庭 5—10 年的收入总和。这个价格正是中国北京或上海同等面积的房价。但在日本人的收入却是北京、上海人收入的数倍。

由于日本土地资源越来越稀缺，地价很贵，所以后来新建的住宅多为高层式或单元式公寓楼。日本人可以较容易地通过贷款买房，比如一套 5000 万日元的公寓式住宅，首期只有 100 万日元，然后每个月还 10 万—20 万日元的贷款，20—40 年便能还清。工薪阶层按揭买房月交 5 万—10 万日元计 20 年还清的很多。如果普通 30 岁的白领每月收入 30 万或每年收入 450 万，大概用 10 年的工资就能买套房。不过，因为按揭消费有“税控除”的优惠，大部分人都按揭买房。税控除就是你的所有买房、买车、看病等的花费都控除后，只用剩下的收入缴税。要是租旧房，普通三口之家的开销为 3 万—6 万日元 / 月。

(6) 交通。日本的交通十分便利。城际间的新干线的软硬件设施可谓出类拔萃，并经历了数次大地震的严峻考验。都市内以轻轨电车为主的交通线，四通八达，从高架的轻轨，到地面跑的列车，还有深藏不露的地铁，犹如川流不息的血管网脉，从早到晚承载着上千万人的出行。

初次进入日本大车站的人多半会被拥挤的人流、五光十色的各类指路牌弄得晕头转向。但如果经别人点拨一下，标有日、英、中、韩 4 种文字的指示牌还是能很方便引导人找到要去的目的地的。根据车速及所停靠站点的不同，列车分为特急、快速、急行、准急、各（站）停（车）等多种类型。其时刻表非常精准，而且换乘也很方便。乘客可按自己的出行计划来选择最优的乘车顺序，以节省时间，提高效率。日本的城市轨道交通沟通了市中心与郊区的联系，这种远距离的通勤手段，可以让更多的人在更远的地方安家，同时也带动了铁道沿线土地的开发，诸如房地产、零售业、娱乐业等行业也都逐渐发展起来。

日本的轨道交通费占国民个人收入的比例很小，一般出行的电车票在 130—300 日元之间，月票是通常价格的一半左右，而且日本会社员工的车费都是公司报销。比如一个月收入 40 万日元的普通会社（公司）的员工，月票费用通常在 3 万日元以内，而且费用还由会社负责。巴士作为轻轨的补充也很便捷，同时还注重环保。出租车更加方便与人性化，其左侧后门为自动门，方便客人上下车。

(7) 医疗。在世人眼里，日本或许是世界上劳动强度最大的国家，工作压力极大。可是想不到的是，日本却是世界上最长寿的国家。2003 年，日本女性的平均寿命为 85.33 岁，男性为 78.33 岁，均创下世界最高纪录。日本男女平均寿命已连续 4 年名列世界第一，而女性寿命从 1985 年以来一直名列第一。

在日本，因为每个人都有国民健康保险，所以日本人去医院只付担 30%的医药费，其医疗的最大特点就是所有人都加入了国民健康保险。国民健康保险分 3 个等级，分别是老板级、普通级和家属级。自己开公司或收入特别高的属于老板级，其他绝大多数人都是普通级，没工作的家属和儿童从家长的工资里缴，从成年起必须独立缴纳，一个月几千到几万日元，主要视收入多少按比例缴纳，直接从工资账户上扣。看病必须带国民健康保险证，医疗费个人承担10%—20%，保险里出80%—90%，如果医疗费用很高，比如超过工资的几倍时，还可以申请减免。

(8) 福利。日本会社（公司）的员工退休，会拿到一笔数目不菲的退休金，这是会社对这位员工“在会社服役了一辈子”的感谢，虽然现在日本经济不景气，但普通会社的员工可领到一两百万日元，大手会社以及银行、IT、商社有的可以拿到五六百万日元，这只是普通员工，如果耗到部长（部门经理）或以上的级别，这个数字就更高。退休后，因为日本员工都在工作期间缴纳了国民年金和厚生年金，一般每个月可以从国家领到15万—30万日元甚至更高的退休金（这不是政府公务员，只是普通日本公司员工），而这个时候的医疗费用只占开销的10%甚至3%，这种待遇加上存款，足够让已经还清了住房等贷款的两个老人安度晚年。

(9) 教育。日本重视教育是出了名的，国民接受小学教育和初中教育的比例早已达100%；大学的毛入学率在40%以上，受过大学教育的人数占总人口的比例高达48%；成人识字率近100%。日本女性一般结婚生育后即辞去工作，但近半数由于接受过两年制的短期大学教育，即使当专职的家庭妇女，也是有文化修养的能高标准教育子女的称职母亲。在日本，女性怀孕后，政府就开始发给营养费，小孩出生时可直接到市役所领取30万日元交住院费。孩子1个月大时就可以送幼儿园，公办幼儿园费用是1万—3万日元/

月，私立幼儿园费用大约是公办的 2 倍以上。幼儿园是社会福利的一部分，收入少的可以申请少交或不交。日本施行的是真正的义务教育，中小学的学费、书本费、午餐费由国家补助，收费极低，低收入家庭极容易就可以申请减免，故家长负担不重。当然，如果在日本在选择私立学校，价格也会高得惊人。上大学时，公立大学的学费约 50 万日元 / 年，收费不多但竞争激烈，录取率极低；私立大学的学费约 120 万日元 / 年，虽然昂贵，但国家、社会、公司设立了各种名目的奖学金，加上大学生普遍自己开始打工，所以不影响适龄青年以极高比例接受大学教育。

日本举国上下对教育的重视已形成良好的社会风气，笔者在到过的日本城乡发现，学校建筑往往属于当地最上乘建筑之列，结实抗震的校舍、高标准的设施、宽敞的操场等，都会给人留下深刻印象。日本大学校园那种园林化、规范化、现代化的设施令人称羡，而只有东京大学等老校才留存有 19 世纪的古典欧式建筑。在学校附近几十米距离内，经过的车辆都会自觉地减速慢行，更绝不会出现鸣笛现象。小学、初中、高中不同的阶段，学生校服的样式和颜色是不同的，一看就能分辨清楚，这也便于社会对学生的教育、照料和监督，设想可谓周全。由于义务教育的普及化和高等教育的大众化，日本民众的文化科学素养较高，接受就业前的各种培训都会收到良好效果，所以到岗后的工作效率、劳动生产率都名列世界前茅。敬业且训练有素的技工、技师、工程师、研发人员为日本工业和经济的振兴和腾飞发挥了中流砥柱的作用。

（10）化妆。笔者刚到日本时感到不可思议的事之一就是：日本街上几乎看不到不化妆的女人。日本女性不论年龄大小都化妆（中学生以下的女孩除外），除了女人爱美的天性外，不少情况下是出于礼貌的考虑。日本人认为衣装整洁是一种对别人的尊重，而女人化妆同样也是一种礼貌，女人不化妆出门会被认为是很“失礼”的行为。很多中老年日本女人其实也明白自己已不再年轻美丽了，花钱花时间打扮自己已无太大的实际意义了，但出于礼貌的考虑，她们出门时也还要化妆一下。在去看戏或听音乐会前，日本人往往也要穿着打扮一番，认为这样是对演员演出的尊重。日本服务业的女性从业人员也都化妆打扮得整洁端庄，这是对顾客表示礼貌。

在日本街头很少看到穿背心和短裤上街散步的男人，更见不到穿睡衣到市场去买菜的女人。日本人思考问题很注重集体主义，注重与周围人群的“协调”，所以日本女性化妆不但要考虑礼貌礼节，还要考虑与周围人的协调。如果一个日本女人化妆太浓艳、太个性，就有被周围女人“排斥出局”的可能，而日本人最害怕的就是自己被周围的人排斥出圈子，因此日本女人的化妆就比较“收敛”，不会太过张扬。

（11）娱乐。在日本国内旅游、逛游乐场、看电影、看演出，其绝对费用值要比在海外的绝大多数国家要贵。但还是那句话，从工资收入水平对游乐项目的性价比及享受到的服务待遇来看，却比日本以外大多数国家进行同等娱乐的性价比要高。在日本国内，很多博物馆、展示厅对学生及 60 岁以上的老人都是免费的，很多体育设施，比如篮球场、小足球场、网球场对普通民众也都是免费开放的。

（12）其他体现国民素质与生活状况的项目。在日本的大街小巷看不到垃圾，无论拥挤的地铁车厢，还是人头攒动的商场，地面都光洁如新，墙壁上也看不到乱写乱画的现象；日本人很少在公共场所抽烟和吃零食，更没有随地吐痰、随手扔垃圾的习惯；日本人遵守交通规则，无论是繁华的东京、大阪、名古屋，还是古老的京都、奈良，大街上看不到交警。车流、人流严格按红绿灯指示行动，一丝不苟。

日本的轨道交通车站虽人流量大，但一点也没有脏乱的感觉。因为自动检票免去了人工服务这一环节，所以工作人员就站在各自岗位不断地鞠躬，向乘客问候“早上好”，并帮助有困难的旅客。在乘坐日本的轻轨电车时，人们多会将手机调成静音或震动。日本人不管是通勤出行还是其他目的外出，每次在电车上都要度过很长时间。如果此时手机响起，会打扰到他人休息，大声打电话更是失礼行为。如有电话打进来，则会小声告诉对方“抱歉，我在电车里，一会儿回给你”。对方也会很理解地道声“没关系”。在车厢中的“优先席”附近，手机是要关机的，因为这是为孕妇、婴幼儿或老年人准备的。考虑到手机辐射或“特殊”乘客的身上可能安装有心脏起搏器等医疗电子仪器的原因，在此处使用手机通常会受到“注目礼”或别人的制止。所以，在日本的轻轨或地铁车厢里，无论乘客有多少，都会是相当安静的。人们或是在阅读，或是在打瞌睡。因为乘轻轨可能带行李，所以凡是有楼梯的地方都有自动扶梯，免去劳顿。出站的过街天桥上下全是利用自动扶梯，还有平面滚梯通往各个中转汽车站，头上都有透明的阳光板顶棚遮阳遮雨。

购物时从进门起就有店员向顾客施鞠躬礼问候。不论到哪个柜台，只要与店员的目光相对，一定会听到温和的问候声。店员在收钱、找钱时拿个小筐，顾客把钱放在里面。找钱时也是放在小筐里(因为经常用硬币)，当着顾客的面一五一十点清楚，然后纸币在下、硬币在上双手交到顾客手里。绝不会扔在柜台上，让客人自己逐个地去捡。售货员递东西时都是用双手送过来，声音很温柔，给人一种很亲和尊重的感觉。日本商品的包装很讲究，并积极为顾客着想。由于漂亮的东西包在里面看不到（比如保鲜食品），厂家就将样品摆在外面，在旁边再放一盒打开的仿真样品模型，并将食物从中间切开，有如无声的广告。客人可以清楚地看到里面的具体样子，决定购买与否。

在日本的书店，当付款结账时总会有店员亲切地询问是否需要包个书皮或是否需要精美的书签（均为免费）。由于日本人性格暧昧、不善张扬，凡事喜好低调，不露个性。如果在公共场合让身边的人看到书本的“隐私”未免会有些尴尬。所以，书皮起了很好的屏蔽作用。此外，当下雨时，有的书店所播放的背景音乐会切换到一个特定的曲目。店员一听就知道外面下雨了，便要为客人做好防雨措施——为客人买好的书套上一个极为合体的透明塑料袋“雨衣”。

日本的旅游很规范成熟。导游非常尽职，介绍日本概况、历史等，知识水平很高，一路服务也非常好。旅游地点的商品全明码标价，质量好并有特色。导游带游客们到买东西的地方，告知集合地点后，就等在那里，没有跑到房间收小费的。出外旅游时，日本导游在清点人数时总是手心朝上，类似国内“请”的姿势，一上一下地清点，这个尊重人的细节很让人感动。当在住泊地洗澡时，一打开水龙头就有热水，不需要打开热水管长时间放凉水后才有热水，不会造成浪费。

在日本，助残设施相当完善，所有的公共场所都有残疾人的专用通道和电梯。大饭店、大商店、机场、车站门边都有残疾车免费供残疾人使用。在冲绳琉球古王国的遗址不准建任何设施，但却建有残疾人专用的电梯。全日空飞机上播放安全设施讲解录像，屏幕右下角总有一位翻译同时用手语演示。这趟飞机也许没有一位聋哑人，但更多的是表示尊重与平等,并唤起人们的关注。另外，盲道、楼梯扶手等处的盲文凸刻、语音提示按钮、导航广播等方便措施，使得即便是盲人也能在都市户外行走自由。2014 年 5 月，日本重新发行了 5000 日元纸币，理由是现行纸币与 10000 日元纸币的盲文识别标记太像，不方便区分。

日本公众场合的扩音器，音量都适中，所选曲目的调子都很柔和。比如饭店的叫早电话，在寂静的清晨既能将客户叫醒，又不至于吓人一跳，非常人性化。坐船、坐火车或游览公园，广播小姐的声音也都很轻柔，就像邻家小妹在笑盈盈地提醒你。所有的烦恼、旅途劳累在这温馨的语气中会得到很大的缓解。

日本一些行人较少的路口，为提高汽车的通行率通常不设红绿灯，当按下过路按钮后，行人通行的绿灯便会亮起。日本的公交巴士上也设有相类似的下车按钮，因为有些车站不一定有人上车，所以如果没人要下车的话，司机会视情况选择不停车。这些按钮都会节省人们的时间，提高出行的效率。在没有信号灯的情况下，当人与汽车相遇时，基本上都是汽车停下来让人。如果驾车方表示让行人先走的话，行人会抓紧时间通过，并挥手或鞠躬表示谢意。

在日本乘坐自动扶梯时，人们都会自觉地站到左侧，空出右边给那些急着赶时间的人快速通过，在提高通行效率的同时，也体现出公众场合人性化的一面。同样，在乘坐直梯的时候，靠近控制按钮的乘客会主动询问并帮助其他乘客摁键选择要去的楼层。

日本大都市的轻轨电车是最拥挤的，可所有的日本人都自觉排队；日本的高速公路在高峰期或节假日也是拥挤的，但所有的汽车同样都依次排队，绵延数十千米，绝无加塞抢行现象；日本的成年人在公共场所没有人大声喧哗，大家都文明礼让；日本人的垃圾是靠国民自觉分类的……。

日本是以注重礼仪的国家，讲究礼节是日本人的习俗。中国有句老话“礼多人不怪”。这是一种相互尊重并有浓浓人情味的行为。所有细节的源头可谓是“以人为本”或“人性化”。在日本的社会生活中，总有一些细节带来感动能让人在心里回味，很是难忘。一位日本学者曾向笔者这样评价，日本是个“缺少新闻的安静型的国家”，但这也恰恰反映出日本已拥有了成熟与安定的社会。

是啊，从方方面面去体察与品味日本社会，这究竟是个什么样的国家呢？在不少人的眼中，日本似乎是一个野蛮的国家，一个从不知道认错道歉的国家，一个生活“压力山大”、国民“不知幸福为何物”的国家，甚至是一个无法理喻的国家。对日本，国人好像总是缺少理性的认识，感情上有时也会从一个极端走向另一个极端。但当将一个个统计数据进行比较后却又不难发现，日本是个科技先进、经济发达、教育优秀、百姓富足、社会公平、环境优美、预期寿命高，并且在教科文卫等诸多领域为世界做出过积极贡献的发达国家。中国要达到日本目前的社会与经济的发展水平，在许多方面可能还需要较长时间的不懈努力。

日本，这个对中国有着深远影响的邻国，远不是某些媒体所宣传的那个“日薄西山”之国，而是一个在许多方面都非常值得中国人去认真了解、借鉴与学习的国家。中国，应该是一个正在复兴之路上拼搏的并有着远大抱负的，但同时又需要在各方面倍加努力进取的国家。这样的定位或许才比较精准，对此必须有一个清晰而客观的认识。

在一些中国“愤青”朋友的眼中，也许从来都耻于与日本人为伍，更别提向日本学习了。“日本人只不过是仇人而已!”就算是这样吧，但请千万记住一句话：对于你的仇人，最好的报复是“活得比他更好”！所以，要尽最大的努力把我们自己的事情做好，而且要做得更好：让我们的天空更蓝、让我们的科技创新更多更先进、让我们的单位 GDP 能耗更少、让我们的……但光凭满腔热血是不够的，空谈误国，实干兴邦！中国需要更多的冷静思考、需要更多的自信完善、更多的扎实作为。只有我们自身变得强大，文明、进步了，中国才能骄傲地屹立于世界民族之林!

6

复杂的民族性与独特的大和文化

一、复杂的民族性

樱花、和服、浮世绘、武士道，寂寥、绚烂、虚无、玄幽、疯狂…… 提起日本民族，人们脑海里闪现出来的总是这么一连串的词汇。日本民族的确是一个既复杂又非常矛盾的群体，其拥有极其独特的心理文化与社会意识。在本节，笔者将以个人对日本社会文化一些方面的粗略了解，来浅谈一下日本复杂的民族性，以及当前处于微妙变化中的日本社会所面临的新现象。

（一）自律与服从

日本是面积狭长的岛国，大部分土地为不可耕作的山地丘陵，且多处于火山、地震、海啸、台风等自然灾害的频发地带。日本人认为人是自然的一部分，应与之同起同落，自然灾害也被视作日本的“命运共同体”，这包括已经经历过无数次的地震与海啸。所以，体现在日本民族性格中的关键点或许应该首推人与自然的关系。由于自然的与社会的、古老的与新生的等各类因素复杂交缠，让日本人讲究服从于秩序；在工作学习之余感慨人生苦短的同时，并尽其可能地及时享受与行乐。干活时拼命努力，放松时尽情愉悦；凡事喜欢事先周密安排，讲究礼节与程序，有时即使明知程序不合理，只要上级或体制坚持，也会咬牙做到底；他们讲究精神力、磨炼和苦修，崇拜自我激励的过程模式；但同时也承认，有时无论人再怎么努力也难逃宿命。

人口稠密造成生存的压力，并迫使日本民族珍惜开发有限的土地资源，这就让他们形成了做事认真、注重意志力、敢于实现突破、相信拼搏能创造奇迹的坚忍性格，并铸就了日本人对民族、国家的使命感。但这种民族情绪同时也孕育出日本人的向外意识甚至掠夺性——总想走出本岛，扩张、掠夺别国领土及资源以弥补本身的狭小与资源的不足；而孤悬海外一角的寂寥以及在天灾面前的无助与乏力，又让日本人又产生出“人生苦短”的感慨，以及对“孤寂宿命”的盲从。

日本地理环境上的隔绝导致其与外部世界交流上的困难，天然的孤立感使得日本民族不善沟通，在性格方面尤显情绪化，情感丰富而多变。在人际交往中有时往往表现出相当程度的冷漠。日本传统的“能”剧就是在发扬着一种“冷漠之美”；而另一相异种类的“狂言”剧，则又表现出日本民族热情的一面。但从本质上讲，日本民族是孤独的。正因如此，在行为模式上，日本民族一旦确定目标，就会不顾一切地为实现这个目标而努力，哪怕这种努力最终付出沉重的代价。在现实中孤独的民族性也表现为，政治家不善于灵活处理与各邻国的关系，导致日本现在与所有主要邻国都存在重大外交障碍，这在冷战后的发达国家中非常罕见。其实，自明治维新之时起，日本的自我定位就存在一种深刻的矛盾，它渴望以西方列强的秩序观确立自己在亚洲乃至世界的地位，但自己最后却被西方文明的武力所击败。

战后的日本经历了从废墟到“建立新世界”的奇迹，以及从被占领到国富民强的经济腾飞，这让本就迷信精神力、苦修与奋斗的日本民族愈发膨胀，并激励普通民众通过“一生悬命”式的努力去跻身精英阶层，从而改变自己的命运。但门阀政治却又根深蒂固，“精英玄关”也难以逾越。这让更多普通的日本人不得不止步于所谓“玻璃天花板”的无形压力之下，俯首于“人大不过天”的宿命。日本稳定的就业、完备的福利，以及终身雇佣制，甚至世袭雇佣制的盛行，也从客观上成就了日本国民这种服从自律的民族特性。

（二）偏激与反叛

从历史上看，日本民族却可谓是优雅与残忍的结合体。著名的“菊与刀”中的“十六花瓣八重表菊纹”，是日本皇室的家徽，象征着日本文化中那种恬淡优雅的格调，但同时“刀文化”也是日本民族的一个显著特征。“刀”是武家文化的象征，也是“武士道”精神之灵魂。日本人一方面非常优雅，另一方面又隐藏有歇斯底里的凶残。这与长期的武士道社会及近代军国主义思想的侵蚀一脉相承。“一个武士如果得到了一把好刀，为了试验刀的锋利与否而会去砍杀动物甚至人来达到目的。”这在文明社会看来是无法理解的。残酷的地理环境、多发的自然灾害、长期动荡的社会，使得武士时代的人命更是贱如草芥。然而也应看到，既然日本的民族性是因自然、社会条件和后天培养所塑造的，那么这些条件的变化，也会潜移默化地引起民族性的变化。这种民族性的变化自古便有。

历史上日本人大多都向往一种“悲壮之美”，就如同樱花一般，花期虽短，但在盛开的时候却又美丽异常。樱花是日本的国花。每年春暖花开之时，在樱花盛开期的“花见名所”，只要抬眼望去，漫天的樱花连成一片粉色花海，在明媚的阳光之下，流光溢彩，颇为壮观，在交相辉映中更令人感受到一种生命的勃发之态。然而一周后再度游园，眼前见到的却是另一番景象，真可谓“花谢花飞花满天，随风飘曳扬满园。落英缤纷残瓣撒，遍地花积寸许添”。樱花的败落恰似一场轰轰烈烈的集体春谢！这种勃发似的突生突死景象，使人很容易联想到武士道精神那种张扬的生死观。或许，日本人将国花樱花作为民族的象征，已然透出其内在的隐喻性——体现生命的怒放与短暂、生存与消逝的瞬间转换！从这美得残酷的过程当中，日本人获得了对绚烂生命瞬间飘逝体会与认同，颇具感伤。

实际上，日本人喜欢樱花，不仅欣赏它盛开时的绚烂，更感叹它凋零时的凄美！当俯身抓起一把花瓣仔细端详时，怎么也对比想象不出几天前其高悬树枝时的风采。即使在盛花期也摘下几朵樱花置于掌心，同样看不出它美在哪里。但思索后可得到体会和领悟：单朵的樱花或许不引人注目，但不论是在哪个花期，樱花的美丽都体现在一种“集团之美”。由此便联想到了日本人的民族性：心系团队的协作、怒放之前的谦恭，作为个体则内敛、作为团体便张扬……这些都是樱花的特色，更是日本人的性格！

日本人认为武士应该同樱花一样——只要实现了自己的理想，生命随时可以舍弃。因此，日本民族对生命并不珍惜，不管是他人的还是自己的。在武士们看来，敌人的生命是用来实现自己价值的；而当自己价值已实现，或者为了某种理想已尽到最大努力后，生命是可以随时放弃的。这种思想文化就造成了日本人的残忍嗜杀，而“切腹”居然成为某种时尚或荣耀的行为。

这些偏激思想习性由来已久，而且已经渗透到日本人的骨子里面去了。任何外来的文化被日本人吸收往往都带有这种思想的烙印。来自东亚大陆的佛教是劝人向善以求来世幸福的，日本武士也大多信佛，但是杀起人来却毫不手软。日本战国时代流行的佛教“真宗”主张，无论生前有多少罪孽，只要念诵“南无阿弥陀佛”就能得到拯救，死后还能升往佛界。因此，日本武士虽一生嗜血屠戮，但最终只要念诵一声“南无阿弥陀佛”，便能心安理得地死去。而且在战乱时期，寺院甚至都成为武装集团。令织田信长非常头疼的“一向宗”就是一种佛教徒的武装政治集团，其僧兵一边在战场上念着“南无阿弥陀佛”，一边却毫不留情、干脆利落地大开杀戒。

日本民族是同时兼具极端服从性与极强反叛性的矛盾结合体。这通常使人难以理解。在世界历史上，日本是同一社会形态传承最久的国家。传统的等级观念、对上司绝对服从、将国家和团体视作一个大家庭、将上司视作家长等思想自古相传，积淀深厚，并造就了日本人服从上级、服从强者的思想。古代的日本将这种精神简直发挥到让人瞠目结舌的地步。近代日本虽经明治维新、脱亚入欧，但古老的等级制、门阀制及长幼尊卑体制还是以新的形式沿袭下来。第二次世界大战后，古老的精英体制以名校生和名门望族主宰政经上层的形式继续存在。高福利、综合商社和终身雇佣等制度，又让古老的家长制以视公司为家、视顶头上司为家长的新形态存续并发扬光大。现代日本社会，公司里的上司对下级也往往具有绝对的权威，等级森严，底层员工虽受到上司的重重压迫而往往鲜有反抗。因为整个社会都将这种现象视作理所当然的，这种所谓的“职场暴虐”现象在日本相当普遍。

在政治交往中也是如此，当日本人遇上自己无法取胜的强敌之时，往往就会屈服于对手。战国时代的织田信长、丰臣秀吉、武田信玄以及德川家康等人并非完全依仗武力去征服其他大名来掌控日本的，而多是通过军事进攻及政治外交等手段将势力发展到一定程度后，其他大名便纷纷表示臣服。

在国际交往当中更不必说。当年与中国唐朝的白江口之战失利后，日本就极力以中国的弟子而自居，并以谦恭和虚心求教的态度积极向唐朝派遣“遣唐使”，吸收中国文化不遗余力。当被美国打开封建门户后，日本受到了西方势力的侵略冲击以及西方文化的侵蚀，在明治维新以后便推出“脱亚入欧”的口号，追随西方列强。当第二次世界大战失败被美国占领后，又马上义无反顾地充当美国的马前卒，在外交政策及国际活动中唯美国马首是瞻。

但在日本人的身上，反叛性同样也有着极其鲜明的体现。日本民族是非常现实的，利益至上在其民族性格中占据着重要的地位。当自己的“上位者”日渐式微之时，日本人往往会毫不犹豫地反叛。这种风气在战国时代就曾得到过全方位的展示，学界甚至还将其用一个专有名词“下克上”来概括，而习惯尊卑长幼之序的日本民族一度把“下克上”当成家常便饭。在日本历史上的战国时代，篡夺、背叛、毁诺司空见惯；等级森严的武士社会，家臣弑主杀上并取而代之的事件也不在少数。可以说，日本人的历史就是在这种自己人间不断臣服与反叛的轮回中推动的，对外亦然。如果忠实与服从是日本人的本性的话，那么反叛与犯上同样是日本人本性的另一方面。

（三）注重协调的群体意识

日本人的群体性意识非常强，这也是其另一个显著的民族特点，并带给大和民族极强的凝聚力和向心力。日本人这些特点相当程度上应该起源于其稻作文化。因为稻作不同于广种薄收、靠天吃饭的旱田耕作。兴修水利、插秧收割等都需要集体的劳动与合作，由此形成了农村共同体，产生出群体意识。另外，日本由于周边环海，既不像欧陆诸国间能进行文化渗透、相互影响，从而相近；也非美国那样是一个多民族、多种族的大熔炉。作为单一民族的日本，除了极少数的阿努族人外，99%以上都是大和民族。假如内部或集团之间矛盾升级并诉诸武力后，失败的一方再远也很难逃出日本列岛。如果日本人无休止地内斗下去，最终结果只能是同归于尽。民族构成的单一性，在客观上加强了日本文化的同质性和集体主义的意识。

日本人为了在岛上共同生存下去而形成的“和文化”，强调集体与大众的利益，即使压抑个人意愿也要“维和”。这个“和”不光是和谐、和睦、平和的意思，更是一致、协调、共存的意思。即不愿意强调个人的痛苦，而是寄希望于集团整体，把“小我”融入“大我”，在一个封闭限定的范围内，通过鼓励成员的全身心投入，来营造一种患难与共、同舟共济的归属感，以强化全局观念。因此，日本人的感情轻易不外露，总以“自我忍耐”来维护整体大局。高度的群体协调性也造成了人的个性往往被埋没。日本人作为个体通常显得不是很突出，因为他们总是将自己置身于一个团体之内。就连海外旅游的日本人旅行团，大家互相之间原本互不相识，但是在这样的临时团队中，日本人也往往表现得很有团队协调性。

这个特点也是日本民族不断取得重大成就的重要因素。

作为能取得相互间良好协调的重要手段，便是那种能充分释放善意的、招牌式的“日本式微笑”了。其或许更能传神而贴切地反映出日本人的民族心理特质。这种微笑应当是拥有春天般温暖功效的，否则不会被人们所熟记；同样，这种微笑也应具有樱花盛开般的绚烂，否则也不会被视作美丽；但是，这种微笑或许更多带有一种意味深长，否则它不会让人迷惘。由于面对自然环境与人文环境的巨大压力，在日本人的内心深处，微笑并不一定伴随着喜悦。日本人在任何场合都可以而且必须报以微笑应对：感激时要微笑、温柔时需微笑、失意时也要微笑、恼怒时还是微笑，羞愧时、烦乱时、被训斥时都要微笑……外国人常常不理解这种笑，或将其解读为是高傲、嘲弄、阴谋、狡诈，甚至是神经质的笑。其实，日本式微笑既非挑战，也非虚伪，并非懦弱，更非无奈。这是在悠长的岁月中，日本人将对命运的理解凝缩成为的精妙礼仪之一。就像万物生长离不开阳光一样，日本人的心绪调节也离不开这神秘的微笑。当然，这种微笑或许还有一种更深刻的力量：这是当日本人在经历人生中最悲苦、最脆弱、最黑暗的时期，受伤的心扭绞出的瞬间脸部神经的表现。所以，日本人的微笑应当是其在直面最严酷的历练时，一种呼唤希望重归的咒术般的期许。

二、独特的大和文化

（一）融合之美

日本少有天然资源的恩赐，而且也无深厚的文化底基。但依靠强悍的民族意识，日本人始终在自卑与自大的情愫中徘徊、挣扎，奋力前行，并热衷于学习与改造。远离大陆且狭小的岛国虽未能积淀出丰富而独立的“纯粹文化”，而且其本土绳纹与弥生文明也未见修成正果。但是，通过不断接受与融合外来文化，却最终形成具有混合特质的“大和文化”。由此可见，日本人的学习能力不仅表现在善于模仿，而且表现在那种通过改造后，使之适应自身文化并融合发展的能力。

应该承认的是，中国的儒家思想至今仍然贯彻在日本的教育体系之中。孔子讲“礼、乐、射、御、书、数”，合称“六艺”，其中只有射和御是跟军事有关的内容。当年，日本人将传入的儒学进行改良后，变成了歌道、书道、茶道、花道、剑道、箭道、柔道、香道、棋道等。其中剑道、箭道、柔道、棋道都是跟军事直接相关的教育内容，可以很好地培养国民的战斗精神。毫无疑问，中国传统文化对日本的强大起到了至关重要的作用。

书法在日本被称为“书道”，而将技法上升为“道”，足见其重视程度。日本人的书道只写今书（楷书、行书、草书为今书，而篆书、隶书为古书），因其行云流水之故，更适合平假名书法。对于过分方正板滞的书体，皆在不喜、不书之列。故日本书道与中国书法在本体论上有差异，这是文化精神相异而使然。

又如，日本属于潮热的海洋性气候，“遣唐使”带回的唐装太过厚重，影响了穿着的舒适性。所以在室町时代及江户时代，人们对其进行了小袖以及锻带结的改造，最终形成了适应日本生活环境的“和服”。再如，明治维新，脱亚入欧，让急于证明自己“不是亚洲人”的日本人在短短几年里，改掉不吃牛肉的积习，如今日本甚至成了高档“和牛”的出产地。

日本接受西方文明并全盘西化，也是通过吸收西方文化来充实自身文化。日本人的学习和融合能力确实令人钦佩，其政治制度、礼仪规范甚至生活习俗都受到过外来文化的重大影响，但是最终却又表现出一种独特的日本特色，而且能与其传统文化共生共存、相得益彰。

（二）幽玄之美

代表“日本”的英文单词Japan，本为“漆器”之意，而“中国”的China则是指“瓷器”。若静下心来仔细琢磨，西方人的这种划分还真具几分韵味。瓷器与漆器最初均产生于中国，但与光洁明亮、细腻高贵的中国瓷器相比，日本制的漆器呈深红色或红黑色，色彩昏暗但手感柔和，视觉深沉而响声低钝，而且还带有些许哀怨感，日本人所喜欢的也恰恰正是这些特质！日本人认为：漆器之美，如果不以昏暗作为条件是难以想象的！漆器豪华绚烂的花样大半隐藏于由黑、褐、红等好几重昏暗的颜色当中时，能激发出人心中无以言传的情感。锃亮的表面在昏暗之处所映照出的摇曳灯光，则让人仿佛体会到寂静房间中吹拂的微风，诱人遐想无限。漆器另一特点就是配套使用效果极佳。用时摆列开来，其造型美观；不用时可大件套装小件，节省空间；搬运时如碰撞，也不易损坏；在灯光下相互映入或吸收对方的光，产生一种层次感。这些都与日本人的民族特性何其相似！

在日本传统的茶道、花道、书道、俳句、和歌、障壁画、日式庭院等领域，都能体现出其独具自身特色的审美情趣及民族心理特点。这里以俳句为例说明。在日本成万上千的古俳句中，松尾芭蕉的名句“蛙跃古池水音潺远”写得或许最绝、最传神！这是由于其间暗藏着日本文化的密码。“蛙跃古池”现象中的“水音”可以解读为“余韵”，而“古池”又可看作是“时间积淀”，整句体现出了“自然空间与时间相接”的概念。俳句对古池及青蛙入水的描述都属视觉领域，而后对青蛙入水声响的描白则属听觉范畴，递次体现出了深邃的“幽、玄、美”韵味。可以幻想：青蛙入水泛起涟漪、形成水圈扩散、水面怎样慢慢归于平静、古池又逐渐回复静寂。一个恒定不变的空间象征——“古池”、一个灵性跳动的时间生命——“青蛙”，从而构建出一个瞬间与永恒凝固在一起的想象空间，进而创造出一个动与静融合为一体的灵动宇宙。从“一跃而起”到“入水一击”的“瞬间美”，再到“归复静寂”的“永恒美”，可看作是日本民族审美精神取向的典型体现。

在日本，凡属于被称之为美的东西，或许都不同程度地笼罩了神秘而荫翳的影子。幽深的森林、薄暗的木屋、墨绿的苔藓、朦胧的庭园，黄昏时点亮的纸灯笼、被浓密的树林包围着的神社、在光线昏暗舞台上演出的能剧，以及暮色下艺妓那温暖的回眸，还有只在夜晚才举行的天皇即位“大赏祭”……这些无一不显示出一种日本民族所独有的“幽玄”之美，亦可归纳为：温柔的感伤、淡雅的忧愁、纯真的情性和压抑的欢愉。这些情感是幽暗的、朦胧的、神秘的、纤细的，甚至是神经质的。这还是一种奇特的审美心理，从日本文化和生活习惯中可以明显看出，其喜欢荫翳、昏暗、幽深远胜于喜欢明亮、华丽、绚烂。但这并不代表日本人具有不知道明亮的精神心理，也不是说日本人故意抗衡以亮丽为特征的现代“正能量”，这其中隐含着的或许是对其特殊自然生存环境的感伤，还是对自身文明的一丝苦苦支撑？

这里以笔者多次造访过的古城京都和奈良为例：当置身于京都

那荫翳幽深且鲜少人工斧凿的园林之中时，其自然清新的风格体现出一种简朴清宁的至美境界。经浓缩与提炼后又使人能产生出一种入静入定、超凡脱俗般的感受。用料讲究的日式园林及庭院的风格表现为精致而小巧、枯寂而玄妙、抽象而深邃，即用很少的元素而达到极大的意韵效果！由于受到宗教、文化、历史和风俗习惯的影响，一座精美的日式古典庭院往往又成为荟萃文学、绘画、花道、茶道等各领域之精华的艺术上品。而奈良则兼具古都、佛教中心、大和文化发祥地、日本人的精神故乡等多重角色。当漫步于古道老巷之间时，光影斑驳的奈良显得无比静怡。放眼望去，林阴溪边更是鹿群遍布，将大自然万物和谐相处的一面体现得淋漓尽致。同时奈良又像是一块晶莹剔透的琥珀，凝固并完好地保存下从唐代起就由中国传入的古建筑及宗教遗迹。京都和奈良颇能使人感受到日本文化中的多重性与沧桑！

（三）“小”之美

日本是一个对“小”有着特别眷恋的民族。在其民间故事、神话传说以及卡通动漫当中，诞生过许多深受世人喜爱的“小人物”形象。古代有桃太郎、一寸法师、辉夜姬等；近现代有聪明的小和尚一休、蜡笔小新、名侦探柯南，以及顽皮可爱的樱桃小丸子等。这些人物的共同特点都是拥有小巧、机灵、可爱、勇敢的袖珍型形象。他们身板虽小，但成长迅速，并能战胜大过自身数倍或数十倍的强大对手，最终成为胜利者。这些故事似乎想要反映出这样一个共同特点，那就是：相对“小”的日本民族不甘示弱，总是要想积极地利用智慧和微小的独特力量去战胜强大的对手。

与中国的山川大河相比，日本的自然景物固然显得相对渺小，而日本人却还将其制作成了尺寸更小的盆景艺术！由中国传入的盆景艺术在日本得到了独特的发展，这体现出大和民族对“小”东西的眷恋之情，并喜欢把各类事物以缩小模型的形式精确表现出来。在日本的产业与技术方面也可以发现同样的倾向，从相机、手表、各类数码产品，到微型集成电路、纳米技术、微机电系统等超小型的精密产品或技术中，日本人具有独特优势。日本民族性格中的小而优、小而可爱、小能变大、小可胜大的先天意识形态，更使得其对微缩技术及小型化的产品达到了执着与着迷的程度。

由此延伸，“小”可以精致。日本是一个保有“匠人”文化传统的国家，民间有数据称日本有3000 家以上的经营时间超过 300 年的企业，数量居全球之冠。令人称道的是，这些“百年老店”的经营模式并不是急于“做大做全”，或是忙着去“上市圈钱”，完成资本的“快速积累”，而是专注于做好某种商品，或是完善一项制作技能。从历史上的日本刀、漆器，到后来的精密数码电器、化妆品，再到今天游客蜂拥赴日“爆买”的马桶盖、OTC 医药保健品等，无一例外。

7

微妙变化中的日本社会与“福岛综合症”

一、微妙变化中的日本社会

日本经济昔日的辉煌已渐渐远去，持续20多年的经济不景气，带来了各种福利的削减、终身雇佣神话的破灭等一连串负面消息，使得当前的日本社会生活正经历着一系列巨大的变化。这让传统上的服从、忍耐与秩序等信念变得不再神圣。西方文化对日本的全方位入侵更使得年轻人崇尚对个性化的追求，老规矩、老礼节、老习惯在新一代中开始逐渐淡化，传统的服从、忍耐和秩序受到现代社会发展的严峻挑战！人们印象当中日本人的集体主义、团队精神，以及血亲关系、邻里关系和社会关系，在今天的日本社会中虽依旧保留，但与以往相比，已经明显淡化多了。

（一）日渐淡薄的人际关系

在今天现代化的日本城市里，很少能遇到一家三代同堂的现象。老人们留在了农村或者是小城市，东京、名古屋等大城市的日本家庭主要由夫妇与一两个孩子组成。随着社会老龄化程度的加深，孤寡老人越来越多。不少家庭都希望把老人（特别是患病的老人）送到养老院，这使得养老院人满为患。很多养老院需要每几个月一次换批收纳患病的老人。这在日本已经是一个非常沉重的社会问题。日本有着成熟的社会保障体系，几乎人人都有养老保险，医疗与护理制度也很完善。这种方便性使得人们无须再靠血缘关系来解决相关问题，很多日本人甚至还把重视血缘关系当成一种落后的旧俗。在世界上的发达经济体中，血缘关系普遍都很淡薄。

以前日本企业实行终身雇佣制，工资以工作年份的长短序列发放，员工以企业为“家”，忠心不二。但现在很多企业为了节约开支，其雇用的合同工、临时工人数远超正式工。企业可以根据经营水平或市场状况，随时雇用或解聘非正式的员工。当合同工、临时工制度成为日本企业从业人员的主流时，“日本制造”的质量便开始出现问题，新产品的研发速度也大为下降。

在日本农村，由于实现了机械化生产劳作，农业劳动中人与人之间的协作纽带联系变得更加薄弱，以前很紧密的邻里地缘关系正逐渐消失殆尽。而同时，由于少子化与老龄化的问题的日益严重，农业的生产效率也受到了影响。

（二）缺乏生气的社会

日本总务省 2016 年 2 月 26 日公布数据称：2015 年日本总人口 1.2711 亿人，较 2010 年上次调查时减少约 94.7 万人，降幅 0.7%。这是日本自 1920 年该项统计开始后总人口数据首次出现负增长。47 个都道府县中有 39 个出现人口减少。在地域分布方面，日本全国人口呈现向首都圈即东京及其周边集中的趋势，这意味着地方人口过疏化问题更加严重。日本作为全球人口最多的 20 个国家中唯一人口出现下降的情况表明：其在大国当中已处于少子老龄化问题严重化的最前沿。少子老龄化导致劳动力缺口逐渐扩大及社会活力锐减，影响到经济发展规模、高校入学率降低、人才储备减少、国防征兵难等方面，并严重削弱国家竞争力。

而且最新调查显示，日本人的日子已经不像过去那样潇洒、富足。今天的日本，贫困化和贫富差距都在加大。日本社会以保险金为目的大案要案不断发生，杀人案也日渐增多。在被社会学家山田昌弘称作“格差社会”的下行世风中，日本人普遍沮丧颓废，并对自己的生活越来越担忧。当年池田勇人提出的“所得倍增计划”，或田中角荣鼓吹的“列岛改造论”的雄心壮志已荡然无存。很多日本的中老年人在感到失望和恐慌的同时，十分怀念过去的美好生活。如果想要找一个东西来比喻当前日本社会状况的话，也许富士山倒挺合适：金字塔形的纵向结构，酷似强调均衡发展与社会公平而形成的相对稳定的日本社会，好似富士山外形一样四平八稳；而社会内部孕育的各种变革，却像这座休眠火山一样有爆发的可能；经济实力虽然强大，却掩盖不住在结构方面的种种弊病与漏洞，就好像远看线条优美的富士山，其实还有巨大的火山口，并掩盖着地表下面的火山熔岩。

20 世纪 80 年代以来，日本的“御宅族”人数近年来也逐渐增多。他们热衷于动画、漫画和电子游戏，以至于足不出户。在日本，“御宅族”大多是年纪在 20—40 岁的男性。他们曾经被认为是因为无法适应社会生活而在动漫和电玩里寻找安慰的自闭一族，但现在已经渐成潮流。有人指出，“御宅族”是日本青年一代缺乏自信的表现，因为害怕被拒绝，故转向了那些没有个性的动漫人物和玩偶。与他们相对，更加颓废的“尼特族”已达80万人以上（厚生劳动省数据）。他们虽已从学校毕业，但没有工作，也不接受劳动培训，这些15—35岁的人多数未婚。与以往的无正式工作而自由打工的“飞特族”不同，“尼特族”生活来源基本上是仰仗父母。

作为日本社会中坚力量的年轻人和中年人在精神上的失意甚至颓废，使得他们做出种种出格的行为，吸毒便是其中一项。由酒井法子涉毒事件牵扯出的日本演艺界，以及后来又不断爆出的相扑界、大学校园，甚至本应军纪严明的日本自卫队等各阶层的吸毒内幕更是令日本社会各界深感震惊。

发达、富足的日本社会还流行有一种“卡哇伊”（可爱）文化，近乎全体国民在日常生活中都表现出的幼稚病和退化性，而整个日本社会也弥漫着想被亲近与庇护的欲求。所以有日本学者抨击日本人集体不学习，集体不思考，没有成功欲望，头脑简单，人云亦云，做什么事总愿意随大流等。“卡哇伊”在其气质上表现出拒绝成长、拒绝成熟的态度，其直接导致出“低智商社会”。

缺少“正能量”式亮点的日本社会近年来似乎普遍缺乏生气，已经高度发达的社会保障体系好像使得人们磨灭了几十年前的那股干劲儿，大多数人或许只愿停留在守富知足状态。再建一些幼稚园或养老院会使得血缘亲情淡薄的家庭能够少一份儿负担、向缺少青壮年劳力的农村多发放补助金能让死气沉沉的地方社会增加点儿活力、通过减税补贴等措施可以让企业尽可能地多雇用一些劳动力……日本的国家、民族以及社会在千百年间的变化着实令人感叹！

二、难觅良药的福岛综合症

2011年3月11日，毁灭力巨大的日本东北大地震不期而至！

在排山倒海般的海啸浪墙面前，人类显得那样渺小与脆弱。然而，已经历过无数次自然灾难的日本民众在灾难来临时，表现出了“异乎寻常的冷静”：灾民们默默地听从指挥有组织地避难，大都市街上的行人们也近乎无声地行走，在街头避险依然能让出汽车通道，撤离高楼时能腾出楼梯或自动扶梯用于快速通行的一侧，离开临时避难场所时不留下任何垃圾……日本人在灾变时刻所表现出的从容、坚忍、秩序、服从和计划性、冷静性、条理性及自我约束力令世人咋舌！这样的淡定表现，不仅令外国人吃惊，连日本人自己同样也是很惊讶的！

9.0 级的大地震引发了巨大的海啸。这两场灾难共造成 1.9 万多日本民众丧生。而海啸又致使当地的福岛第一核电站断电，反应堆堆芯随即熔毁，放射物随空气以及用来冷却而注入的海水又大量外泄。这场次生灾害事故的严重程度为最高的 7 级！

（一）严重的政府信任危机

有人说，是日本高度发达的经济、社会意识形态，以及不间断的防灾知识普及与训练，才造就出今天日本的“优良民族性”。但与日本民众的从容与秩序相比，日本政府在这次核泄漏事故的处理上却可谓是糟糕透顶！从本次日本大地震后自卫队在第一时间的反应和日本所遭受的损失等前后状况来看，日本当局只能派出 5 万人的部队，这与中国遭受汶川大地震后第一时间内就派出了 14 万部队参与救灾根本无法相比！况且，在地理环境远远优于中国山区的情况下，救灾部队行动缓慢、收效甚微。救人只是靠几架直升机象征性地、以一次运送几位灾民的速度在行动 ……

除了应对与救助不力之外，日本政府对核事故的严重性更是三缄其口。据加拿大媒体披露，日本领导人其实在第一时间便知晓并开始隐瞒反应堆可能融化的秘密，甚至还配合福岛核电站的东家东京电力公司编造谎言，欺骗舆论与公众，从而招致各方尖锐的批评，并一度使日本的多家国家机构陷入“塔西佗效应”式的信任危机当中！

“塔西佗陷阱”得名于古罗马时代的历史学家塔西佗，是指当公权力遭遇公信力危机时，无论发表什么言论，颁布什么样的政策，社会都会给以其负面评价。这些不信任的情绪如控制不利的话，会给国家带来可怕后果。

与“信任已死”的政府相比，日本的民众则是真正的受害者。悄无声息但却致命的核辐射、得不到安全保障的食物、背井离乡的落难境地等。特别是当福岛灾民搬到日本的其他地方后，总被当作携带核辐射的“另类二等公民”，当地人纷纷躲避。日本各大都市的超市所销售的福岛县及临近地区出产的大米、蔬菜及水果虽在价格上要相对便宜不少，但人们仍然对其“敬而远之”，宁愿多花钱也要去买远离福岛灾区的食品。

2013 年 11 月中旬，日本自民党及其执政联盟发表报告，敦促政府撤销先前向 16 万被疏散的受灾民众承诺的返回灾区的保证，因为相当多的净化工作远落后于预定计划。数万福岛疏散者仍住在临时板房中，其中的中小学生占到他们自身总数的 40%。有许多成年人开始酗酒，身体也产生了疾病，有些人还出现了严重的心理障碍！据日本岩手、宫城、福岛、和茨城县等地统计，截至 2014 年 3 月，仍有 26 万多灾民处于避难状态，而由于受灾害影响健康去世，或因避难生活艰苦而自杀的死亡人数高达 3000 人以上。

（二）滞后的灾后重建工作

地震与海啸过去 5 年多了，由于核辐射等原因，灾区的恢复重建工作还远没有大的进展。那里曾堆积过 2500 万吨以上的家具、衣服、家电、建筑残骸、汽车部件，甚至保险柜等各类杂物，俨然成为一个巨大的垃圾场！日本环境省虽发表过统计报告称“灾区的垃圾已经处理的已超七成”。但由于其他地区拒收灾区的垃圾，日本政府对着那些小山似的废墟堆也深感压力山大。而且，即便是垃圾最终得到处理，核污染仍旧是个棘手的大问题！

2013 年的 8 月 7 日，日本政府首次公开承认：灾后的福岛核电站长期存在核污水外泄问题，预计每天排入海洋的高活度核污水多达 300 吨以上！据东京电力公司于 8 月 31 日对核电站内的放射性测试结果显示，两座同型号储水罐底部均保有高浓度辐射反应，测定最高辐射值达每小时 2200 微西弗，人若不加防护受到该等级辐射 4 小时就会死亡。可见，受到核污染的海水外泄情况还将长期继续！虽然日本东京成功申办到 2020 年的夏季奥运会，但核泄漏的状况或多或少地会对奥运相关事宜产生影响。面对外界对放射性核污水的质疑，东京与福岛已被彻底划清了界限。日本官员只是反复强调着“东京很安全”。

曾经预测“灾后日本将出现强劲反弹”的经济学家们近期可能极度失望，因为在 1995 年神户地震过后建筑工人云集的那一幕场景，在这次福岛灾区并没有重演！同样，“这种级别的震动也没能让日本从政治与经济的麻木中苏醒过来”，国会议事堂内的堑壕战依然如故，新经济政策的曙光仍然遥遥无期。剩下的只是：福岛电站那每天还在继续的核辐射、灾难造成的社会分裂与地域歧视依旧在蔓延、遥不可及的灾区重建与恢复工作、民众心中那迷茫的国家前途、严重受损的社会公信力及个人对未来发展的缥缈期许……

“福岛综合症”的提法也由此产生，并为正处于微妙但却深刻变化之中的日本社会添上了新注脚，也为原本已经非常复杂的日本国民性增加了新内容！

8

“地震”频繁的日本政坛和集体右转的社会

一、“地震”频繁的日本政坛

（一）十年九相

有人说，在日本变化最快的事物当中，除了汽车与电器之外，几乎就是不断更迭的首相了。日本政治人物那走马灯似地轮换在发达国家里确属罕见。当国际峰会中世界大国的领导人站在一起亮相时，人们往往最难叫出就是日本新任领导人的名字了，即便是国际新闻的爱好者也常常记不准确。“十年九相”的怪现象也成为世人观研日本的一种参考坐标，在反映出其政治体制结构脆弱性的同时，也影响到日本国家经济外交政策的连续性。

据统计资料显示，从 1955 年到 1993 年的 38 年间，日本先后共产生了 16 位首相。而自 1993 年后的 20 年里，日本则更换过 13 位首相。自 1947 年日本实施“新宪法”以来，每位首相的平均任期也就一年出头，其中未过百日者就有 4 位。笔者曾采访过的前首相羽田孜，在位就仅有 64 天。在日本，任满 4 年以上的首相仅仅有 4

位：池田勇人、佐藤荣作、中曾根康弘和小泉纯一郎。他们的共同之处是都完成了“重要的事业”，比如，池田内阁开启了战后日本最大规模的经济增长，佐藤内阁促成了冲绳回归日本，中曾根内阁时日本达到经济社会文化的鼎盛，小泉内阁完成了邮政民营化改革。

日本实行的是议会内阁制，凭选举的结果来决定政党在国会中占有席位的多少，某家政党得票率如过半就可以单独执政，完全相异于美国那种四年一届的总统大选制。所以日本的内阁能维持多久并无相对固定的时间。选举决定了政党在国会中占有席位的多少，某家政党得票率过半后就可以单独执政，其总裁也就顺理成章被国会推举为新首相；不能过半的话，就得要考虑如何联合其他友党来联合执政。

所以，与自然界一年中要春夏秋冬换季一样，日本政界一年中同样也酝酿着新旧交替。东京都的霞关政治核心区距离参众两院的国会大厦很近，当异常多的豪华轿车一辆辆鱼贯穿梭于戒备森严的国会议事堂以及自民党总部等处的大门时，往往揭示着各项选举的幕后运作已经启动了。

（二）派阀林立

日本的党派政治是“党外有党，党内有派”。在讲究人脉、出身的日本政坛，首相其实非常不好干。在出任首相的同时，他还要身兼所属党派总裁的职务。而日本大政党的特点是：内部派系分立、信奉世袭政治、讲求论资排辈。党内选举的压力首先就是相当沉重的，党首将由哪个派别产生无疑是需要经过微妙平衡的。但这同时也使得国内的利益集团格局和政治运作体制保持了相对的稳定。所以有人讲，日本政治是一场稳定的游戏，政治主张的讨论仅局限在本党的内部，而非是在党派之间。

以“超级大舰”自民党为例，从成立的那一天起，其就分成不同的派阀。进入 20 世纪 60 年代后，更是以“角福大三中”五大派来争霸。各派阀的领导人分别率领一批追随者，在幕后施展手段，推举或废除首相或各大臣，而大臣在很多情况下仅为所属派阀的傀儡。所以有人干脆将自民党内占据主导地位的派阀领袖称作“影子将军”。由于能确定首相的交易并筹划组建内阁，这些派阀领导人甚至比首相更有权力！历史上曾有自民党政治家宁愿做派阀领袖，而拒绝出任首相。福田康夫之所以在 2007 年成为日本首相，就是因为获得了自民党九大派阀大佬中八位的点头。有日本学者比喻，自民党更像是围绕在强有力领袖周围的一个派阀的选举联盟，很像武士的藩，但武器不是刀剑而是金钱。这种封建式的安排决定了没有一个单一派阀或领袖能长期占据支配地位、能对国家的长远发展感兴趣并为之负责。党内没有明显意识形态分野的自民党是“保守的”，因为它反对变革（“修宪”例外），只讲对领袖忠诚，只说自己是某派的。

日本的候选政治家除了要应对党内帮派大佬们的各种制约，常常还得看党外金主财阀们的脸色。所以，往往有时政党所推出的党派总裁，并非就是最有能力去担当首相的合适人选。此外，日本首相在国会上还要定期地接受各家在野党不厌其烦的尖锐质询甚至批评与指责。而稍有闲暇时，又必须要不断地到基层民间去讨好各方百姓。更要命的是，日本的媒体及各家机构隔三岔五便推出各类民间支持率的调查报告，以及各类升跌涨落的图表报道。这些对首相而言，实属一种精神上的煎熬。

难怪有人调侃：当日本首相身板儿首先必须硬朗！战后的近 30 位首相中有 5 位以上因病辞职。在 1980 年的 6 月，忙于选举的大平正芳因“急火攻心”，突发心脏病离世。有“政坛常青树”之称的小渊惠三在任内突发脑梗塞，辞职一个多月后便病逝于东京顺天堂病院。

日本是议会制民主国家，但不像美国或韩国那样，每隔几年就进行一次选举，选出国家领导人。除健康原因之外，日本更换首相的理由只有两个：一是执政党在选举中败北，失去国会中的过半数席位。另一个是执政党发生“内部反乱”，首相在党内的总裁选举中失败，同一政党内的其他人当选新总裁。从目前的情况看，以民主党为首的在野党基本上元气大伤，所以自民党和公明党的联合政权在相当长一段时间内应当比较稳定。虽然经济领域中“安倍经济学”的效果不如预期，但人们的不满情绪短期内还不至于逐渐扩散至无法控制的程度。

在日本政坛有一个非常令人难以理解的现象：朝野各党自 1955 年以来就经常对一些政治问题难以达成建设性的共识意见，所以动不动就拿首相与大臣的辞职作为相互示威或要挟的筹码手段。美国人类学家本尼迪克特通过研究认为，由于日本社会的等级制度及相关的心理习俗，造成国民幼儿教养与成人教养的不连续性，这也是形成所谓“撒娇民族”特性的重要因素。

或许西方人也只是说对了其中的一部分原因。在日本的社会文化传统中，政治是集团性的，其领袖与政党间的关系和西方那种崇尚个人主义及自我价值的理念是不一样的。在日本，政治人物更多考虑的是团体大局，当支持率出现连续走低的状况时，无论是谁主事都会觉得很难负起这个责任，因为“责任承担观念”给个人造成了巨大的压力。所以，频繁的首相辞职不能简单地理解成“是这些政治人物们勇气的缺失”。

另外，日本政坛的帮派文化、浪人情结等特色产物也是导致“地震”频发的重要原因。浪人颇有点类似中国春秋战国时期的大户人家的“门客”“食客”，其在日本的社会地位以前并不高，只是在第二次世界大战期间靠战争才发迹一时。战后，浪人又借美国在日本推行西方式民主之便利，投靠世袭的“地方权主”去参政，幸运的话能混个一官半职，或凭借拉帮结伙来扩大地盘。这些人关心的显然不是民族与国家的命运，而是如何用各种手段达到其政治目的。一旦主子落败，他们多半会立即改投其他门庭。所以，不少政客今天站到这个帮派，明天又改投新的系统，后天干脆跳出去另立门户组建新党，这都是“浪人情结”在作怪。作为主流的日本正宗武士道精神，其本质为忠勇与纯粹，但对政坛的这些“浪人式”的行为也无能为力，仅能抱以鄙视与唾弃的态度。这就是为什么日本社会和媒体常用“加藤反乱”“小泽叛逆”这种极端的词汇来形容“另起炉灶”式的政坛事件。

以日本最大的自民党为例，其内部派阀势力的渊源可谓久远。成立之初便有强调走经济路线来达到目的的、以吉田茂为首的保守主流派系；也有认为要发挥强权政治优势、以鸠山一郎为首的非主流派系。在自民党成立的第二年党内便已形成了八大派阀。后经分化组合，于20世纪50年代演变成池田派、佐藤派、河野派、岸派、三木派这五大派阀，以及一些庞杂的小弱派系。而五大派阀的“系谱”具体是：由吉田派分出的：①池田勇人派→大平正芳派→铃木善信派→宫泽喜一派→加藤弘一派→河野洋平集团→谷垣祯一派。②佐藤荣作派→田中角荣派→竹下登派→桥本龙太郎派→小渊惠三派→津岛雄二派。由鸠山派分出的：①岸信介派→福田赳夫派→安晋太郎派→三冢博派→森喜朗派→町村孝信派。②河野一郎派→中曾根康弘派→渡边美智雄派→山崎拓派→龟井静香派。③三木武夫派→河本敏夫派→海部俊树派→高村正彦派。此外，还有其他一些小派系都是由这些派系中分化衍生出来的，但都非常弱小，有些并没有传承延续下来。

派阀林立的日本政坛乱象由来已久，战后政界的吵嚷争斗从未停止过。以 20 世纪 70 年代至 90 年代的部分政坛事件为例：当时自民党中的田中派在经历竹下登、金丸信等人之后达到了鼎盛，干将小泽一郎更是由“武斗先锋”逐渐升为“铁腕大将”，开始主导自民党党务。而小泉纯一郎在 1972 年当选为国会议员之后，便有了与原先庆应义塾大学的校友小泽一郎抗衡的资格。在政治斗争方面，小泉虽是个敢于拼杀的人物，但当时的他属于羽翼尚未丰满的“后起之秀”，所以也只能与山崎拓、加藤纮一组建“YKK 联盟”，在自民党内选择走另外的路线与主流的小泽派来抗争。然而河东河西，田中派在极盛后逐渐转衰、日渐式微，自民党旁流中的福田派却逐渐变强。到了森喜朗时代，已经连续有两人出任了首相。而纵横捭阖的小泽一郎虽上升势头强劲，但因出任自民党首无望，此时更是选择了脱党，并改投民主党，在下野后反又成为自民党的主要对手之一。本来自民党内部的争斗，由此竟然演变成自民党与民主党、执政党与在野党之间的混战……

有数据显示，自 1980 年以来，日本新成立的政党有 35 家之多，仅小泽一郎就先后组建了6家新的政党。日本政坛已被严重世俗化了，在这种特殊的政治文化氛围当中，各类灰色交易、暗箱操作的现象愈演愈烈，具有战略全局观和国际化大视野的精英型政治家则更加难以出头从而愈发地减少。同时，这种乱象还给不少有希望的新人涉足政界制造了多重的障碍。这些都导致了现今的日本政党鲜难造就出负责任的领导人，并很难产生出能推动日本社会不断进步的强劲动力。

（三）稳定之基

非常有意思的是，作为国家领袖的首相虽频繁更迭，但日本基本上运转正常，并未发生过大的动乱，其中很重要原因就是：日本国家有相当的决策权力分配给国会。在政治恩惠、政党争吵、政策辩论，或选举贿赂的表演背后，日本国会持续为政府制定着有效的法律政策，这是长期供职于“各省（部委）”职业技术官僚（国家公务员）们的工作职责。这些人认为大多数国会议员甚至首相都对专业的立法事务“不够专业”，只会通过分发拨款等政治手段来赢得选举或求得连任。在国会质询的大多数时间里，是由高级技术官僚完成应答的，而非各位“担当大臣”或首相。所以，日本各省行政层面内约19000名职业技术官僚们在相当程度上在实际推动着这个国家的前进方向！特别是财务省和经济产业省才应该是“真正的日本权力中心”。国土交通省也有很大权力，因为其分配的大额公共项目合同决定着“道路族”（日本超大的建筑企业）获利的多少。此外，经产、财务、外务、法务这4个最重要的省通常会指派高级公务员担任首相的秘书，日本高级技术官僚们可进一步控制权力。所以，拥有着较成熟政治基础架构与较强社会承受力的日本，能做到“在变化中保持稳定”。

二、集体右转的日本社会

（一）右翼崛起

当政客的承诺与谎言无法激起民众的政治参与热情时，右翼势力的强硬立场和言论就成为新的“卖点”，逞强斗狠成了提振士气和凝聚人心的“法宝”。这种“饮鸩止渴”的行为方式严重损害了日本的政治生态和与邻国的关系。而且，经济问题政治操作、国内问题转嫁近邻，这种“头痛医脚”的方法当然解决不好日本的社会问题。

日本民众的看法也是这样，“无责任感”是他们在表达对政界的不满与愤怒时用得最多的一个词语。因为首相的突然辞职造成了政局混乱，还会引发期货市场、股票市场乃至外汇市场连锁剧烈动荡，导致许多民众的投资血本无归，财富大为缩水。当初新内阁在组建时的“安全、安心、信赖”等种种美妙许诺顷刻间灰飞烟灭、荡然无存。那些曾对社会生活目标的美好期待、企盼政府能改变生活苦楚的诉求也随之化作泡影，这使得不少日本民众对政治渐渐失去了热情与兴趣，因为“谁当首相都一样!”

但很多日本人还是希望通过选举能推选出负责任的新一代政治家，结束首相更迭频繁现象，强势推动日本政治生态向好的方向转化，最终使国家摆脱低迷、继续进步。但实际上，当前日本选举拼的只是经济实力与政治权谋，而非真正全方位地去考虑民族与国家的未来。

（二）集体右转

真正值得人们高度警惕的是：近年来日本的政治官僚群正在快

速右转！目前执政的日本自民党，更是在安倍晋三的带领下“渐行渐右”，这自不必赘言。此外，可与当年“军部”相提并论的新兴右翼政党——“大阪维新会”，则更令日本的资深政治家们胆寒。于2010年4月新成立的大阪维新会，其支持度甚至一度超过曾长期主政的民主、自民两党。大阪维新会在多次民意调查中均处于前列，并受到许多日本右翼政客追捧，包括歪曲侵华历史、否认南京大屠杀的名古屋市长河村隆之，右翼保守势力的代表人物、东京都知事石原慎太郎，石原之子、原自民党干事长石原伸晃等。2012年11月17日，原先担任右翼“太阳党”党首的老牌右翼政客石原慎太郎宣布，“太阳党”与“大阪维新会”合并组成“日本维新会”，由他担任党首，桥下彻任党代表，大阪府知事松井一郎任干事长。但成立不久后其又于2014年6月宣布解散。2014年9月25日，“太阳党”的新党成立，继承了石原慎太郎2012年成立但一直处于休眠状态的“太阳党”，而党代表西村真悟则是日本第一个登上钓鱼岛的国会议员，新“太阳党”俨然成为日本右翼一个新的“中心集散地”。

2014年1月23日拉开序幕的东京都知事选举，在其最具实力的4名候选人中，有舛添要一（安倍晋三支持）、细川护熙（小泉纯一郎支持）、田母神俊雄（石原慎太郎支持），这3人都是有右翼背景支持的或本身就属右翼。2月9日，作为“拥核派”的舛添要一最终以210万票当选。持有极右翼思想的前自卫队军官田母神俊雄虽然败选，但其却在20岁的选民层中获得了24%的支持率，仅次于舛添要一。日本在野的保守势力或右翼政党不断合并、解散、组建，分分合合，闹闹扬扬，一方面说明他们试图通过炒作博取舆论关注来扩大影响力，另一方面反映出他们意见差异很大，难以形成合力。

近些年日本社会的右翼活动日益猖獗，除传统的极右势力外，还有不少是狂热的“愤青”。尽管有人认为总人数达数百万之众，但其中绝大部分属于所谓的“网络右翼”，即在 BBS（电子公告板）中持右翼主张的网上注册 ID 网民。有趣的是，这些人在现实生活中往往循规蹈矩，且少有极端倾向。但在匿名上网后便换了一副面孔，疯狂地喊打喊杀。

在现实中，右翼团体的成员约有 10 万人，但活动人数实际不超过万人，影响相对有限。由于人手不足，右翼势力在举行活动时经常出钱雇佣黑社会或社会渣滓来充门面。这些人大多素质很差，行动上通常缺乏理性，2008 年就曾发生过长野干扰北京奥运圣火传递，袭击火炬手“瓷娃娃”福原爱的恶性事件！目前，日本右翼势力实际上由三部分组成，分列如下。

1.日本的右倾政治家

他们基本上都是“鹰派”，影响力十分可观。这些人常通过在国会及各种场合发表言论，或利用选民赋予的权利，来影响国家立法及政府决策，并间接地引领着媒体的舆论聚焦点。每当进行重大的国家或党派选举时，他们往往通过“谁比谁的言行更右”来造势，这给日本的政治生态环境造成了极其恶劣的影响。

2.日本的右倾文人

他们善于煽风点火，误导民意，影响力同样也不可小觑。他们往往通过著书立说来否定日本侵华历史，鼓吹“中国威胁论”。笔者喜欢逛书店，在东京的新宿及京都的 JR 总站旁的纪伊国书屋

（日本最大的书店）里有着成套的、种类丰富的右翼书籍和漫画，如《新太平洋战争》《中国吞并日本》《宇宙战舰“大和号”》等。这类书籍漫画的作者们通常很快便跃升为日本右翼理论界的耀眼明星、后起之秀。此外，他们还对中国的政治制度、外交政策，甚至普通中国人的生活习惯都加以丑化和攻击，对中日关系的破坏可谓潜移默化，深入日本民间的意识形态当中，影响力甚至有时连右倾政治家们都自愧不如！

3.日本的右翼组织

他们虽未掌控国家权力，但对政治的影响从未停止过。每每遇到重大内政外交事件时，右翼总能倾巢出动。如在教科书问题、领土问题、修宪问题上，他们通过上街游行等手段对政府决策施加压力。又如对个人实施恐吓，居然曾使批评石原“购岛”行为的日本驻华大使丹羽宇一郎公开道歉，可见其势力不容小觑。

此外，曾为中日两国恢复外交关系做出过重大贡献的日本媒体也加剧右倾化趋势，涉华报道倾向发生巨大变化，整体上看仍偏重于中国社会各层面的矛盾冲突及所谓的“敏感问题”，但也不乏人为地“制造新闻”，歪曲或扩大事实，故意煽动国民“厌华”情绪。有的甚至不顾新闻道德及报道可能带来的严重社会影响，公然弄虚作假，有意误导舆论，为中日友好关系的健康发展带来严重侵扰。

报业是日本传媒领域中的龙头老大，以其超强的普及率与影响力，如果再加上“大事件”发生时那种“豪雨集中式”的激进煽情性报道，能很容易地在短期内在日本社会营造出某种气氛。由于日媒在新闻形式与编排方法上具有“划一性”和“类似性”特征，使得各家报道基本口径统一，这使得报业同行间的竞争虽然激烈，但各方对同一事件的看法却越接近！如果拿几份不同的较为大众化的日本报纸，把报头遮住，即便是很老练的媒体从业人员有时也很难分辨这是哪家的新闻。基于上述特征，如果日媒对一个问题集中报道评述的话，那么很快便可以在日本国内达成共识，无须进行什么讨论，大家都心照不宣。

当前的日本，似乎已经越来越离开了那个专注于经济奇迹与贸易发展的轨道，而滑向对外政治对抗的方向去了。也有观点认为，这并不是因为日本国力上升所致，其目的在于掩饰其政治经济方面的虚弱。日本在国内经济活力逐渐降低后便转向拥抱民族、民粹主义，表面上看好像是激进而坚决，实际上骨子里更多的却是被动与无奈。

由于具有太多的不可确定性，所以谁都不敢保证日本国内的民族主义情绪是否会聚集成为民意大潮，在某一时点失控并爆发。近代史上的日本充满着疯狂，第二次世界大战的失败只是重击但未根除掉这种精神。日本在走向所谓“正常国家”的过程中，必将给亚洲的政治生态格局带来巨大的不稳定与不确定性！

9

在日采访小记

一、采访杂谈

日本是发达国家，其先进性体现在社会生活的方方面面，并以强大的软硬实力为依托。同时，日本也是全球公认的传媒业大国，排名处于世界前列。从基本而传统的传媒形式——报纸、杂志及书籍，到传播最广泛的广播、电视，再到现如今风靡全球、独领风骚的 IT 网络，无论是平面媒体还是电子媒体，日媒在各个领域都已相当成熟，并在激烈的竞争中不断发展、扩充与完善，相互交织，共同支撑起日本庞大的传媒帝国体系，在社会生活中发挥着举足轻重的作用。

借媒体工作的便利条件，笔者在日本期间能经常性地与日本的多家政府机构、日本国际贸易振兴机构、日本国际贸易促进协会、日中经济协会、中日间各大经贸开发协会、中国大使馆经济商务处、产业界、学术界、各家媒体同行、日中经济团体、地方自治体、中国关系事务所法人，以及各在日华人团体、中资企业等机构广泛接触，并参加其举办的各类论坛会、交流会、招商会，亦有幸在各类场合结识并采访到日本产、官、学界的许多重要人物，并获得了许多弥足珍贵的第一手谈话资料。因此，对于中日经贸合作的方方面面均有机会了解与学习，并可谓是感触良多！

每次对日本政经界人士进行采访时，笔者都能强烈地感受到日本人办事所特有的严格性与刻板性。对日方进行的所有采访，都是有一套固定的程序的，事前要进行充分的准备，时间必须严守，名片（在日本是最重要的社交工具）要放在最容易触及的口袋。采访政府官员无疑是其中最正式的，他们应对的态度都极其谨慎，对答句句有证可查，一时回答不了的问题很快去查资料回复。同时，还自备有数码录音笔，对双方访谈内容进行记录备案。采访公关广报部门的担当负责人也同样如此。他们身上都有着强烈的身份责任感，时刻都注意自己是在为其供职的集体所代言，绝不会透露出个人看法与意见。所以，场面上的“官话”“套话”，再配上晦涩暧昧的日本敬语，有时真让做媒体的人感到一头的雾水。

采访官方以外的组织或个人时，气氛就要相对明快得多，虽然程序基本不变，但话题可以多很多。此外，日本的学者，治学态度都十分严谨，每次通过采访都能学到很多的知识。特别是很多受访者都有过海外留学或就职经历，所以具有国际化的阅历与视野。这些人对其就职的单位及祖国日本来说，可谓是一笔难得的人力财富。他们当中有很多人对中国是很友善的，在问及中国的环境问题或经济问题时，往往还拿出厚厚的说明材料，希望笔者能善加利用、多多宣传。

通过各种采访，笔者逐渐管窥到日本社会这个万花筒的许多方面，有先进的、有怪诞的、有理性的、有极端的、有感动的、有纠结的……不一而足。

二、“记者俱乐部文化现象”

工作原因也使笔者对日本传媒业稍有了解，这里仅简要地谈谈印象最深的、日本特有的“记者俱乐部文化现象”。

与欧美记者俱乐部的“促进记者间亲善友谊”目的不同，日本记者俱乐部在新闻的采集中始终扮演着重要角色，是一个采访基地。日本几乎每个政府机构、政党、工商业者团体、警察署等机构都设有记者俱乐部，加入“日本新闻协会”的各家报社都能派记者进驻办公，而且这些记者可以长期不回报社上班。

记者俱乐部每天都会举行新闻发布会，但所驻机构及其记者却有一种默契：哪条新闻可以发，哪条不能发，哪条可以作为参考……此外，所驻机构的职员在很多情况下会将写好的新闻稿奋发给每位记者参考，有问题可以提出，但很多记者几乎是一字不改就拿去发表了。这种做法显然是违背新闻原则的，但如果有哪位记者先生打破了这种“潜规则”的话，在被俱乐部扫地出门的同时，这位老兄的报社生涯也就此宣告结束了。所以，日本媒体对于很多“微妙”的大事是“捂而不发”的，最著名的例子便是皇太子德仁与小和田雅子的事被《华盛顿邮报》“抢先”曝光的案例。

“记者俱乐部文化现象”是与日本的社会风气和民族习惯有很大关系的，说白了可以理解为这是日本人的“内规”，约束力极强。如果哪个日本人不能被周围的环境所容纳的话，他就很难在社会上生存。这也就是今天有很多日本人迫于国内右翼的巨大压力，不敢把战争真相公布于众的一个重要原因！

三、日媒与首相

日媒与战后的历任首相关系几乎都不好，在斗争方面也保持着高度的一致，近些年曾先后被日媒扳倒的在任首相便有小泉纯一郎、鸠山由纪夫、麻生太郎等多位，所以日媒又被称作是“困扰在首相身边的幽灵”。各大媒体作为“无冕之王”，通常会在首相官邸门前安营扎寨，并事无巨细地记录着每一个“看到的”细节；在新闻发布会之后，大家会比对各自的笔记，确定一个统一的口径。一旦他们认定首相在某事上处置不当，就会无情地发出一致批评。如果某位首相对这种“持续关注”忍无可忍，并勇敢地抵抗媒体之时，他的任期往往也就快到头了！因为媒体众口一词，很容易让民众形成对首相不满的共识，这种共识在转而被媒体利用后，又会变成一连串具体量化了的“民调数据”公之于众。所以有人指出，日本陷入了“政治为媒体所困”的不正常阶段，最终能否走出这种“政治秀场”的怪圈，将决定着日本未来的政权是否稳定。

四、日媒人才

发达成熟的日本传媒业会还造就出一大批具有优秀业务能力及国际化视野的媒体精英。由于职业的特殊性，记者常常成为重大事件的直接见证人，日积月累下来可称得上是见多识广，且擅长人际交往。在日本及其他西方国家中，政府或企业的高级顾问、驻外机构的高管、高等学府或研究所的学者，很多都曾经是成熟或资深的记者。他们不仅精通外交政策、国内外形势、财政金融动态，还对媒体运作驾轻就熟，而且人脉关系宽泛。这样的人进入到政商学界，无论是搞公共外交，还是投资决策，或是治学从教，懂得该和不同的人在不同的场合说什么、写什么才合适得体。

五、在日华媒

此外，在日的华文媒体也有着自身鲜明的特色。随着在日华人社会的发展进步，作为华文媒体的主要平台——华文报刊的档次与影响力都在不断提高，逐渐由过去帮助华人适应日本生活的信息栏而发展成涵盖中日两国政治、经济、文化、社会等多方面内容的综合性报刊。特别值得一提的是，报刊撰稿人多为旅日华人学者、作家、新闻工作者，或是各种类型的“文化人”。由于具有中日两地不同的学习、生活、工作经历，从而使他们对中日的历史文化渊源、民族心理研究等问题，都有着多角度、深层次的思考，同时对最新发生的国际新闻话题，他们也有着较为独到的见解。这使得刊载着五颜六色、“奇闻怪论”的在日华文报刊，成为一支独具“异域风格”的“文化奇葩”。

就有关中国的报道而言，华文报刊比日本报刊的可读性要高；而就有关在日华人世界的报道而言，则比中日两国报刊的相关报道在数量与质量上都要高出一筹，这使得中国国内的媒体也时常引用日本华文媒体的相关文章。

Chapter Three

第三章 纠结困惑而多变的中日关系

最近一段时间，日本在政治、经济两方面都出现了不稳定因素。动荡与民族情绪向右转，国家发展也失去了方向感。保守主义更加肆虐，政治右倾化转向明显，实现所谓“正常国家”（即政治军事独立、恢复“自尊”）已成为最大的政治夙愿。目前，日本正处在一个历史转折期，其国家走向特别值得关注。其战略背后，是日本如何在变化的国际环境中进行身份定位，以及在世界秩序中扮演什么角色的问题。日本立志成为亚洲领导者的大国志向和“正常国家”的定位问题，因其历史难以被东亚国家所接受，甚至也未得到美国的真正信任。

另一方面，经济全球化、世界大变局与东亚新格局也给日本带来新的难题。其中，中国的快速崛起带给日本自明治维新以来从未有过的冲击！对一个全方位崛起的强大中国，日本在心理与情感上并未完全适应。于是在对华关系上，日本显示出安全上严密防范、经济上却欲深度接触的两面性。在经济方面，日本借助中国经济的强劲发展之力，保持并拉动其经济活力，已成过去十多年来的基本框架，这在日本经济界已成共识。今后如何与中国建立一种持久稳定的良性互动关系，则是中日经贸合作所必须直面的问题。在政治方面，心理上是否认同是影响日本战略抉择的主要因素，因为安全感越差则防范越深。

中日关系，历史久远，具有相当的复杂性与难述性。所以，这里不妨先从中日间的关系史谈起。

1

千年恩怨绵绵何时休　师徒情仇切切理还乱

大和族是日本的民族起源，其骑马渔猎的民族渊源与中华民族的农耕文明在深层结构上是迥然相异的。在古代，日本有一种在潜意识里认为中华文明是正统的认识，但这一认识却在近 150 年中发生了大倾转。当前由于领土争端加历史矛盾，使得双方政治外交关系敌意大增，经贸合作与民间来往也受到巨大冲击。环视中国所有邻邦，历史角色变化多端而关系又这般错综复杂的，仅日本一家！所以现今中国民众对日本往往怀有一种说不清道不明的复杂心态。

中日两国在地理位置上如此之近，但心理距离上却极为遥远。中国人看日本，总有一种雾里看花的模糊感。在日本街头遇到各类醒目的汉字时，中国人会有一种似曾相识的亲切感；而当目光一旦触及假名时，思绪马上又变得复杂起来。这真是一种奇特的双边关系：身虽近在咫尺，心却相隔万里；虽物质往来频繁，但精神交流有限。在观察对方时，双方或许还在心里犯嘀咕：“这家伙迟早会成为心腹大患的！”迷茫、困惑、纠结，友还是敌，抑或是介乎两者之间的竞争者？那么，如果可以将双方的千年交往史做个简要梳理，或许将有助于弄清中日间诸多纠结难缠的恩怨情仇。

早在公元前 4 世纪，中国文化及种植水稻和制铁等先进技术就通过朝鲜半岛传到了日本，促进了此前尚在向父系氏族社会过渡的日本社会进一步分化，以往靠血缘结合的氏族公社大都转变成由地缘结合的部落或部落联盟，而部落兼并战争也开始白热化。那时被称作倭国的日本已分成许多拥有不同社会阶层的小国，为求保护多次向中国派遣使节。1 世纪班固所编的《后汉书·地理志》，以及《魏志·倭人传》与《后汉书·东夷传》等文献均有记载，这些都可以认定为中日间最初的外交关系，而双方之间的直接交往大致在汉武帝征服卫氏朝鲜之后，且在很长一段时间内都是以朝鲜半岛为交往中介。

随后诞生的邪马台国是日本历史上首个早期国家，其代表的北九州各国属典型的农耕文明，由于靠海也兼营渔业，遂有拓展海外关系之意愿。邪马台国曾三次遣使来洛阳朝贡曹魏政权，而曹魏也回派了使节，还曾派员调停过邪马台与狗奴国之间的战争。有了曹魏的支持，邪马台甚至还入侵过朝鲜南部。曹魏对邪马台的偏爱或许出于政治需要——凭借臣属关系欲切断日本与中国南方东吴政权之间的联系。

而此时在日本的本州中部，另一支被称作“大和”的政治势力迅速崛起，并在 100 年后统一了日本列岛。大和族从一开始就呈现出与北九州文明本质上的不同之处：北九州以农耕为主业，性情较为平和；大和族虽有农业，但并不突出，且在军事上明显强过北九州，并富于侵略性。随着大和崛起，日本进入了持续时间达 400 年的“古坟时代”（以当时大量盛行的墓葬命名），并随统第一次世界大战争的推进建立了大和王权。同时代的中国正处于五胡十六国及北朝的战乱时期，双方交流很少。据史书《晋书·安帝纪》《宋书·倭国传》《梁书·倭国传》《南齐书·倭国传》中记载，到413—478年的南朝时期，倭国至少向南朝进贡了9次，南朝前后册封了当时的5位大和首领为“倭之五王”。

大和王权的兴起，是游牧文明向农耕文明大冲击的缩影，至于大和族的来历，骑马民族的大和政权与中国在文明深层结构里是迥异的。战后盛行的“骑马民族说”较为有趣，也或许最为科学：大和族可能是借“五胡乱华”、经朝鲜半岛南下进入日本的古代通古斯族的一支。因为从与当时代相吻合的日本古坟考证，其样式前后期区别显著，特别是后期墓葬中突然出现了很多游牧民族才会用到的盔甲及马具等随葬品，且墓葬地点突然由平原转至于山冈等军事险地。前后期转变之非常突然、缺乏衔接。此外，其他有力的证据还有：自古坟中期开始，日本列岛马匹数量徒增，而现代科技也发现日本人的多数基因最接近半岛北部的朝鲜人。所以，与土生土长的倭人相比，大和族应该完全是一个异质的种族！

中国北方的频繁战乱加之外交上的联系，使得不少中国人流落到日本，成为所谓的“归化民”。就像因1685年10月法王路易十四废止“南特敕令”而导致数年内25万以上富裕且掌握先进技术的新教徒逃往英格兰、普鲁士、荷兰及美洲一样，这些归化民也给日本带来了先进文化与生产技术，既改善了大和族的物质文化生活，又推进了日本文明的进程。这些技术移民按照工种进行分部集中生产，形成部民制，并最终催生了上层建筑氏姓制，构成了大和国的经济政治基础。在文化与意识形态领域，中国文化也起到主导作用：移民中的知识分子进入政权中枢，汉字得到普及，儒学也风靡日本。但真正对日本社会产生根本性影响的还是佛教，其“一神”的制度非常契合当时日本皇室急需宣扬中央集权的意识形态，可以用来满足国民思想政治形势的需要。在6世纪末到8世纪初，日本迎来以佛教文化为主流的飞鸟时代，其与古坟时代有部分时间上的重叠。

而6世纪前后，中日两国都陷入大动荡之中。被日本奉为中华正统的南朝，政权更替频繁，且在与北方的对抗中衰相尽显。日本的日子也不好过，一方面国内氏族势力强大，部民奴隶制难以为继，经济遭遇制度性困难；另一方面侵略朝鲜屡屡受挫，大和势力被迫收缩回岛内。由于经济上丧失了朝鲜的物资、技术及人力资源，岛内的政治经济矛盾都空前集中。在6世纪大半时间中，中日交往节奏缓慢，规模有限。而作为一个尚未成熟的国家，日本对中国的先进文明充满了仰慕。相反，由于日本地处偏僻，中国的历届政权都将其视作一个淳朴落后的“穷邻居”，对其颇有照顾之意。

6世纪末，中国隋朝重现“大一统”的局面，中华文明表现出强劲的上升势头。日本在645年开始实施的“大化改新”克隆了隋唐的先进政经制度，借此一举跃入封建社会。重现活力的日本积极干预朝鲜半岛事务，与唐朝在控制朝鲜半岛秩序上发生冲突，并出现对抗局面。朝鲜半岛南部的新罗、百济也分别与中日结盟，从而将中日拉到战争边缘。由于先前的隋炀帝三征高句丽遭惨败，以至亡国，日方据此产生了战略误判，认为唐朝也是外强中干。随后日本在白江口之战中惨败并被逐出朝鲜半岛，这显示了唐朝区域霸主地位难以撼动。

于是识相的大和王权在两年后派出遣唐使，一批批留学生和学问僧被派到中国，唐朝使节也多次赴日。遣唐使不仅扮演了外交官的角色，还发挥了贸易商团的作用，但这种贸易是隐藏于朝贡背后的，遣唐使事实上还是唐日文化交流最主要的媒介。这一时期因为文化上浓厚的盛唐烙印而被日本史学界称为“唐风时代”。但随后安史之乱等唐末诸多乱局的出现使遣唐使面临的风险越来越大，加之唐朝索要军事物资以应付叛乱，不愿负担义务的日本终于在末任遣唐使菅原道真建议下于 894 年停派了遣唐使。唐朝在内忧外患中灭亡，其后的五代十国再现了南北朝时期的混乱。北方动荡，使得处于“平安时代”的日本对其紧闭国门，只与政局相对稳定的南方吴越政权保持有限的官方往来。

待到中国改朝换代，宋朝建立，日本才重新对中国开放，而宋日的交流更掀起了中日关系史上空前绝后的高潮。之前隋唐作为新兴大国，扩张意识较强烈；但宋朝武力羸弱，所奉行的文治主义更使得其不复唐朝之霸气，而转以一种更为平等而灵活的手段来处理对日关系，所以宋代的中日关系保持着一种相对平等的态势。从平安末期的平氏政权再到后来“镰仓时代”的幕府政权都积极推进中日交往，双方关系由此呈现出“政热经热”的大好局面。而执掌日本权柄的武士阶层更为开放务实，以往由官方主导贸易的模式改为官民并举。此外，日本工商业的兴起急需大量货币，由于铜资源有限，日本干脆停止铸币，积极发展对宋贸易以获取宋朝的铜钱满足国内流通需求。但时间一长，宋朝却因铜钱大量外流导致国内通货紧缩，于是向日本提出限制贸易的要求，这大可看作是双方关系史上的“首次金融摩擦”。但在南宋灭于蒙古之手后，中日关系随之便戛然而止。

隋、唐、宋时代的中日邦交堪称两国关系史上的顶峰：政治上互信互助，经济上互利互惠，但在文化上，中国仍然为日本之师。中国的茶道与禅宗正是那时传入日本的，并成为武士阶层的修炼手段。建筑、书画、医学、印刷等技艺也备受日本人推崇。这一时期，日本的民族意识也逐渐觉醒，政治上虽然独立，但文化上日本仍然是中国的附庸，这种状况一直持续到平安中期，以日本“假名”文字及其民族文学的出现，日本才在文化上基本摆脱了中国的束缚，进入了所谓的“国风时代”。

蒙古族的战争扩张是游牧文明向农耕文明的一次大冲击，这使得元代成为中日关系史的一大转折点。在 1271 年元朝建立时，整个东亚地区只剩下了苟延残喘的南宋与孤悬海外的日本还保持着独立。忽必烈于 1281 年灭南宋后派出远征军攻日，但两次因横遭台风及日本的顽强抵抗而败北，日本维护了民族独立。元朝这两次侵日导致中日关系破裂，但对贸易的热衷似乎是所有游牧文明或海洋文明的特性，所以双方的民间贸易其实并未中断。但这种“政冷经热”的局面到了元朝灭亡、明朝建立后却持续恶化。此时的中日两国都处于政权的更迭期：中国是汉族人开始向蒙古人反击，而日本武士也在和企图复辟的宫廷贵族进行着生死搏斗，是为日本史上的“南北朝时期”。战乱阻碍了中日贸易和文化交流，催生的盗匪反过来又危害着贸易安全。所以此时除了些大胆的学问僧仍来往于中日之间，双方基本上停止了往来。

中国首先结束了战乱，因蒙古冲击而遭到破坏的中华朝贡体系更需要明朝修复，日本作为中华文明圈重要一环，自然受到了重视，再加上现实中的倭寇问题，明朝遣使赴日交涉。然而此时日本局势仍旧动荡，南北军在各地持续混战，明使居然被南朝怀良亲王斩杀。此后，怀良亲王甚至还涉嫌胡惟庸叛乱一案。明太祖一气之下，全面禁止对日贸易，派员整顿海防，大力清剿倭寇。

日本进入“室町时代”后，北朝的幕府于1391年统一全国。为了满足商人阶层对贸易、统治阶层对中国奢侈品的不同需求，同时出于借助中国权威巩固自身地位的政治考虑，幕府将军足利义满恢复了对华贸易，通过与永乐皇帝达成的以朝贡方式且由官方严格控制的限制性“勘合贸易”方式进行。但实际上勘合贸易并不平等，更有利于日本。因为，明朝恐怕是中国历史上最好大喜功的王朝，当时日本贸易团在华的所有花销全由明朝负责，部分通商采取日本朝贡、明朝回赠的形式，但回赠品价值往往高出朝贡品很多，这造成日本对华贸易利润巨大。勘合贸易每逢明朝新帝即位都要改签一次，一直持续到1547年才中断。

倭寇问题是中日关系史上的毒瘤。然而，倭寇祸乱自始至终都不是日本的国家行为，而只是由职业海盗、走私商人及日本九州的诸侯参与的跨地域海盗集团的作案作为。最初的倭寇，在宋元时起就活动于朝鲜半岛及中国沿海地区，此时并未形成气候。到了日本的“南北朝时期”，大批南朝败兵流亡海外并加入海盗，倭寇才开始猖獗起来。日本当局在倭寇清剿问题上并不含糊，曾捣毁过位于濑户内海的海盗老巢。于是倭寇干脆把基地外移至海外，令陷入内战的日本鞭长莫及，而居安日久的明朝又御敌乏术。最糟糕的是，明朝始终没能认清倭寇祸水实源于海禁政策。以往勘合贸易一开，倭寇活动见少；一旦关闭，复又猖獗。到了后期，倭寇成分发生变化：由于大批浪人回日本参加内战，不少中国走私者继而填补了空缺。东部沿海的一些官吏及商人被利益所驱使竟然充当内应，勾结倭寇。实际上，后期倭寇中至少有一半是中国人。后经戚继光和俞大猷的奋战，明朝方于1566年平息倭乱。

1592年，一场大战在中日间爆发，即万历朝鲜战争，日本称作“文禄、庆长之役”，最终丰臣秀吉战败并病亡。“政权五大老”之一的德川家康通过战争于1603年在江户（现东京）建立幕府政权，开创了历时260多年的“江户时代”。战争虽然结束，但由此引发的仇恨和不信任感难以消除。1623年第三代将军德川家光下令闭关锁国，但中日民间贸易得以维持，幕府的朱印船贸易实际上是变相的勘合贸易。明朝灭亡后，中日交流方才频繁起来。大批明朝遗民东渡日本，偏安一隅的南明小朝廷也希望借日本的军力光复河山，多次遣使赴日请求援军。但明使居日期间的种种昏聩奢靡之举使得日本看清了南明的本来面目，可还是进行了物资援助，于是，中日双边关系意外地因明朝灭亡而升温，交流之深入不输唐宋。譬如南明军队中身着倭甲、手执日式火绳枪的军士不在少数，明将郑成功之母则是萨摩藩士田宫之女，

清朝统一台湾后便开放海禁，中日贸易额攀升。但日本长年居于劣势，不得不限制贸易。中日关系较前相对平淡稳定，双方文化交流盛行。清人的“考据学风”传入日本，在一定程度上对处于成型期的日本民族性格起到了塑造作用。然而，日本在深层心理上却对清朝有隔膜。在日本看来，中华文明已经葬送在“满人”手中，清朝绝非正统的中华文明。朝鲜也有类似的情绪，并常以“小中华”而自居，认为“清”是蛮夷。当时，来日的清商常遭到日本知

识分子的奚落和揶揄，焦点则多集中在其旗装与长辫上。

中日关系，长期以来总体上相对平和，很大程度上取决于中国的软硬实力及中华朝贡体系的区域背景，但随着西方势力的侵入和中华朝贡体系的瓦解，中日两国走上了不同的道路，双边关系也进入到师生位置倾转互换的复杂时代。鸦片战争中中国的惨败对日本犹如一声惊雷，所以当 1853 年美国佩里舰队叩关时日本识趣地选择了开国，幕府统治遂被推翻。打破旧秩序的“明治维新”开始后，一个新生的日本赫然屹立于东瀛列岛。不久，年少轻狂的日本转而以一种异样的眼光重新审视中国，质疑、轻视、不屑，最后演变成反感。在明治时期，日本人的眼中，中国已经沦为落后野蛮没出息的“恶邻”。当福泽谕吉的“脱亚入欧论”出炉后，千百年来的师生情谊最终破裂，日本终于向昔日的恩师露出了狰狞的面目。甲午之战，中国惨败，割地赔款。在马关春帆楼的谈判桌前，年老力衰、无力回天的李鸿章与年富力强、咄咄逼人的伊藤博文恰好是当时中日国势对比的真实写照!

此时中国已被日本远远地甩到了身后，国人心理上势必极其不平衡，更何况还是败于昔日的徒弟之手，这带给中国人的心理冲击比败于任何欧美国家来得都要强烈。但在愤懑之余，中国人也开始对日本另眼相看：试想此等小小岛国一经变法就能击败泱泱中华，倘若中国变法成功将会是何等强大！但戊戌变法的失败却最终以失败而告终。数年后，日本派兵参加八国联军侵华，俨然以列强之一而自居。而后日俄战争中的胜利，使得中国人对日本更是刮目相看。随着逆向认同感的加深，一场日式思想启蒙运动已悄然在中国展开。

在甲午战争后，大量的中国留学生便开始赴日，他们被称作所谓的“镀银派”，以区别于留学欧美的“镀金派”。后者侧重社会思想文化以及理工农艺等技术类专业，且多投身于学术、媒体及产业圈；而前者则侧重于富国强兵，在军事政治领域多有建树。从蔡锷、李烈钧到阎锡山等，许多民国时的军事领袖都曾毕业于日本陆军的士官生学校。早年活动于东京的孙中山，“中山”之名也源自在日时的化名“中山樵”，其身边亦有一批“日本友人”相随，其中除了少数“白求恩式的国际主义战士”外，多数人属官方背景下的佣兵，有些人甚至还战死于中国。其实这其中确有日本官方有意识、有计划的“革命输出”的因素存在。辛亥革命奠定了中国向现代国家发展的基础，而1898年到1910年间中国社会激进发展的原动力，很大程度上是来自于日本的榜样作用。

值得一提的是，社会主义思想也是由日本传入中国的。中国共产党的早期革命家如李大钊、陈独秀、董必武、周恩来，以及鲁迅等人都曾东渡过扶桑。历史总是惊人的相似，正如当年遣唐使促进日本文明发展一样，这些中国留日学生也塑造了20世纪的中国。不管是清朝、民国还是新中国，近现代中国兴衰荣辱、沧桑巨变的背后，似乎都闪现着日本的影子。

与政治渗透相比，或许思想文化上的启蒙更易为人所接受。现行中国的社科类词汇中有60%以上的是日本创造的，而当时的西方书籍也多是先由日本人翻译后再传入中国。应该说，中国人接受的是日本色彩的西方思想。

但是，日本在1919年巴黎和会上提出的近乎灭亡中国的“二十一条”使得中国反日情绪高涨。孙中山后期的“联俄联共”主张更令日本深感警觉，于是便资助吴佩孚、张作霖等北洋军阀阻碍国民军北伐。1926年的“济南惨案”不但惊醒国人，也把曾留过日的蒋介石推向了英美。土匪出身的张作霖更令日本感到难以驾驭，矛盾日渐尖锐后由关东军制造的“皇姑屯事件”又直接导致张学良“改旗易帜”，倒向南京政府。为保住在“满洲”的既得利益，日本便计划吞并中国东北。

在1912年到1926年的“大政时代”，日本一直由文官主政、实行政党政治，所以对华政策上总体相对低调一些，但被军方视为懦弱消极。1931年“九一八事变”实际上是由关东军策划实施的，日本内阁事前并不知情。但事变使得日本军部势力空前膨胀，最终导致了1936年“二二六兵变”，日本军部掌控了政局，并将整个国家带上了对外战争的不归之路。强悍好战的军部政权成立伊始，便迫不及待地发动了全面侵华战争，给中国带来深重的灾难。这是一段中日关系史上最为黑暗与血腥的日子，同时也为日后双边关系罩上了一层难以抹去的阴影。

日本战败后，基本处于美国的单独占领之下，中日关系陷于停滞状态。忙于内战的蒋介石根本顾不上深究日本的战争责任，这倒颇令日本朝野感动。

日本与中国大陆的对抗关系一直持续到20世纪60年代中期，此时中苏关系恶化，于是联手遏制苏联便成了中日两国的共同战略利益。日本起初对与中国恢复邦交还呈犹豫状态，但尼克松访华后很快便与中国缔交，事实上形成了中美日共同遏制苏联的亚洲战略格局。1972年之后到苏联解体之前的近20年时间是近代以来中日关系的蜜月期。日本的商品、技术、音乐、影视大量涌入中国，而相对应的是再度有大量中国留学生赴日学习。因为中国在邦交正常化时主动放弃了国家战争赔款，日本便改用“政府开发援助”（ODA）的形式对刚刚开始改革开放的中国进行补偿，大量的日本援建项目在中国遍地开花。

冷战结束，苏联解体，当中国在20世纪90年代初遭到以美国为首的西方国家封锁时，还是日本顶住了西方盟国的压力，率先解除了对华封锁。但由于当时维系中日关系的共同战略利益基础——苏联威胁的消失，中日两国先前没有解决的、仅被友好气氛掩盖的诸多矛盾再次浮上水面，防范与对抗逐渐成为政治关系的主流。特别在1990年后，中国逐步克服了经济转型的阵痛，国力快速上升，使日本感受到了“中国威胁”，而同时双方都无法寻找到一个有效方式来处理中日战争的许多后续问题。

日本是这样的一个民族：它总是追随世界上最强大的力量。1902年至1922年间，它追随当时的霸主英国，英日同盟维持了其战略的稳定，使日本在击败中国并将朝鲜囊入怀中后，将战胜俄国变为现实。冷战时期，它追随美国，并依托利用美国提供的政治秩序环境，跃升为亚洲第一经济强国。但冷战瓦解引发的秩序混乱使日本一时无所适从。在20世纪90年代的一段时间里，连日美同盟似乎都岌岌可危了。也就是在这个时候，中国发展的势头开始引起了日本的不安。到了1998年，战后亚洲的“雁型体系”瓦解，而中国却异军突起。从那时开始，日本战略界对周围世界的评估中，开始明确地认为中国是其外部环境中最不确定的因素。一旦有了这样的判断，日本就迅速开始转向，全力应对中国的崛起。

历史上东亚地区一直只存在一个强国。古代是中国，近代是日本。但近十几年来，快速崛起的中国正成为除日本之外的另一个东亚强国，现今“两强并立”格局已然形成！面对中国的崛起与超越，日本心理复杂。特别是2010年日本拱手将世界第二经济大国地位让与中国后，日本国内包括盼望“中国崩溃”、期待“再次反超中国”的论调不时出现。但是，现实中却是两者间的差距越拉越大，焦点逐渐变成中国经济规模达到日本的两倍后还能够超再过日本多少？日本很多有识之士都表示过对“日本沦落”的担忧，他们认为：日本如果没有妥善对策，不久将来极有可能沦落为中国的周边国家，也就是实力只有中国1/10的小国。如同加拿大与美国，丹麦、奥地利与德国的关系，甚至日本还可能会像持续衰退两三个世纪之久的葡萄牙与西班牙一样，逐渐退出世界中心舞台，永无翻身可能！持“中日关系正朝着不利于日本的方向发展”想法的人在日本也不是少数。笔者接触过日本国内应属理性型的学者及技术型的官僚，其中有不少也认为，中国的强势崛起在日本人的感情世界里投下了复杂的阴影，甚至有人认为今后日本会受到强大后的中国的报复。这样的担忧对日本人而言，或许自在明治维新以后还是第一次出现。

这些年日本右倾化加速，实际上与东亚地缘政治的变动导致日本国民出现普遍的挫折感和焦躁感以及大和民族的自信心受到重创有关。从日本在政治及国防改革上的快速步伐来看，其领导人对国家未来处心积虑。坚持参拜靖国神社，或许也是一种其为实现谋略的苦心之举。时至今日，日本谋略的内容或许已经非常清晰，那就是：以成为受人尊重的大国为目标，以加强日美同盟为手段。但是结果如何呢？很显然并不能令日本人满意。虽然表面上日美同盟加深，修宪强军的步伐加快，但这些最终却与其大国志向南辕北辙。

实际上，日本需要一场真正的对华外交革命，立论的基础为中国的崛起是不可逆转的客观事实与时代潮流。以国家和全球利益为重的美国今后无疑会更加倚重中国，而非日本。中美战略协调将会成为美国全球战略的重中之重。日本重新定位和重视的“回归亚洲”外交说到底应是对华外交。如果不被中国接受，得不到中国承认的日本，其亚洲外交只会是空谈。日本现在将其周边国家算是得罪遍了，不管是俄韩，还是中朝，证明日本极端缺乏战略眼光，只会在一时一事上计算外交的得失，最终失去的将是周边国际环境和与邻相善的大好时机。

2

知彼方能鉴己　谋华难遏自衰

笔者从日本回国进入大学工作后，就有同学或友人谈及：学什么不好，要学日语？去哪里留学不好，要去日本？说话间还对日本表现出一脸的不屑。在笔者的经济学同行中，同样也有高看中国而轻视日本的倾向，也曾听到过这样一则流传甚广的笑话，说将来全球只要有三位经济学家就够了，一个懂美国经济，一个懂欧洲经济，还有一个懂中国经济的。至于日本，回答往往是轻蔑的一笑：日本，哈哈，可以不用管它了！

的确，现在中国是在快速发展并实现了一定程度的崛起，但笔者认为依旧有必要去学习那些现代化的先进国家。在世界所有的发达国家中，离中国距离最近、同文同人种、国情也相近的就是日本。但偏偏很多国人却舍近求远，眼睛只盯着地球那边的美国，鲜于关注与研究日本，因为国人骨子里一直不太瞧得起日本。非常有意思的是，曾经几近亡于日本之手的中国，却几乎从来都没有真正客观、准确、认真地重视过日本、研究过日本。当年如此，现今变化不大，以至于当前有国人要想解读或了解日本时，还多要去购阅美国人写的（而且还是在60年前）那部经典——《菊与刀》!

在2005年纪念抗战胜利60周年之时，近80年前出版的戴季陶的《日本论》又成了畅销书，这也从一个侧面反映出现今中国对日本研究工作的不足。戴是政治理论家，非专业学者，所以其著作不像《菊与刀》那么讲求学理、体系严密。但作为东方人和“知日派”，戴对日本文化的一些理解却更加深刻而切实，并且在书中不断地以日本比中国，在阐述日本文化的同时，也相应地指出了对中华文化的可借鉴之处和相关教训。特别是书中的一段话在今天仍旧是有现实意义的：“‘中国’这个题目，日本人也不晓得将其放在解剖台上解剖了几千百次，装在试管里化验了几千百次。我们中国人却只是一味地排斥反对，再不肯做研究功夫，几乎连日本字都不愿意看，日本话都不愿意听，日本人都不愿意见，这真叫作‘思想上闭关自守’。”

在过去的100多年间，中国对日本的认识与研究大约分为三个时期。一是从日本明治维新到新中国成立，研究方向多集中在政治领域。从1896年到1937年间，中国共翻译了2717部日文著作，由此而形成的意识形态成为影响当时中国发展的主要源流之一。二是中国改革开放至新世纪之前，研究重点多放在日本的经济发展模式上。其优良的科技、先进的管理经验都在影响着中国。三是进入新世纪特别是在小泉执政以后，解读中日冲突则几乎成为中国学者们的主要研究对象。事实上，中国对日本应该有一个系统的、全方位的认识、研究与了解，不能只陷入短期应急式的功利主义性的研究。

2013年间，笔者曾逛过北京、上海、广州、深圳，以及其他不少中国大城市的大小书店，里面虽有不少关于日本的书，但政治和历史类的居多，有些是相应地表示着愤怒，说的多是当年抗日战争那些故事；还有些就是关于日本生活的有趣的流行读物、各类日本漫画、村上春树及松本清张的小说，以及有关风土人情、吃喝玩乐的旅游攻略类的书籍。但研究日本且有深度的也有，数量极少，如讲述日本全球产业经济布局及商业运作手段的《三井帝国在行动》的系列，分析日本民族性的《暧昧的日本人》等。

记得笔者以前在日本时曾走访过新宿站东口的纪伊国屋书店、东京站八重洲口的八重洲图书中心、涩谷站附近的“1st书店”、池袋站东口的淳久堂书店、高田马场站旁的芳林堂书屋、御茶水站圣桥口的丸善书店、位于神保町书店街铃兰通上的三省堂本店，以及京都、札幌等地的多家大型书店。在日本各处逛书店时，笔者经常在想：日本书店之多、之大、之强的秘密何在？进而又观察到，为什么这些黄金地段的光鲜亮丽的建筑不是政府机关、银行、警察局，或是金融保险公司的大厦，而是区区几间书店？答案肯定是复杂而多方面的，只言片语殊难以讲清。而且笔者发现，日本书店中有关中国的图书可谓是种类繁多，且横跨相当广泛的学科或历史阶段,内容涉及方方面面：在风格上有严肃的或搞笑的，在内容上有赞扬中国或批评中国的……图文并茂，让人感觉日本对中国的研究相当全面与深入，并有一种把中国和中国人都“吃透了”的感觉。仔细翻看几本，日本书籍在搜集资料和论据上做得很是认真，很注重用数字和图表来说话，这点值得好好学习。

日本的“中国类图书”大致可以分为以下几种：政治类方面，以分析中日关系以及中日在全球政治架构中的地位，图解中国政治关系结构的书见多，而此类书籍的销售量波动多与国际政经时事的变化联动，当然其中也少不了一些观点言论过激的“自由派”的声音。经济类方面，以介绍中国经济发展的知识、预测未来发展动态以及引导投资家如何在中国寻找商机，此类书颇为热销。借助中国经济的最新变化，此类书籍也是“新刊”频出（而在日本书店中“新刊”是最受欢迎，也是最好卖的）。由于日本出版界在做畅销书时流行“三 T 原则”：Time（时间）、Theme（主题）和 Title（书名），所以，也有些关于中国的日本书籍为了抢时间，或是吸引读者眼球，题目往往取得很玄乎，但内容上平庸无新意；或是因赶时间而仓促截稿，内容经不起推敲。

此外，种类繁多的中文学习类的书籍与杂志也十分热销。据了解，其销售数量仅排在英语学习类资料之后，并与原先在日本人气十分旺盛的德语及法语类持平，而购书的读者大多为十几或二十多岁的青年学生，同时也不乏三十至四十岁还参加工作的日本人。可以想象，随着中国经济的增长，许多人因工作上的原因将不可避免地要与中国打交道。除此之外，还有相当一部分顾客是对中国历史文化感兴趣的日本中老年读者，他们可算得上是“中国图书”最稳定的读者群。

中国是一个经历过百年屈辱史的国家。由于历史感情与现实国情的因素，中国的民众对于国家复兴、民族崛起怀有很强的信念。此外，在一般的日常生活当中，他们的对日情绪与普通日本人的对中情绪相比，要强烈的多。所以，经过对比观察，笔者发现中日书业有一个很明显的不同：在中国，任何一个小规模的书报亭都会见到大量时政军事内容的刊物；但日本的情形则相反，在小书店和有上百种报刊售卖的便利店里几乎就看不到与时政有关的内容，而全是游戏、体育、娱乐八卦、汽车、旅游、时尚一类的读物。想要了解当今日本社会及其文化思潮的动向，可以参考日本著名的图书出版商“东贩”的年度十大畅销书，发现其中生活实用类占据排行榜半壁江山。近年来日本畅销书有个鲜明特点，那就是书的炒作成分越来越浓重，书的形式却越来越轻松活泼。所以有日本学者专家指出，这是在迎合日本社会的“低 IQ 化”（低智商化）！从畅销书这扇窗口看去，普通日本民众较很少关心政治，他们所感兴趣的多是一些思想交流、哲学宗教以及健康美食类的话题。由于近年来经济不景气和失业攀升，日本民众的生存忧虑和生活压力等问题不断凸显，因此也出现过“血型类书籍畅销、人生指南型书籍称雄”的现象。

但是，在事实上，千百年来日本的精英阶层却一直在认真细致地研究着中国，这里不妨姑且称之为“谋华”，其历程可谓久远：从丰臣秀吉的“大陆情结”，到《海国图志》被日本“盗版”，特别是 1927 年“田中奏折”中的“占满蒙，灭中国”的详细计划正可谓是集日本人三百年研究之大成，其对中国的资源、人文的了解程度及其用心之险恶、计划之周密，任何不麻木的中国人看了都会惊出一身冷汗！后来又有艰苦卓绝的抗日战争，再到今天的东海钓鱼岛之争。从经济文化、社会思潮到科技人文、军事外交，再到历史民族、气候地理等，日本人在历史与现今对华的研究方面几乎涉及所有领域！特别是在冷战结束后，日本更是从现实利益的角度来研究中国。那时，日本的中国问题研究者人数很多，据说有 1 万多名。而在冷战最严峻的时代，日本花在研究中国问题上的钱比研究美国还多，那时服务于政府政策目标的学者，基本上控制了对中国研究的话语权。是时，日方对中国的研究主要有两种流派：一是“京都学派”，注重对中国资料的实证研究；二是“亲华学派”，包括一批左翼作家、大学教授、媒体从业人员等。这些人当中存在着一大批理想主义知识分子，他们对中国改革充满感情与支持。那个时代，日本右翼在言论界中并不入流。

但从 20 世纪 80 年代初开始，中国发生了变化，日本也发生了变化。上述两类中国研究学者都逐渐被排挤出言论界主流。80 年代至今，日本的中国问题研究界的转变可分两个时期：前期是从 80 年代初至 90 年代中期，此时从意识形态角度批判中国的学者逐渐占据主流；后期是从 90 年代中期至现在，因中国市场经济的发展，先前意识形态方面批判中国的论调开始淡化，从现实利益的角度研究中国的学者不断增加。这些学者多数受政府的资助，服务于政府的政策目标。这样，这类学者与政府之间形成某种互动关系：一方面，政府为右翼学者提供了许多一手资料和前沿信息；另一方面，学者们也为政府提供了必要的咨询。这些咨询通常将国家利益与政治家个人的利益紧密结合。久而久之，这批学者基本上控制了日本对中国研究的话语权。每当发生“重大事件”时，日本媒体就会找这些学者发表见解。由于消息来源主要出自政府设置的新闻俱乐部。这时候，日本的“对华研究”非但难言客观公正，还具有相当的政治色彩。

作为一个家庭，可以像“孟母三迁”一样为自己选择好邻居，而作为一个国家则别无选择，必须直面各式各样的“邻居”。既不能回避现实，也不应激化矛盾。无论国人如何痛恨日本当年的侵略暴行和今天的翻案丑行，但都不得不面对这样一位“邻居”，而且是一个重要的“近邻”。越是愤怒的时候，我们越要保持清醒和理智；越是危险的对手，我们越要研究它、学习它，不做研究，仅凭义愤什么问题也解决不了。不真正了解对手，只有豪言壮语，没有制敌的本事，不仅战胜不了对手，相反只会被对手耻笑。

恐怕没有什么比中国人对日本的感情更加复杂、矛盾和难以表述了：熟悉、陌生、钦佩、厌恶、鄙视、尊敬、羡慕、嫉妒。无论如何，中国都不得不与日本这个国家同处一片天空之下，不仅如此，还不得不与它紧紧相依。问题是，多少年来，对于真正了解日本，中国做得还远远不够。

日本是中国最熟悉的一个国家，这个邻国生产的汽车、电视、空调、冰箱、洗衣机乃至计算器、方便面、化妆品，甚至最新的马桶盖、电饭煲、OTC 医药保健品等，曾源源不断地跨海而来，充斥于我们生活的每一处。同时，这又是最陌生的一个民族，虽然有着几千年的交往，虽然在过去 100 多年里日本屡屡让中国震惊，虽然近代以来却又屡屡受它的欺凌，可却又对它确实知之甚少。而这个民族在中国人的印象中同样充满了矛盾。一方面，日本人以其爱美的天性把日本列岛治理得山青水碧，寸寸锦绣，让那么多外国“驴友”心旷神怡、赞叹不已；但在另一方面，国人却又无论如何也不能忘记抗日战争中日本人所表现出的野蛮与残忍。一方面，不得不佩服这个屡创现代神话的民族之团结、勤奋、敬业的优点；可另一方面，他们的小气、自大与自私让人又实在不敢恭维，特别是他们对那场侵略战争至今依然不予承认的态度，让国人感觉到无法和这个民族实现沟通。

实际上，整个世界都对日本人迷惑不解。他们不明白这个外表腼腆、不善言辞、动不动就 90° 鞠躬的民族何以能如此富于创造力和活力，在经济竞争中所向披靡并百折不挠？别的民族对日本了解不够也许无关紧要，但中国人不能也不应这样。对于一个曾经的敌人和现在正与中国展开竞争与合作的邻国，国人没有理由不去弄清楚。研究日本和提高自己的应对之道才是当务之急！可惜的是，目前国内能真正说清楚“日本事情”的人却为数很少。

对日本的不反思、不认错应该予以批判，但国人自身也要加强对日本认识的努力。在大大小小网站的 BBS 上关于日本的讨论中，基本上是铺天盖地的咒骂，极少有深入、理性的思考。曾经在一次中日网民的“对战”中，一个“日本人”这样写道：“不管你们怎样破口大骂，我很高兴你没有骂我们懒惰，没有骂我们不认真，没有骂我们贫穷，没有骂我们窝里斗。我们不是因为骂人而崛起的！”不管这条帖子是否“真正”出自日本人之手，想必不少中国网民也会在这个贴子面前哑口无言。应该说，这个帖子提醒了我们：对日本，中国到底了解多少呢？只有把研究日本、学习日本的长处以及思考应对之道提到优先考虑的角度上，我们才能在与日本的交往中掌握更多的主动。

在研究日本时也要清楚地看到，日本社会虽然发达先进，但所谓“民众意见”其实很苍白，很大程度上是一直被淹没在有缺陷性的选举以及社会精英意识的变化之中。日本国民心理一直比较脆弱，内心深处一直有某种强烈的岛国悲情意识，并希望能得到肯定。对于当前中日关系紧张的情况，大多数舆论都认为日本民众的民族主义正在兴起。其实，多数民族主义都是一种精英层的意识形态。在研究日本的对华态度上，笔者认为特别应准确把握民众心理、精英层与政治家的关系，这样才能弄清楚事实。准确地说，当前，民众对日本的对华政策没有话语权。在日本的民主制度下，民众在某一段时间内允许有一次选择自己代表的机会，但话语权仅仅在那一瞬间。目前日本国民的心理处于一个极端不平衡的时代：第二次世界大战后的日本从一片废墟中崛起，经济上的辉煌让日本人拂去部分战败的阴影，恢复了自豪感。可以说，经济飞跃才是战后日本民族自信的源泉。20 世纪 90 年代，日本泡沫经济破灭后，其国民内心充满惶恐。他们对日本经济迟迟无法复苏感到焦灼，希望出现一个强而有力的人物带领他们走出低谷，其实，左右日本民众如何投票在很大程度上取决于经济。

到底应该如何看待日本民众的意识呢？笔者认为，地理历史原因有很大因素。地理上，日本孤悬东海，与其他民族交流困难，有天然的孤立感。地理上的隔绝造成日本民族不善于与其他民族沟通。正因为孤独强烈，所以在行为方式上，日本一旦确定了目标，就会不顾一切地努力，哪怕最终付出重大的代价。第二次世界大战之后，日本的国民内心深处存在着某种强烈的悲情意识。不论左翼还是右翼，内心深处都有一种强烈的反美意识。但是，这种意识的表露是经过慎重处理的。比如每年日本以最高规格纪念广岛原子弹受害者就是一例，这种反美情绪在不言之中。冷战结束后，这种悲情意识总在寻找表露的机会。比如日本与朝鲜之间的人质问题，日本媒体舆论界整体动员，全力追踪报道，很少看到任何不同的意见。在国际社会中，这种悲情意识在全力把日本打造成一个战争受害者的形象。

在这种作秀的过程中，政治家、各类精英才是主演。日本前首相小泉纯一郎就是其中最善于表演的一个。他善于把自己装扮成一名孤胆英雄，表现出他是一个顶住压力决不屈服的好汉。在中日关系中，小泉也玩起了悲情手段，屡次参拜靖国神社，就是要在民众面前表现自己“毅然”“果敢”保卫“日本固有文化”的勇气，以期唤起“同仇敌忾”、带有悲情意识的民族情绪。

同样，狭隘民族主义、神道国家意识和西方式自由民主理论等三大意识形态因素深刻影响着日本的对华政策，在其共同作用下，不仅造成日本对华政策决策层的“右转”，也导致两国民间互信度的下降。而日本民间厌华、反华情绪的蔓延，对于中国民间反日民族主义情绪的上升也有着促升作用。所有这些必定进一步挤压日本政府对华政策制定的回旋空间，并促进了日本对华政策的右翼化、保守化。

狭隘民族主义的主要内容就是极力宣扬大和民族的优越性，蔑视甚至仇视亚洲其他民族；片面强调日本利益至上，罔顾邻国民族感情，回避、歪曲、美化侵略历史，逃避战争罪责，而且颠倒是非地谬言邻国推行反日教育,并带有种族歧视和极端排外情绪。民族主义是日本近代以来一以贯之的诉求和主题，只是后来由于神道意识、脱亚入欧等的误导逐渐步入狭隘民族主义的死胡同；歪曲史观是由于第二次世界大战以后清算不力而在一定的历史条件下沉渣泛起。

神道国家意识是一种国家支配的意识形态。日本是以神道教为国家宗教的，其伴随着日本国家定位与文化转型而逐步确立起来。极端民族主义和神道国家意识作为挥之不去的意识形态因素，深刻影响着日本的外交政策尤其是对华政策，日本政要顽固坚持参拜靖国神社就是一种集中体现。至于西式自由民主理论，其实是日本用来打牌的。以上三种意识形态共同作用的结果就是：日本右翼势力日趋膨胀，反华厌华情绪不断滋长蔓延。

从这些角度看，在中日关系上，所谓日本“民众的意见”是没有的，而民众心理则应研究。所谓的“民众的意见”被淹没在选举制的缺陷和精英的变化之中。而日本的民众心理则仍然十分脆弱，日本民族希望得到肯定。曾有日本社会心理学家指出，日本人的自我结构中，“他我”意识很强，即很在意他人目光中的自己。毛泽东主席当年曾对来访的日本友人说：“日本民族是伟大的民族。”他对日本民族的肯定言辞，慰藉过很多日本人孤独的心灵。

3

冰是睡着的水　水是醒来的冰

客观地讲，中日之间相互学习借鉴了千百年。历史上，双方力量此消彼长、强弱对比也多次发生过转换，并相互都曾深刻地影响过对方。所以，借用“水”与“冰”来形容中日间的相互影响与微妙互动是再合适不过了。

今天，中国是全方位快速崛起的复兴大国、日新月异；而日本是守成的发达国家，正处于不进则退、相对衰落的微妙境地。所以，仅仅简单地对比“中国与日本之间到底谁更强”，意义已经不大。仅抛开许多恩怨杂念，去客观地“平视日本”，并从日本的许多先进方面入手，通过借鉴学习、为我所用，积极提高中国的经济科技水平、完善中国的社会文明程度，才是真正值得我们认真对待并从事的工作！今天中国的社会主义建设虽已取得了巨大成就，但对日本这样的强悍对手绝对不应该轻视，而更应戒骄戒躁地去研读它，因为只有尊重、了解对手，才能有可能战胜并超越它，特别是我们应当抱有一种“知耻而后勇”的态度。

日本有着完善的市场经济制度，是世界第三大经济体，实力雄厚，物质财富极端丰富，世界名牌产品多如牛毛。经济方面虽然有所波动，但总体上仍然非常稳定。实际上，波动不是因为制度原因，更多的应是近几年的经济转型所引起，而且还在不断地创造着新的复苏点，是其迈向更高水平经济发展模式的必经之路。日本的各级政府机关工作效率很高，而且十分廉洁，社会法治也很完善。这个国家通过自己的努力学习很快由一个落后的封建国家转变为一个现代的文明法治国家。日本国民素质很高，国民凝聚力强大，人们之间都互相信任，社会公信度很高。此外，日本科技水平发达，是世界上主要的技术原创与输出国之一。由于同主要发达国家的关系都很好，几乎没有国际的技术限制与封锁，所以日本发展科技（包括军事科技）有着很好的环境条件。

中国正在快速崛起，这是事实，但只是部分事实，而且从诸多指标对比后可以得出结论：中国与日本在很多方面差距依然悬殊！在这些方面中国要赶上日本，不仅非常遥远而且困难重重。中日两国的差距值得国人警醒。以版图和人口数量而言，中国的确是大中国，日本的确是小日本。但两国的经济若以购买力平价或真实比价计算，大多数的统计结果表明，中日之间的经济质量、人均水平仍有不小差距。作为全世界最大的债权国日本，其经济实力既表现在国内，也表现在海外。特别是其海外总资产额以及制造业的海外销售总额，都是令人难以置信的天文数字。

也许会有人说，日本不过是强在经济和科技、强在物质上而已，日本的文明其实并没有什么可夸耀的。“文明”是一个大题目，笔者在这里不敢妄加评说，但可通过列举一些人们通常十分关心的社会性指标来了解日本的文明程度：日本城市化水平很高，今天的日本人大部分都居住在城市。在现代社会中的人均收入、失业率、教育、离婚率、人均寿命、移动电话普及率、个人电脑普及率、宽带通信费用、网络化程度以及作为信息化指标的“上网普及率”（关键还要看上网做什么，不是玩游戏）等指标上，日本都具备世界高端水平。作为中国人，我们是否应该放下“鄙视日本”的心态，去认真地、客观地研究并学习一下这个作为中国近邻的“小国”?

一、农业的可借鉴之处

日本虽有很多我们可从中受启迪并得以借鉴的东西，但笔者首推农业。而日本如何解决小农经济问题更是其迈向农业现代化的完美诠释。

农业是中国社会发展的重中之重。国务院近年来每年下发的一号文件都是有关“三农”问题的，为建设富裕和谐社会主义新农村而努力。那么中国这样以农民占多数的后发现代化国家，以何种模式使农业走上现代化道路，似乎一直未找到令人满意的答案。但如果冷静下来，不带偏见地审视与对比的话，日本模式的农业现代化非常值得借鉴。

乍一看，日本国土窄小，中国地域辽阔，两者不具可比性。但只要仔细对照一下就会明白，中日确有许多相似性：山地多，大型农机具施展不开；人均耕地少，规模化经营难处多；富余劳动力众多，需向城市大规模转移；对留在农村的农户人口要为他们找到多种农业经营方式。

世界范围内的现代化进程发端以来，人们普遍看好农业现代化的“欧美模式”，即规模化经营、机械化作业以降低成本、增加农民收入。随着“三农”问题的突出，中国国内要求中国农业走欧美模式的呼声四起，但深入考量的话就会发现，欧美模式的那种大农业未必适合中国国情。因为前者一般地广人稀，人均耕地多，劳动力稀缺昂贵，且经济发展水平高，科技与工业反哺农业能力特强，这些客观条件都是中国难以企及的。鉴于中国人多地少、农业资金和技术投入不足、农业发展水平较低等基本国情的制约，农业现代化不宜走以规模化经营为主的欧美模式（当然这并不排除在大的商品粮基地或沿海与平原地区推行适度规模化的生产经营），而更适合于走日本以小农经营为基础的“精细化”“集约化”“规范化”“科学化”的模式，且多样性的农业可与加工业副业并举，兼顾规模化经营。

日本能够做到在小农经济基础上实现农业现代化，政府的主导作用显而易见，这主要表现在三个方面：一是政府于 20 世纪 40 年代后期实施了农地改革，在农村普遍建立了以自耕农为标识的小农制，调动了农民的生产积极性，稳定了农村社会秩序，提高了农副产品价格，缩小了工农产品之间的价格“剪刀差”，从而使农民得以安心生产，努力提高生产水平和效率。二是通过法律、资金、技术支持、价格政策等多种渠道，鼓励和扶植成立多种形式的农民协作组织，使农民协作组织成为农民、市场、政府之间的中介和桥梁，并为农民提供多种资质的服务。如发布市场供需信息，协助打通销售和采购渠道，提供各种优惠贷款，大力组织加工贸易和副业生产，协调农民之间的协作生产，如此等等，逐步形成了产、销、购、服务一条龙体系，从而降低了农业生产成本，提高了农业效率。三是实施强有力的、严格的市场保护措施。如水稻是日本主要的农作物，为了保护农民生产稻米的积极性，日本政府战后以来一直以高价收购方式来实施高额的价格补贴，人为地维持市场上大米价格高出国际市场数倍的零售价，同时严格禁止进口国外大米。对于某些农产品，日本政府也采取限制进口或征收高额进口税予以保护。

此外，日本的工业企业、科研单位和城市也为其农业现代化做出过意义重大的贡献。如研制和提供先进而适用的农机具，以及高质量的农药、化肥、种子，提供和转让适用的农业生产技术，使工业和科技服务于农业并迅速转化为生产力；通过商业途径发放各种贷款，支持技术革新，从而使日本农业生产得以高水平运转和持续发展；从 20 世纪 50 年代起，工业和服务业先后持续吸纳了数以千万计的农村转移劳动力，既保证了工业和城市发展的劳动力供求，又基本上解决了农村剩余劳动力的出路问题。留在农村的约 300 万农户中，半数以上从事加工贸易和副业生产，形成了多样化的高附加值的劳动密集型产业，并致力于不断提高生产的科技含量，以农副产品为原料的加工业，其投入与产出价值之比往往达数倍乃至数十倍之多，从而提升了加工业产值和劳动力报酬。只有不足一半的农户仍从事农业生产，基于人多地少的特点，其大力推进农业生产的“精细化”“科学化”，每块农田的土壤结构、肥沃程度、适合种什么，都测定得一清二楚，生产过程则推行“规范化”，将许多工业化的管理模式移植到农业生产上，从而使日本农业成为高效高质的农业。

农业现代化的“日本模式”优越性可表述如下：农村小农化有

效减少了农民间的利益冲突；农民大批量进城就业解决了“人往哪去”的难题；各种形式的以工哺农解决了“资金和技术从哪来”的困境；政府主导和农民协作组织的中介均衡了工农产品的价格水平，缩小了工农差距，缓解了城乡矛盾，推进了日本社会的“均质化”。故此，日本农村的富裕光景和稳定迹象随处可见。农民住宅一般为两层建筑，样式各异，设计合理，功能齐全，宅内卫生设施与家用电器配备齐全，与城市没有大的差异，而人均居住面积则更宽敞些。每家几乎都有一个庭院，包括绿化区和加工养殖或副业用房，没有看到什么防盗设施，足见社会治安之良好。总体上看，日本农村繁荣了，农民富裕了，城乡生活水准接近了，便带来了意义深远的后果：社会的和谐与政治的稳定。

此外，日本农业现代化采取小农（自耕农）地权、农协组织、政府扶植这样一种“三位一体”的农业体制，除政府的主导和引导外，充分重视了农民协作组织在发展农村经济、提高农民富裕程度方面承上联下的纽带作用。比较而言，改革开放前中国农村中的公社是集生产、社会、政权于一体的组织，但在推进农业生产的进步中似乎未发挥显著作用。改革开放后，中国农村中新型农业协作组织发育滞后，目前仍处于草创和起步阶段，不仅数量少，覆盖面窄，而且功能不齐全。而日本的农民协作组织则不然，经多年培育，已臻于成熟，它是政府、企业、城市与农业、农民、农村之间的有效中介和纽带，凡攸关农业、加工贸易和副业中的产、供、销、农技、农机具、资金等几乎全部的生产和经营环节统统被纳入农协组织的视线和业务范围内，由此显著地降低了农业生产成本，有效地提高了农民收益，是工农、城乡交流的有效渠道。有鉴于此，中国在许多方面似乎可以认真借鉴日本的有益经验，加速中国农村的农民协作组织和农业的发展。

当然，由于地理环境、土壤构成、交通条件、资金运作等一系列因素的影响，日本各地区农村的发展水平和农民富裕程度也不可能是绝对均衡的，一些偏远或条件较差乡村的年轻一代纷纷离开，去大都市发展，只剩下老一代农民在苦苦支撑。即使一部分青年农民留了下来，但日本女孩嫌苦而不愿下嫁。但需指出的是，大批年轻人离开农村和农业是世界性现象，是现代化进程中的必然趋势，日本也不例外。此外，日本的农业也存在耕地面积小的先天性弱点，由此导致了食品自给率低的后果。在日本人的日常饮食消费中，由于西化程度的加深，过去作为主食的大米消费锐减，畜产品和油脂类等需大量进口的农产品消费激增，造成食品自给率呈持续下降趋势。但日本的食品短缺与日本自然条件的局限和制约有关（须知当前日本人均耕地面积仅为 0.037 公顷），而与农业现代化“日本模式”无关，不能因为日本农业存在上述弱点而否定日本模式的成功。

二、环保的可借鉴之处

笔者是一名纯粹的环保主义者，也去过日本的不少地方，深感其自然环境保护之良好。近 70％的国内森林覆盖率使日本成为世界上绿化比率最高的国家之一。如果有“驴友”初到日本旅行，会发现不论是在大都会还是小城镇，第一印象恐怕是街道整洁、树木葱郁、草坪翠绿、环境宜人。日本人何以在经济起飞的同时依然让国土保持锦绣之状的呢？这与日本人良好的生活习惯以及深入人心的环保意识有关，而日本环保的手段及完善的法律体系更值得借鉴。

在日本并不宽敞的街道上行走，是看不到行人甚至孩子随手抛撒废弃物的，即使烟蒂也极为少见，更不会有斑斑痰迹，而且绝不会有满头尘土清扫街道的环卫工人出现。街道每隔一段距离（尤其在住宅小区），都会规整地排列着一组组垃圾桶，桶上有不同的标志图案，一般分为可燃的垃圾（如纸品塑料等），和不可燃的垃圾（如玻璃制品和金属等），以及易腐蚀的生活垃圾等几大类，居民都会自觉地按上述分类把废弃物投入桶内。日本是不设废品收购站之类的回收机构的，但有专门的环卫部门负责收集垃圾并努力做到循环利用。在街道上出现的垃圾车是全封闭的，车上设有粉碎机，当场将桶内废弃物分门别类予以粉碎，然后自动装入不同的容器，再将它们拉到有关工厂当作原料使用，有机的生活垃圾则运送到远郊的有关场所焚烧、发电或制成肥料颗粒，未听说有掩埋的。由于垃圾处理及时，且生活垃圾一律用专门的黑色塑料袋封装，故垃圾桶附近基本闻不到多少异味，也看不到蚊蝇滋生。至于各家准备淘汰的家庭废旧电器及家具，只能在每月或每周固定的日期摆放到规定地点供回收或让人捡走（可用之物）。废旧电器的回收处理，日本已做到有法可依，有章可循。主要是让有关生产厂家拆卸处理，并让其有利可图，以保护其回收积极性。甚至对于全球所有国家都感到极为头痛、难于安全处理的废电池，日本也率先通过市场化运作方式顺利予以解决。

至于树木，日本人则修剪整齐、爱护有加，城乡处处呈现一派浓阴匝地的景观。在日本只准种树，不准砍树，甚至攀折树木的枝条也是不允准的，如果哪位不了解情况的国外旅游者想折一柔枝给孩子玩，随便哪位日本的目睹者就很可能会大惊失色地上前诉告你：那是违法的！此外，绿意萋萋、碧色一片的草坪也随处可见。除了个人庭院的草坪外，公共草坪大抵有两种：一是街心等处的景观草坪，那是不准入内的；二是公园等处的草坪，多数开放给儿童入内嬉戏或准许大人躺卧作日光浴，据说这里的草适当践踏，反而有利于生长。

在日本出行，除大城市闹市区可能会闻到汽车尾气污染外、基本上看不到工厂烟囱冒黑烟，这是因为燃烧的是进口的天然气或经过提炼的燃油，使得有害气体排放得极少。目前日本在核电站相继关闭后又重新启用了火电站，但在减少燃煤污染方面有不少经验值得借鉴。例如，燃煤在运储过程中，基本实现了封闭式的操作，在进入锅炉燃烧时采用底部轻油、上部煤粉的二级燃烧方式以及低氮氧化物燃烧控制技术，在充分燃烧的同时大幅降低了废气的排放量。当废气通过在高压电极间的静电除尘环节，经过干式排烟脱硝装置后，又进入到填充活性炭的脱硫塔，之后再被送入再生塔内，这时的废气就基本被净化完了，故日本本国不存在酸雨问题。而脱离下来的浓缩硫化物可加工成浓硫酸，而活性炭则送回脱硫塔重复利用。尽管还做不到“零排放”，但日本清洁生产的水准却是世界上最高的。此外，厨房的烧烤气体、废弃物、各类垃圾以及农村有机肥等各种有可能产生有害气体的因素，都尽量地被有效控制在带有相应处理设备的密闭空间内不致外泄。

日本大城市里较少见到欧美或中国那种超豪华、大气派的五星级酒店。当住进星级酒店或不够星级的旅馆时，也许房间并不宽敞，却会产生一个鲜明的感觉：紧凑、舒适、合理、方便。不管是床铺、家具、设施，乃至卫生间洁具的置放，都是经过精心设计、细心施工、合理搭配而成的，可谓匠心独具，认真贯彻了节地、节材、节能的环保原则，使人不得不对日本人的精明暗暗称羡。于细微处见精神，日本人那种重视环保、努力推进绿色生产和绿色消费的自觉性和责任心由此可见一斑。

诚然，一个国家要保持长期的、稳定的可持续发展，保持绿色GDP增长，建立资源节约型和环境友好型社会，仅仅依靠国民个人的自觉性和责任心还是远远不够的。从国家、企业和个人三个层面同时协调配合，共同构建起一个全方位的、严密的、保证可持续发展的法治体系，才是解决问题的根本途径。在这方面，日本走在了世界最前列。

日本的环保事业和循环经济法治体系可分为上中下三个层次的架构：最高层为整体性宏观性的法律；中层有综合规范性的法律；底层有具体执法层面的法律。这些几乎覆盖了日常生产和生活的各个层面。日本环保立法的目的很明确，那就是建立“循环型社会”，相当于中国提出的资源节约型社会和环境友好型社会。正是以上述法律体系为依托，日本大力推进有关资源回收和再制品化的政策。为了扶植资源再生产的发展，日本政府不但大力倡导和鼓励公众进行绿色消费，而且首先身体力行，优先采购资源再生产品供各级政府机构使用，并以种种方法引导和支持企业不仅关注环境保护，还在采购原材料时也主动购买绿色产品，以推进循环型社会的发展。

高速发展中的中国需要关注与改革的头绪与节点实在是难以计数，但笔者粗浅地认为，以上列举的内容却是最基本、但也是最重要的两个方面，不妨加以参考借鉴。

4

无法回避的现实　难以预见的未来

这是本书的最后一章的最后一节内容，本章都是在探讨中日关系，而整本书实际上也是在围绕着中日关系来布局的。这本书写到最后，笔者感触良多。无论过去、现在、还是未来，日本都是个注定与中国关系紧密的国家。正是因为有了这个近邻的存在与介入，中华文明的荣辱沧桑悉数有了酸甜苦辣的各式注脚。

一、普通民众

对于那段令人发指的战争历史，普通的日本人究竟抱一种什么样的态度呢？事实上，日本民间在其媒体与社会氛围的影响下，民众态度表现得相当微妙。如果一定要用最简洁的语言来表述大多数日本人对历史的态度的话，那或许应该只有一个词：暧昧！以笔者在日的接触、观察和理解来看，很多日本人知道并且也承认日本有那么一段侵略历史，但大多数人却又对那段历史的细节了解得很少，或者是即便知道也不愿意多谈。而且，更多的人似乎不大愿意去深究那段历史了，仅希望“让它就那样成为过去，不要再影响到他们今天的生活”。

在日本政治家不断参拜靖国神社的问题上，日本国内反对与支持的声音都有。反对继续参拜的，并不代表着他们都认为参拜靖国神社是错误的。不少人认为，政治家们应当在通盘考虑之后再权衡利弊取舍，犯不着因为此事而激怒中韩，从而影响到日本的根本（经济）利益。而很多反对政治家参拜的日本人，自己却又去靖国神社继续参拜！对于近年来日本政治出现的保守化倾向和少数右翼分子的嚣张，普通日本国民缺乏应有的警惕。虽然他们并不完全认同右翼分子的主张，但认为应保障社会的言论自由。对于政坛的向右转，不少人甚至还认为是应该的，不少人觉得战争已经结束近70年了，国家不应再背负战败国的包袱了，而应当成为所谓的“正常国家”。而关于日本历史教科书的客观完整性的问题，日本的教育行政机构早已形成共识，在教科书中尽量少讲授关于第二次世界大战内容的历史。这使得日本学生想真正了解这段历史，只能是靠他们去“自学”了。

不少日本的媒体也存在逐渐右倾化的趋势。在第二次世界大战结束纪念日或是其他重大历史纪念日之时，日本的NHK、TBS、朝日等电视台时常会播出一些历史专题类的节目，其中还包括一些对话类的节目，主题多是日本应该如何看待历史、如何走向未来等。参加节目的既有日本的社会名流，也有各方的普通民众，此外还有中韩、东南亚及欧美等国家的在日人员，现场气氛也十分热烈。在整个节目过程中，有时日本人之间也会出现完全相反的观点。但是，那些为侵略战争翻案或狡辩的言论，总是引来最热烈的掌声，这往往让有良知的人不由得怒火中烧，进而心情沉重。

在与一些普通日本人的交谈中，既可感觉到他们对一些问题在认识上的简单幼稚，甚至是错误荒谬，但也可体会出他们对和平的渴望。即便是一些在历史问题或经济问题上认识模糊的日本人，在和人争辩的同时，也很认真地表白：绝对不能再打仗了！例如，在一次文化沙龙上，有位30多岁的“日本海外协力团”的志愿者和我聊天。在分析为什么日本经济能在战后迅速崛起，他认为这首先得益于日本在战后从军国主义转向和平发展。平心而论，他对经济问题的分析是肤浅的，但他对战争罪恶的看法却还算深刻。他说道：“你们中国如果没有强大的军队就会被别人侵略。但日本就没有必要强军，因为它没资源，没有人会来侵略日本，所以日本不应该把钱花在军队上。世上最糟糕的事就是打仗，千万别再打了。打起仗来最苦的是普通的民众。”

还有在校的日本博士生曾很认真地问笔者：“你在日本待了这么久，你说日本还有可能再打仗吗？”对方不等我回答就接下去继续讲他的观点：“战后特别是今天的日本，已经没有了进行战争的机制架构与能力了。”在他看来，只要是了解当今日本实情的人，就肯定认为日本再也没有发动侵略战争的可能。对这些日本人的看法，笔者当然不能赞同。但不能否认的是，大多数日本国民渴望和平、反对战争的心态是真实存在的，而且时常很自然地流露于言谈之中。

可见，有不少的日本民众表现出难得的清醒，还有良知。记得笔者曾在东京滨松町的东芝总部采访过一位日本前任驻华大使。他给人的印象是温和而谦逊，讲话简洁而干练，谈问题高屋建瓴、逻辑严密，对历史问题的认识也很清醒，对中日关系的发展更抱有良好的期许，友善且思想深邃。令笔者印象最深是其精彩而客观的见解，相信即便是那些持右翼观点、巧舌如簧的日本人也难以反驳！

二、对华友好派

事实上，日本社会长期以来就存在“对华友好派”与“对华强硬派”之分。“对华友好派”历史源远流长，即使在国际环境恶劣的冷战时期，他们对中日两国友好大局都发挥过巨大作用。第二次世界大战后日本的对华友好派基于诸多原因而形成。如和平反战、经贸往来、文化交流，以及国际环境等因素。判断日方人员是不是对华友好派，过去往往从是否参与中日友好活动、双边经贸及其他交往的态度来划分。

但实际上，由于日本国内教育及历史观等问题，致使利于友好与不利于友好的两种因素同时增长，而且经常会表现在同一个人身上。换言之，就是所谓的“对华友好派”有时也会表现得不友好。要想弄清个中缘由，就必须分清“友好派”的渊源及类别。据笔者在日亲身采访接触并整理相关资料后发现，按照形成因素不同，日本“对华友好派”主要可分为以下几类：

一是官方友好派。有人或许认为日本官方并无真正的“亲华派”，应称为“知华派”。但日本政界是其社会的一部分，推动两国邦交正常化的诸多“老朋友”都是政界人物。1972年，田中角荣访华，实现中日邦交正常化后，日本政界主流派也开始出现田中角荣、大平正芳等对华友好派，此后呈现出官民并举的发展态势，“以对美关系为主，同时也大力发展对华关系”曾一度成为日本政界的主流外交思路。许多日本政治家都为中日友好事业做出了积极的贡献。笔者曾采访过的“对华友好七团体”会长、前首相桥本龙太郎，以及前首相村山富市等多位对华友好的日本政治家就属于此类。官方友好派的主要特征是从日本政府当时的利益出发，尽量淡化个人色彩及政治历史等价值因素。

二是反省友好派。这里既有日本国内的反战人士，也包括以各种方式从中国回国的日本人，其中也不乏战犯。他们因反省战争的负罪心态而致力于中日友好，这是日本人中感情与认识最接近中国的一群人。这些人有时比中国人更在乎中国，有的长期在中国义务从事教育、环保等活动，有的则在日本积极为中国留学生服务，被称作“最可信赖的人”。对于近来中日关系恶化，这些人也最为焦虑，总是自己埋头出力想方设法修补。他们因常批判日本政府而往往被后者及主流媒体封杀，几乎没有公开说话的空间，只能“草根”于民间。现在，这股力量已显现出“高龄化”“少子化”（缺少接班人）与“边缘化”的特征，并受到健康及经济实力制约。

三是慈善友好派。这里面多是一些善良的日本民众，注重公共产品供给和社会服务。中国留学生和旅居者多属弱势群体，因此会常受到他们关照。这些乐于助人者不一定有明确的历史认识和政治头脑，许多也没有到过中国，可能也不了解甚至不关心中国，他们只是以一个善良人的仁爱之心看待中国人。当中日出现纠纷时，他们中有的人会站在比较公正的立场，但也有人不能从是非曲直上去加以分辨，会认为中国人过于“较真”。

四是文化友好派。属于汉字文化圈的日本一直着迷恋中华文化。日本人留学中国、学习中文，或前往中国观光的人数向来较多，他们多具有中国情结，甚至与中国人结婚。但这些人多不愿过问政治，对历史观等问题多持暧昧、回避态度。有的对中国的诸多问题还有一些误解，甚至会从偏颇的视角批评中国。

五是经济友好派。中日以民间交往为契机，曾培养出一大批对华友好派，他们较为理性，大多只是认识到必须与中国进行贸易，从而友好，却很难培养对华的真情实感，说白了就是“只见利益，不见友情”，完全忽略了中日关系发展必须建立友好基础的特殊性。但他们不欢迎右倾化的日本外交政策。

日本民间的对华友好团体也为中日友好做着积极的事情，其建立曾经历过两个高潮：第一次是在新中国成立前后，1949 年，与鲁迅有密切交往的内山完造等成立了“日中贸易促进会”；同年，帆足计等部分日本政治家成立了“中日贸易促进议员联盟”；1950 年，日中友协正式宣布成立；1954 年，日本国际贸易促进协会成立。第二次是在中日关系正常化前后，日中经济协会成立于 1972 年；日中友好议员联盟成立于 1973 年；日中协会在 1975 年成立。目前日本主张中日友好的团体中最著名的是“对华友好七团体”，分别为：日中友好协会、日本国际贸易促进协会、日中文化交流协会、日中友好议员联盟、日中经济协会、日中协会和日中友好会馆。其他专门与中国进行交流的民间团体还有诸如日中科技交流协会、医学交流中心、武术太极拳联盟、气功协会等。

笔者在日期间与一些中日友好团体曾有过一定接触。据了解，他们的收入基本全靠自筹。有来自会员会费的，有来自发行报纸收入和广告费的，还有少部分是靠其他方式。其中日中经济协会的经费靠会员募集或组织自行车比赛来获取；日本国际贸易促进协会的事业经费完全自筹，主要依靠事业劳务费和会费；日中协会日常活动经费靠自筹，包括事业收入、募捐、会费等。日中文化交流协会的活动经费完全依靠个人会员的会费和团体会费。日中友好会馆通过经营宾馆、办公楼出租等事业运作，曾补贴过3000多名中国留学生，被看成是“中国留学生之家”。日本各友好团体的活动各有不同的侧重点，多数专职人员并没有工资。

近年来，中日友好团体的影响力随着中日关系的发展而起伏，在电视上、报纸上也很少见到他们，相关的消息越来越少。由于资金缺乏、成员老龄化及缺乏新鲜血液等原因，其影响力正逐渐减退。由于缺少年轻人的参与，甚至面临着后继乏人的严重问题，连举办各种交流活动也变得困难起来。友好团体在日本的影响力与中日关系紧密相连。当中日关系稳定时，友好团体在日本民间声望便很高。但出现日本政客参拜靖国神社、否定历史等行为后，中日关系紧张时，日本民间也开始会出现一些对中国不友好的声音。这时，友好团体往往也会受到指责和攻击。尽管如此,在常说的“政冷经热”的局面下，友好团体还是能够做一些事情、发挥一定影响的。但近些年右翼势力大增，让对华友好团体倍感困扰，被煽动后的日本国民对华的反感情绪开始增强，这让处于困境的中日友好团体更感困难。

三、对华强硬派

回顾历史，日本由于战败国地位及政治实力的特殊性，其政府与政治人物在实施强硬外交时一直是有所顾忌并留有余地的。因此长期以来日本强硬人物很少能直接站到外交舞台前沿。但近年来各方形势发生了重大变化。日本一些原本较为温和、善于周旋的政治外交家们，也让位给了某些对华态度强硬派人物。这些突然间冒出一些政治人物，无视中日关系的政治基础，在参拜靖国神社、钓鱼岛主权等问题上频频冲击中日政治关系的红线，并在各种场合态度决绝、对策强硬，使中日关系跌入谷底。今天的日本政治处于动荡、分化、改组之中，许多政治人物立场摇摆不定，变数多多，很难以一个统一的标准为对所谓华强硬派进行分类。这里仅就一些表面特征做一个粗略划分。

一是传统强硬派，这些人大都是日本政治世家出身，也是日本传统保守利益的代表，且最具历史渊源，很有实力。他们多恃家世自傲，在日本社会及政界为所欲为，成为“特权”人物。同时，他们大都也存在较强烈的殖民主义情结，在历史问题上最易于流露极端的见解，常扮演“敢为人先”的形象，并擅长在选举中捞票。近几年屡屡对华大放厥词的石原慎太郎、麻生太郎就属于此列。

二是双料强硬派，这些人大都为战后出生的政界世家子弟，有欧美教育背景，受西方影响较深，有明显的亲美倾向。他们既注重日本的传统价值，但更认同欧美的价值观念，因此可看作是日本和欧美保守意识双料融合的产物。由于对近代历史没有直接经验，他们也就几乎没有罪恶意识。这一派是今天日本政坛的主流派，年富力强，人马众多。目前的首相安倍晋三就是其代表人物。

以上两派都是政治世家子弟，而现在的日本有一半左右的政治家都有家世渊源，并占据政坛的主流地位，这自然使保守风气日盛。而平民出身的政治人物或远离主流，或趋炎附势，也促成了日本政界的保守以及强硬。

三是务实强硬派。这些人大都以实干著称，有一定政绩，且与日本财界等有较深的利益联系，对国际关系有务实的思考。比如前首相田中角荣、中曾根康弘。他们是保守派元老，年龄虽偏大，但并不拘泥于旧的框架，一直怀有带领日本走出战后困境的抱负。务实强硬派原来在日本政界实力较强，小泉本属于这一派，但在上台后便向双料强硬派靠拢。中曾根被逼退后，该派似乎很难复兴了。

四是在野党强硬派。这些人有的本来是在野党中的强硬派，如民主党党首前原诚司等；有的原来就在自民党内居要职，后另立山头，如小泽一郎等。因在野身份，这些人本来并不突出，但是过激的政治主张往往很引人注目。比如，前原的“中国威胁论”策应了自民党主流派的战略转型要求，使当时的日本政界更趋保守化，加大了政坛的混乱和变数。

五是转型强硬派，这些人原先曾致力于中日友好等活动，而并非是明显的强硬派人物。但近几年，随着日本内外风云的复杂变幻，又加之诸如经济等层面的因素，其先前对华的友好态度也发生了变化。

应当看到的是，日本的所谓“强硬”既无公理支持，也乏国际协助，更少实力支撑，再硬也是“人硬货不硬”。中国对此应当把握主动、明确底线、放眼长远、务实操作。只要中国能继续顺畅发展并实现崛起，就能把握好主动权，在更大的框架结构上定位中日关系，构建双边关系乃至整个国际秩序的大局。

目前，由日本右翼政客主导的日本政府拒不承认其对外侵略历史并为其道歉谢罪的事实，已成为中日间外交上无法回避的现实，双边关系所面临的将是一个难以预见的未来。但笔者对中日关系的最终走向却是乐观的，这种乐观首先基于对中国自身发展前景的乐观，其次是来自日本国内的和平力量也不容忽视。相比较而言，日本长期低迷的经济、自然灾害及其导致的核事故，倒是使得越来越多日本人在谈及自己国家的前途时，常常流露出一种悲观和宿命的情绪。在担心日本未来的希望难以预见的同时，作为普通的日本人则更担忧其个人的命运与发展。

中国今后将面对一个怎样的日本？笔者个人认为：一是这会是一个历史认识态度长期暧昧的顽固日本，不要幻想它能像德国一样真诚地对战争反思并认罪。战后两个国家改造的心路历程是完全不同的。所以在有关历史认识等原则问题上，应该丢掉幻想，做好长期斗争的准备。历史走到了今天，再做过多的假设已毫无意义。二是一个逐渐争取走向“正常国家”的日本。第二次世界大战已经结束近 70 年了，日本从“战败国”走向所谓“正常国家”的进程虽可延缓，但却无法阻止，这是不以谁的意志为转移的。因此，对于日本走向“正常国家化”的行为，应有充分的心理准备及应对措施。三是日本是一个反战斗力量与右翼势力并存的国家，依其目前的走向看，在很大程度上已开始向右倾斜。但国际社会（主要是美国）以及中国自身力量的发展强大，仍可对它实施有效的影响和制约。

面对日本这样一个复杂善变、顽固势利，但却又先进发达、勤奋而不甘居人后的邻国，确实很难准确预言它未来的发展走向。在经历了近 70 年的蛰伏后，当前的日本正在经历着一次蜕变。其多变的政治局势、虚幻的经济高帽以及谜一般的真实国力，这些都让世人充满着困惑与担心。面对日本那充满未知变数的将来，我们中国人必须有所思考、有所准备、有所作为！

结语

为什么写这本书?

以前，由于自己在日本做过文字类的传媒工作，对中日间的事情也有过不少亲身的经历与了解。所以，在回国后，一直想记录下来、专门汇集成册，看作是对自己这些年所学所思的心路历程所做的一个小小总结。

初稿成册后给几位学术界的熟识朋友传看了一下，有的评价还行；有的认为焦点内容偏少，建议再多写一些；还有的直言不讳，指出文章甚至有“美化日本”之嫌。因此，我觉得有必要把写作的目的与动机再做一个简要的说明。

一开始，我写这本书的初衷是试图用积累的部分资料，来讲述一些自己感兴趣的日本话题以及在日的有趣经历。但是，写到后来却越来越感到凝重，特别是在写有关中日关系的第四章之时。

由于日本不能以正确的态度对待侵略历史，再加上其在钓鱼岛问题上采取的强硬态度，中国政府与之进行了针锋相对的斗争，并得到全国人民的支持。而国内媒体的涉日报道自然也是以此为重点，这是理所当然的。但当这种现象长期持续，势必也会造成国内群众对日本其他许多方面的情况缺乏必要的、客观的了解。

这几年，为了写好本书，我拜读过不少的有关日本的书籍和文章。遗憾的是，有些内容相对稍欠客观；有的虽列举了一些数据，但分析却没有相应地跟进；还有极少数书文，或许是由于作者担心被扣上“亲日”的帽子，只是简单地迎合国内部分读者片面性的心理需求，即读者希望看到什么，其分析和预测的结果就是什么。对于中国人不愿看到的情况却视而不见，或语焉不详。这样便导致许多中国人对日本的认识存在相当的偏差。

首先，对日本右翼势力抬头、整个社会右倾化的成因及今后还将更加严重的发展趋势缺乏清醒的了解。既弄不清日本“向右转”的历史渊源、文化背景、国际环境及国内因素，也不了解现状的严重性和斗争的长期性。少数人甚至因此不理解中国政府的对日外交政策，认为是中国的对日政策不够强硬，而造成日本右翼势力的嚣张，幻想通过情绪发泄式的强硬行为迫使日本低头。

其次，许多同胞对于日本长期以来，特别是在第二次世界大战之后的经济与社会发展的方式和手段、智慧与谋略，缺乏必要的认知与了解。大多数人只是知道日本的经济科技发达，但具体哪些方面值得学习、如何借鉴，而哪些方面又不能照搬，甚至要引以为戒，却知之甚少，甚至是觉得不屑于去了解。

再次，中国人对当今普通的日本民众缺乏了解，特别是相对客观的了解。大家对日本人的理解仍多局限于其残暴好战的一面，而对和平时期普通日本人的心理特征以及日常其所思所想的东西真的不甚了解。当然，出现这种情况与日本右翼势力的顽固嚣张是分不开的，但我们确实应当知晓大多数日本人的真实心态。

最后是就日本而论日本。很多人忽略掉日本右翼兴起的成因现状及未来走向。是与国际大环境密切相关的，而中日关系的调整和发展也是与国际环境密切相关的！中日双边关系只是国际政治经济大格局中的一环，必须放在这个大格局中在审视与应对。

正是基于上述思考，笔者努力地在用“心”去写，费力地弄出了这本小册子。由于成本原因，又不得不对30余万字初稿中相当多的内容进行删除，包括：推演中日东海武装冲突中美国空中力量的介入能力、日本经济模式、日元汇率与国债、对华ODA、赴日招商会、和平宪法、东京奥运、列岛旅游、日本美食、在日华人、日本传媒业等约10万字的内容。另外，还有100张以上的精美图片及珍贵照片也未使用。十分可惜！

限于水平，笔者对相对专业及深奥的问题写得很少，而只就部分自己感兴趣的话题做了些粗浅的叙述，在真实地记录下本人的一些见闻与感受的同时，想引发大家对一些问题的思考。同时，也想从一个侧面说明中国政府对日方针的正确性，并试图指出少数人虽出于爱国热情但不理智的言行无法达到良好效果的事实。

当前，新一轮的博弈竞争已经开始，中国不能再输给日本了，这是每一个炎黄子孙的心愿！而要达此目的，最好的办法就是建设一个坚持走和平发展道路、再度崛起并复兴的强大祖国，让中华文明中的先进思想文化逐步走向国际，并在构建和谐世界的进程中，发挥出积极的、有建设性的强大影响力！这样的胜利，才是令每一位对手都不得不叹服的、真正的完胜！

“海纳百川，有容乃大”。有五千年文明史之华夏中国的炎黄子孙们，应当有与之相应的胸襟和气度、视野与能力、智慧及韧性，而最后的胜利一定属于这样的民族！

程弘宇

2016 年 3 月